한국융연구원 연구총서 3

Studies from C.G.Jung Institute of Korea on Analytical Psychology 3:

Jungian Understanding of
Father Complex

부성 콤플렉스
−분석심리학적 이해

박 신 · 김계희 공저

학지사

한국융연구원 연구총서 제3권 발간에 부쳐

　연구총서 제3권은 임상적인 주제를 택하여 부성 콤플렉스에 관한 논문 두 편으로 꾸미게 되었다. 저자 중 한 분은 아들의 부성 콤플렉스를, 다른 한 분은 딸의 부성 콤플렉스를 다루고 있다. 융 C. G. Jung은 부성 콤플렉스에 대해서 모성 콤플렉스만큼 자세히 설명하지는 않았으나 그 중요성을 결코 가볍게 보지 않았다. 그만큼 고찰해야 할 것이 많은 분야다. 저자들이 본문에서 밝힌 바와 같이 융의 관점의 특징은 개인적인 아버지나 어머니와의 관계를 살피는 데 머물지 않고 무의식의 아버지-이마고, 아버지 원형상과 의식의 자아와의 관계를 중요시한다는 점에 있다.

　저자 박 신, 김계희 두 선생은 정신건강의학과 전문의로 일찍이 한국융연구원의 분석가 수련 과정을 수료하고 국제적으로 공인된 융학파의 분석가가 되었고, 여러 해 동안 임상에 종사하면서 한국융연구원 교육 및 지도분석가로서 후진을 가르치고 있는 분들이다. 두 논문은 각각 2004년과 2008년 한국융연구원 수료논문이지만 현재의 시점에서 보완한 것이다. 특히 김계희 선생의 논문은 피분석자의 호의적인 협조로 무의식의 자료가 보강되어 부성 콤플렉스에 대한 무의식의 반응을 풍부하게 제시할 수 있게 되었다. 참

3

으로 고마운 일이다.

꿈의 해석에 관해서는 물론 같은 융학파 분석가라 하더라도 분석가의 유형에 따라 약간 다를 수도 있지만 무의식의 자기Selbst 원형, 즉 객체 정신이 무엇을 말하고 있는지는 피분석자의 꿈 그 자체가 잘 보여 주고 있다.

현실의 아버지, '아버지'-이마고, '아버지' 콤플렉스에 관한 융의 분석심리학적 개념에 대해서는 두 저자가 각기 자신의 논문의 들어가는 말 부분과 본문에서 설명하고 있으므로 따로 장을 마련하지 않았다.

본원 연구총서 발간을 맡아 주신 학지사 김진환 사장님께 다시금 감사드리며 편집부 여러분의 노고에도 감사드린다. 이번에도 한국융연구원 이도희 간행위원장과 간행위원들의 수고가 컸다. 박신, 김계희 두 분 저자에게 깊은 감사의 마음을 전하며, 앞으로 한국융연구원 연구총서는 계속 알찬 내용으로 세상에 선보일 것임을 약속드린다.

2015년 5월
한국융연구원장 이부영

　매년 아버님 기일이면 식구들이 모여서 간단한 추도 예식을 드린다. 그중에 고인에 대한 기억을 나누는 순서가 있어 나도 매년 몇 마디를 하곤 했다. 아이들은 본 적도 없는 할아버지 추도식인 데다가 매년 같은 말을 할 수도 없는 난감한 상황이어서 고심을 하다가 나름대로 궁리해 낸 것이 이제 아이들도 성인이 되고 했으니 할아버지, 할머니의 삶의 역사를 할머니 입을 통해 들어 보는 것이었다. 일제 강점기에 태어나 해방과 한국전쟁을 겪고 어려운 시대를 지내 온 분들의 이야기를 매번 모일 때마다 연속극처럼 들으니 아이들도 재미있어 한다. 나도 처음 듣는 이야기가 많았다. 그러면서 점점 드는 생각은 내가 부모님에 대해서 아는 것이 너무 적다는 것이었다. 아니, 어쩌면 애초에 그런 것은 알 필요가 없었는지도 모른다. 부모님의 개인적인 삶에 관해 거의 아는 바가 없어도 마치 모든 것을 알고 있는 것 같은 느낌, 자신의 부모임에도 그리고 그렇게 많은 영향을 끼친 존재인데도 개인적인 삶에 관해서는 아무 관심도 없다는 듯 무심했던 내 마음은 과연 무엇인지 의문이 들었다.

　나만의 개인적이고 특별한 경우가 아니고 많은 사람이 겪는 이런 경험을 통해 분명히 알 수 있는 심리적 사실은 우리가 우리의 부모에 대한 모든 형태의 경험이 매우 주관적이란 것이다. 이것은 실제로 임상 현장에서 환자의 사례를 통해 경험하는 것과도 일치한다. 많은 환자들이 기술하는 아버지, 어머니 이야기와 실제로 만나 본 부모가 다른 경우는 너무 흔하다. 괜히 환자 이야기를 듣고 환자의 병이 당신들 때문이라는 듯 부모를 나무라는 초보 치료자의 실수는 죄책감에 아무 소리도 못하고 고개를 숙이는 부모의 반응에 가려지는 경우가 허다하다. 이제 내가 아버지가 되니, 나이 든 환자들이 자식들이 부모의 세세한 사정에 대해 듣고 싶어 하지 않는다며 섭섭해하는 모습이 이해가 되기 시작하면서 바로 나 자신이 그런 자식이었다는 사실에 직면하지 않을 수 없다.

아버지의 아들이 다시 아버지가 되는 이 드라마는 이번에는 나 자신에게 특별한 감정을 불러일으킨다. 아이가 잉태되고, 아내의 배 속에서 자라 세상으로 태어나고, 그 아이에게 이름을 지어 부르고, 성인이 될 때까지 양육하는 매 순간마다 아이의 아버지로서 내게 부여된 신성한 책무를 느끼며, 이런 감정이 삶의 힘든 순간마다 견뎌 내게 하고 의미를 부여한다. 처음에는 아버지에게로, 그리고 이제는 아버지인 나 자신에게로.

이런 경험은 정상인과 환자를 가리지 않고 모든 인간에게 보편적인 것이다. 개인적 경험과 임상적 경험을 적절하게 그리고 깊이 이해할 수 있게 된 것은 융 심리학을 만난 덕분이며, 이것이야말로 내게 주어진 복이라는 것이 개인적인 고백이다. 임상적인 경험을 융

심리학의 입장에서 바라볼 때 환자의 심리적 문제를 좀 더 잘 이해할 수 있고 실제 심리적 현실에 더 가까워진다는 사실을 이 글을 정리하는 작업을 통해 다시 한 번 확인하게 된 것을 감사하게 생각한다.

2015년 5월

박 신

서 문 2

　이 책은 2008년 한국융연구원 졸업논문을 토대로 내용을 보완하고 심화한 것이다. 이 연구를 통해 여성의 심리 안에서 '아버지'와 관련되어 나타날 수 있는 일반적인 현상에 대해 살펴보고자 하였으며, 지나치게 오랜 기간 동안 지속되거나 정도가 과도할 경우 여성에게 고통을 안겨 주기도 하는 이러한 현상의 이유와 의미는 무엇이며, 이러한 상황이 어떻게 치유되고 변환되는지 고찰하는 것에 연구의 중점을 두고자 하였다.

　이 연구는 저자가 치료를 담당한 여성 피분석자들의 임상 사례를 중심으로 하였다. 또한 부성 콤플렉스 여성들에게 나타나는 제반 현상과 치유 과정에 대해 일반적이고 보편적인 결론을 도출하기 위해 동일한 주제의 민담들, 융C. G. Jung의 치료 사례, 융학파 여성 분석가인 이유경李裕瓊, 마리-루이제 폰 프란츠Marie-Louise von Franz, 바바라 한나Barbara Hannah, 에스더 하딩M. Esther Harding, 린다 시어스 레너드Linda Schierse Leonard 등의 저서들 그리고 기타 관련 문헌을 참고하였다. 개인마다 고유하고 개별적인 여성 피분석자들의 임상 사례를 심층적으로 깊이 연구함과 동시에 이 연구가 현재 부성 콤플렉스에 사로잡혀 있거나 이미 그러한 상황을 헤쳐 나온 많은 여성이

8

함께 공감할 수 있는 일반적이고도 보편적인 치유의 작업이 될 수 있도록 노력하였다.

저자는 피분석자 여성들의 치료 과정에서 각 사례가 보이는 강한 개성과 고통을 뚫고 발전해 가는 모습 그리고 무의식의 상징像들이 그녀들의 의식의 자아에게 미치는 치유적이고 창조적인 영향력을 그녀들과 함께 체험하였다. 부성 콤플렉스 여성의 사례에서 공통적으로 보이는 제반 현상과 치유 과정에 대해서는 미흡하나마 정성껏 "01 '아버지'와 '아버지-이마고父性像'"와 "03 종합적 고찰— '어머니' 그리고 '몸'과의 관계를 중심으로"에 소개하였다. 각 사례에는 공통점뿐만 아니라 차이점 또한 있었다. 여성의 자기실현은 나름의 공통된 특징이 있겠으나 결국은 여성이다, 남성이다를 떠나서 한 개체로 전체가 되는 과정인 만큼 개인마다 다르게 자기실현을 해 나가고 있었다. 그러한 개별성과 차이점은 '02 분석 사례를 통해 고찰한 여성의 부성 콤플렉스와 치유 과정'에서 서술하였다.

여성의 부성 콤플렉스는 개인사로 소급하여 어린 시절 딸과 아버지와의 관계에서 원인을 찾아볼 수도 있으며, 이러한 개인적 아버지의 영향을 전혀 무시할 수는 없으나, 그것과 더불어 모든 여성의 마음속 깊이 자리하고 있는 집단적 무의식 속의 '부성아버지 원형' 및 여성이 살고 있는 시대와 문화권의 집단의식의 가치관과 사조思潮 또한 개인적 아버지보다 더욱 큰 영향력으로 여성에게 작용하고 있음을 이 연구와 기존의 연구 및 문헌을 통해 볼 수 있었다.

다른 한편으로, 실재 개인적 아버지도 전적으로 개인적 아버지라기보다는 사회적 · 문화적 가치를 개인 속에 함께 담고 있는 아버지이기도 하다. 과거에 비해 여성적인 것의 가치가 존중되고 여성의 사회적 지위가 향상되고 있다. 그러나 사회와 문화권에 따라 정도의 차이는 있겠으나 아직도 여성은 남성과 비교해 열등한 존재로 여겨지기도 하며, 여성적인 속성이나 가치 또한 남성적 속성과 가치에 비해 약하고 열등하며 때로는 악한 것으로 평가절하되고 왜곡되기도 한다. 그러므로 아직은 다소 가부장적인 남성 위주의 사회와 문화에서 살고 있는 현대의 여성들에게 여성의 부성 콤플렉스란 특정한 소수 여성이 겪고 있는 심리적 상황이라기보다는 이 시대 대부분의 여성이 크고 작게 겪고 있는 일반적이며 보편적인 시대 상황이라고 볼 수 있을 것이다.

"01 '아버지'와 '아버지-이마고父性像'"는 '아버지와 부성상'에 대한 내용을 다루고 있다. 딸에게 어린 시절 '아버지'는 어떻게 경험되며, 딸에게 부성 콤플렉스가 어떻게 형성되는지 그리고 부성 콤플렉스 여성에게 나타나는 제반 현상 및 증상에는 어떤 것이 있는지에 대해 살펴보았으며, 융의 여성 피분석자의 임상 사례를 중심으로 부성 콤플렉스 여성들에게 보이는 '사랑'과 '전이transference' 현상에 대해 고찰하였다. 부성 콤플렉스 형성에 부성 원형이 작용하는 것을 볼 수 있었으며, 이것을 연구하기 위해 민담을 해석하고 고찰하였다. '02 분석 사례를 통해 고찰한 여성의 부성 콤플렉스와 치유 과정'에서는 부성 콤플렉스 여성의 치유에 대해 다루었으며, 저자가 치료를 담당한 여성 피분석자 N[1]과 O[2]의 임상 사례를 통해 실제 이루어진 구체적인 치료 과정을 기술하고 고찰하였다. 마지막으로 "03 종합적 고찰—'어머니' 그리고 '몸'과의 관계를 중심으로"는 여성의 부성 콤플렉스 치유 과정에서 공통적으로 보이는 '어머니 모성' 그리고 '몸'과의 관계를 중심으로 한 종합적 고찰과 토론을 포함하고 있다.

'한국융연구원 연구총서' 발간을 계기로 이 글은 책이 되어 세상으로 나오게 되었다. 자신의 소중한 체험과 치유의 여정을 세상 사람들과 함께 나눌 것을 기꺼이 결심해 주신 두 분 여성 O와 N께 감사의 마음을 간직하며, 이 책과의 조우가 이 시대를 사는 여성과 남성 독자들께 반갑고 의미 있는 사건이 되기를 소망하면서 원고를 다듬고 마무리하였다.

출간을 앞두고 감사하고 싶은 분이 많다. 누구보다도 O와 N 두 분께 진심으로 감사의 마음을 전하고 싶다. 아버지와 어머니 그리고 두 분의 스승이신 이부영 선생님과 이유경 선생님께 감사드린다. 원고가 완성될 때까지 오래 기다려 주신 한국융연구원 연구총서 편집인 이도희 선생님께 감사하다. 삶의 동반자이며 소울 메이트인 구승회 님과 세 자녀 자경, 자홍, 자원에게 사랑과 고마움을 전한다. 몸담고 있는 용인정신병원의 이충순 고문님, 이효진 이사장님, 황태연 원장님 그리고 선후배 동료 의사들을 포함한 모든

---

1) 2) 피분석자의 이름은 개인의 프라이버시를 보호하기 위해 가명을 사용하고 약칭하였다.

치료진과 환자 분들께도 감사의 마음과 고마움을 전하고 싶다.

2015년 5월

김계희

차 례

부성 콤플렉스의
분석심리학적 이해
- 아들과 아버지의 관계를 중심으로

- 박 신 -

들어가는 말

　한 개인의 삶에서 부모가 차지하는 비중은 더 이상의 논의가 필요하지 않을 정도로 절대적인 것이다. 역사적으로 다양한 형태의 가족이 존재해 왔고 특히 근래에 들어 많은 변화가 일어나고 있지만, 사람이 자신을 있게 한 누군가에 의해 태어나 보살핌을 받으며 성장하고 성인이 된 후에 다시 자신의 선조들이 살아왔던 길을 밟아 가다가 결국에는 바통을 자손에게 넘겨주고 인생의 무대를 떠나는 과정은 여전히 반복되고 있다. 유전적인 영향은 말할 것도 없고 성인이 되기까지, 특히 어린 시절에 끼치는 부모의 영향은 한 개인의 운명을 결정할 정도로 강력한 것이다. 특히 정신치료자는 치료 과정에서 신경증 환자의 배후에 그에게 고통스러운 운명의 짐을 지운 부모와 그 절대적인 힘 앞에 무력하기만 한 환자의 모습을 종종 보게 된다. 그러나 문제의 중심으로 다가갈수록 그 부모 역시 자신의 부모에게서 물려받은 문제들을 해결하지 못한 채 다시 자식에게 물려준 죄밖에 없다는 사실을 알게 되면서 세대를 이어 가며 전해지는 운명의 그림자의 무게에 새삼 놀란다. 대개 환자들은 무의식적으로 반응을 보이거나 혹은 의식하고 있더라도 힘에 겨워

16 부성 콤플렉스의 분석심리학적 이해

제대로 극복해 내지 못해 고통스러워하는 경우가 많다.

프로이트Freud가 정신 성적 발달에 관한 자신의 이론을 제시한 이후로 신경증 환자의 문제를 개인의 발달사와 관련시켜 인과론적으로 이해하고 해결하려는 노력이 있어 왔고, 그것이 부모와 자식 간에 일어나는 상호작용에 관한 우리의 이해를 넓히고 또 그만큼의 치유 효과를 가져온 것이 사실이다. 그러나 그런 중에도 프로이트가 오이디푸스 콤플렉스를 둘러싼 부자, 부녀 관계에 관한 언급을 하면서 아버지가 차지하는 위치의 중요성을 보여 주었지만 그 이후로 정신분석학의 관심의 초점은 주로 어머니와의 관계에 맞추어져 왔다.[1]

융C. G. Jung도 〈모성 원형에 관한 심리학적 측면〉[2]이라는 논문을 비롯하여 모성에 관하여 많은 언급을 하였지만 부성에 관해서는 따로 다루지 않았고 여러 곳에서 단편적으로 언급하고 있다. 비록 융이 모든 형태의 여성성—무의식, 에로스, 모성성 등—에 관심과 중요성을 둔 것은 분명하지만, 그것이 나머지 반이 덜 중요하다고 말하는 것은 아니다. 융은 언제나 사실을 있는 그대로 보려고 했고, 따라서 모든 것을 전체로 이해하려고 했으며, 어느 하나만을 취하지 않으려고 했다. 그러므로 융의 언급에서 항상 등장하

---

1) Lamb ME(1995) :《아버지의 역할과 아동발달》, 김광웅, 박성연 역, 이화여자대학교출판부, 서울, p23.
2) Jung CG(2002) : "모성 원형의 심리학적 측면",《원형과 무의식》, C.G. 융 기본 저작집 2, 한국융연구원 역, 솔, 서울.

는 대극의 쌍이라는 주제의 입장에서 볼 때 부성이 가지는 비중을 이해할 수 있을 것이고 또한 임상에서 경험하는 아버지가 차지하는 중요성과 배치되지 않을 것이다.

우리가 아버지와 어머니를 떼어서 생각하기는 하지만 실제 심리적 현실이 그렇게 되어 있지는 않다. 부모는 늘 하나의 쌍으로 경험되어 어머니만 있는 경우 '어머니 있음'으로 경험되기보다는 '아버지 없음'으로 경험되며, 이는 결국 아이가 "내게는 왜 아버지가 없는가?"라는 문제에 부딪히게 한다. 순차적인 시간의 흐름에서 볼 때 아이가 최초로 관계를 맺게 되는 존재가 어머니이며 아이의 생존에 절대적인 의미를 갖는다는 점에서 어머니의 중요성이 부각되고 있지만 아버지는 동일한 무게로 그 반대편에 서 있는 것이다. 임상 현장에서도 문제가 아버지와 관련이 있다고 생각할 수밖에 없는 사례를 적지 않게 만나게 된다.

이 글은 그런 사례들에서 분석의로서 어떻게 환자들을 도울 수 있는지 생각해 보려는 하나의 시도다. 기존의 인과론적·발달사적 관점과 달리 융의 분석심리학의 입장에서 볼 때 이런 환자들의 문제를 어떻게 이해할 수 있는지 알아보고자 한다. 이를 위해 우선 융이 아버지를 심리학적으로 어떻게 보고 있는지 여러 글에 흩어져 있는 융의 생각을 전체적으로 조망해 보고 나서 그것이 실제 임상 사례에서 환자들을 이해하는 데 어떻게 도움을 줄 수 있는지 살펴보려고 한다. 아들과 딸에게 아버지가 갖는 의미와 경험이 다를 수밖에 없으므로 두 측면을 모두 살펴보아야 하겠지만 우선은 조금

덜 복잡한 그리고 필자에게 직접적인 경험 때문에 좀 더 이해하기 쉬운 아들과 아버지의 관계를 중심으로 본 부성 콤플렉스에 한하려고 한다.

부성 원형

　신경증 환자들을 치료하다 보면 성장 과정에서 아버지와의 관계에 문제가 있었음이 드러나는 경우가 흔히 있다. 물론 그렇게 문제가 드러나고 환자가 그것을 알게 되면서 점차 자신을 둘러싸고 있는 과거의 흔적에서 놓여나는 경우도 있지만, 그럼에도 여전히 과거의 행동 패턴에서 벗어나지 못한 채 고통을 겪고 있는 환자도 드물지 않다. 심지어 아버지는 돌아가시고 이제는 자신이 아이를 둔 부모가 되고 나서도 여전히 그 사슬에서 벗어나지 못하는 경우도 있다. 우리는 이와 같은 병리적 경험뿐만 아니라 일상적인 경험을 통해서도 부모가 아이의 운명에 절대적인 영향을 끼친다는 점을 알고 있다. 융은 그 이유에 관해 다음과 같이 말하고 있다.

　　부모가 아이의 운명에 그런 중요한 요인인 이유는 이런저런 인간적인 장단점 때문이 아니라, 가족과 모든 나라와 전 인류를 지배하는 신비하고 강력한 그런 법칙을 아이의 마음에 깊이 새기게 되는 최초의 인간 존재이기 때문이다. [1]

　다시 말하면 아이들에게 부모는 개인적 인격으로서가 아니라 모든 인간에게 보편적인 경험을 가져오는 존재로서의 부모로 다가오는 것이다. 그러므로 일반적인 기준으로 보아 아무리 하찮아 보이는 부모라도 부모인 것 자체가 아이에게는 절대적인 영향을 끼치는 것이다. 나중에 언급하겠지만 바로 그런 점에서 아이에게 영향을 미치는 비개인적인 부모상과 실제의 부모 사이의 괴리가 중요한 모티프가 되기도 한다.

아이는 태어나 엄마의 품에서 자라며 성장해 가고 점차 그 품을 떠나게 된다. 그 과정과 그 속에서 겪게 되는 심리적 경험은 한 사람도 피해 갈 수 없는, 우리가 태어나는 순간부터 주어진 삶의 조건이다. 부모의 품을 떠나면 더 큰 형태의 사회와 질서에 부딪히게 되는데, 사실 그러한 질서가 존재한다는 것도 이미 태어나는 순간 주어진 조건이다. 그러므로 자신에게 주어진 이런 기존의 질서에 어떻게 적응해 나갈 것인가 하는 문제에 부딪히게 된다. 이런 모든 과정에서 개인적인 부모가 아니라 그런 역할을 수행하도록 운명 지어진 부모가 있게 되며, 또 그런 부모와 상호작용을 할 수 있는 조건을 타고난 아이가 있는 것이다. 자신이 적응해 나가야 할 질서에서도 질서를 세울 수 있는 조건 또한 타고나는 것이므로 그 내용 자체는 바뀌어 가지만 질서를 세우려는 경향은 늘 존재한다. 융은 이처럼 인간이 태어나면서 이미 보편적으로 존재하는 무의식적 조건을

---

1) Jung CG(1970) : *The Significance of the Father in the Destiny of the Individual*, C. W. 4, Routledge & Kegan Paul Ltd, p301.

가지고 있다고 했는데, 이것을 '원형'이라고 불렀다. 원형 그 자체는 텅 빈 형식상의 요소인데, 그 요소는 미리 형식을 만드는 능력으로 선천적으로 주어진 관념 형식의 가능성이다.[2] 그러므로 원형 그 자체는 알 수 없는 것이며 상을 통해 드러나고 이러한 원형의 출현은 누미노제 성격을 지니고 있어서 강렬한 정동 반응을 수반한다.

융은 이런 점을 경험의 주관성과 관련하여 설명하고 있다.

> 우리가 '내 아버지, 내 어머니'라고 할 때, 바로 그 '내 아버지, 내 어머니'라는 관념이 실제의 부모와 정확하게 일치하며 단지 그 충실한 반영에 불과하므로 내 아버지란 실제 아버지 더도 덜도 아니라는 것을 의미한다. 그러나 심리학적으로 한 개인에 대한 관념은 실제 인물에서 받은 불완전한 상像과 이 상에 대한 주관적 변형으로 이루어져 있으므로 아버지에 관한 관념에 대하여 실재 아버지는 단지 일부분만 책임이 있을 뿐이고 더 많은 부분은 아들의 몫이다.[3]

이런 사실에 부합하는 임상에서 흔히 만나게 되는 경험 중 하나는 환자와의 면담을 통해 듣게 되는 부모에 관한 이야기와 직접 환자의 부모를 만나서 경험한 내용이 상이하다는 점일 것이다. 실

---

2) Jung CG(1970) : 앞의 책, p201.
3) Jung CG(1968) : *Aion*, C. W. 9(2), Routledge & Kegan Paul Ltd, para37.

제로 한 남자 정신분열증 환자는 아버지를 폭행하였는데, 그 이유가 아버지가 어릴 때 자신을 폭행하고 학대하였던 기억 때문이었다. 그러나 그 환자의 아버지는 전혀 그런 사실을 기억하지 못하였을 뿐 아니라 어머니의 정보에 의하면 오히려 아들의 폭력에 두려워하는 평범한 아버지였다. 이와 같은 차이가 일어나는 것은 실제 부모가 부모상의 존재 원인이자 전제 조건인 것처럼 생각하는 경향이 있지만 심리학적 실재에 있어 부모라는 개념은 정확히 형상화할 수 없는 정신적 사실을 표현하는 수단일 뿐이라는 데 있다. 이에 관해 융의 표현을 빌려 보자.

이렇게 아이의 정신적 삶에 강력한 영향을 미치는 부모상이 가지고 있는 마술적 힘이 평범한 인간인 개인적 부모에서 기인한 것인지 의문을 가지지 않을 수 없다.

만약 개인적 부모가 그런 힘을 가지고 있다고 하더라도 과연 그것이 자신에게 속하는 것인지 의문을 가지게 된다. 사람은 자신이 획득하지 않았으며 조상에게 물려받은 많은 것을 소유하고 있다.[4]

융은 이런 점을 '개인의 운명에 있어서의 아버지의 의미'[5]에서 야

---

4) Jung CG(1970) : 앞의 책, para728.
5) Jung CG(1970) : 앞의 책, para737-744.

뇨증을 가지고 있는 8세 남아의 사례를 통해 다음과 같이 설명하고 있다.

엄격한 아버지와 보상적으로 다정한 엄마의 맏이인 아이는 항상 엄마에게 들러붙어 있고 학교 가는 것 이외에는 친구들과 어울려 놀지 않고 집에서 조용한 게임을 하거나 엄마 일을 돕고 아버지가 엄마에게 애정 표현을 하면 심하게 질투심을 느끼곤 했다. 아이는 종종 검은 뱀이 얼굴을 물려고 하는 꿈을 꾸었고, 총이나 칼을 든 사악한 시커먼 남자가 자신의 침대에 누워 있고 키 크고 마른 남자아버지가 키가 크고 마른 편이다가 자신을 죽이려는 꿈을 꿔 소리를 지르며 깨곤 했으며, 커다란 검은 뱀이나 사악한 남자가 엄마를 죽이려고 하는 꿈을 꾸었다.

융은 이 꿈이 모자 관계가 무의식에 의해 위협받고 있음을 보여 준다고 하였다. 즉, 부성 동물이라는 신화적 모티프, 다른 말로 하면 아버지가 아이가 가지고 있는 무의식적이며 유아적인 상태에 머물러 있으려고 하는 매우 위험한 경향을 막고 있는 것으로 보았다. 소년에게 아버지는 자신이 가져야 할 남성성을 이미 가지고 있는 자이며, 그 남성성이 유아 상태에 머무르려고 하는 소망과 갈등을 일으키고 있는 것이다. 부모에게 지나치게 의존하고 있는 8세 소년의 문제는 일부는 너무 엄격한 아버지와 너무 다정다감한 어머니 때문이라고 할 수 있다. 소년이 엄마와 동일시하고 아빠를 두려워하는 것이 개별적 차원에서는 신경증이라고 할 수 있지만, 원초적 인간 조건에서 보면 이제 막 생기기 시작한 의식은 매우 미약해서 쉽게 무의식으로 돌아가려고 하는 경향이 있다. 이런 의식은 어둠, 즉 무의식 상태에서 벗어나게 하려는 보상적 충동을 나타내는 것이다. 인간의 개인적 경험 이면에는 이와 같이 원초적 조건이 자리하고 있어서 어둠의 세력에서 인간을 구해 내기 위해 모성용과 싸우는 영웅 신화라는 보편적 주제를 통해 늘 표현되어 왔다. 이 신화는 개인적 부성 콤플렉스의 결과라는 인과 방식으로는 설명될 수 없고 의식을 퇴행의 위험에서 구해 내려는 무의식 자체의 시도로서 목적론적으로 이해해야 하며, 이것은 의식의 발달을 위해 원형적으로 마련된 절차다.

이런 세계 역사의 무대에서 행해지는 것이 개인에게도 일어난다. 아이는 부모의 힘에 의해 인도된다. 그러나 점차 자라면서 부모에 기대려는 유아적 태도와 점증하는 자신의 의식 사이에 투쟁이 시작된다. 의식이 성장함에 따라 부모에의 의존은 감소하게 되고 부모의 영향력은 줄어들게 되는데, 그렇다고 부모의 영향이 없어지는 것은 아니며 억압되어 무의식에 잠기게 된다. 그러므로 겉보기에는 성숙한 마음을 지닌 개인의 작업처럼 보이지만 보이지 않는 끈으로 배후에서 부모가 지도를 한다. 무의식으로 떨어진 모든 것이 그렇듯이 유아적 상황은 여전히 다른 세계의 권세에 의해 비밀스럽게 인도되고 있다는 어렴풋한 느낌을 보낸다. 정상적으로 이 느낌은 아버지에게 다시 귀착되지 않고 긍정적 혹은 부정적 신격에 귀착된다. 아이에게 일어나는 이런 변화는 부분적으로는 교육의 영향하에 일부는 자연스럽게 이루어지며 보편적인 것이다. 이런 발달의 근거, 정확히 말해서 그 가능성은 아이가 부모의 존재 및 그 영향을 기대하는 유전적 체계를 가지고 있다는 사실에서 발견된다. 다시 말하면 아버지 뒤에는 아버지 원형이 있고 아버지가 가지고 있는 힘의 비밀은 선재하는 원형에 있다. 이 증례에서는 아버지에 대한 두려움이 어머니와의 동일시에서 벗어나도록 하지만 다른 한편에서는 어머니에게 더 유착되게 할 가능성도 있다. 이런 부성상의 이중적 측면은 원형의 일반적 특성이다. 야훼의 욥에 대한 태도가 그러한데, 인간은 그 결과를 받아들이도록 되어 있다. 부성 콤플렉스의 운명적 힘은 원형에서 나온다. 개인적 아버지는 불가피하게 원형을 구체화하고 원형은 그 상에 매력적인 힘을 부여하며 증폭기로 작용해 아버지로부터 나오는 엄청난 영향을 증진시킨다. 이처럼 개인적인 아버지를 경험하게 하는 원형은 앞에서 언급하였듯이 비어 있는 형식이며 선험적으로 주어진 표상의 가능성이다. 그러므로 원형 자체는 알 수 없는 어떤 것이며 우리는 상을 통해 드러나는 원형의 작용을 경험하게 된다. 그러한 원형상은 활동이 일어나는 형식과 활동이 드러나는 전형적인 상황을 표현한다. 즉, 상은 의식화될 때 내용이 규정되므로 의식적 경험의 자료로 채워져 있다.[6] 그러므로 개인적인 아버지를 경험하게 해 주는 부성 원형은 다른 원형들

---

6) Jung CG(1970) : 앞의 책, pp199-201.

과 마찬가지로 다양한 형태로 나타나며 이런 것들을 통하여 그 원형의 의미가 드러나는 것이다.

아이가 성장해 가면서 부모라는 가족 구성원의 테두리를 벗어나면 부모상이 적절한 대치상으로 넘겨진다. 어머니에 대한 감정은 아내에게, 아버지의 권위는 점차 존경받는 선생님이나 윗사람 혹은 단체로 넘겨져[7] 선생님이나 신부 등 더 높은 형태의 권위를 나타내는 인물들이 중요한 역할을 한다. 이들은 아버지와의 유아적 관계를 대치해 가족이라는 좁은 범위에서 더 넓은 사회로 나아갈 수 있게 해 준다. 현실에서 만나는 실재 인물이 개인적 아버지에게서 경험하게 되는 것들을 좀 더 집단적인 차원에서 경험하게 해 주지만 이런 개인적인 차원을 넘어서 강력한 작용을 하는 원형적 성질을 띤 상들은 대개 종교나 신화에서 신상으로 나타난다. 융은 세계의 가시적 아버지는 태양이나 천상의 불이며, 그런 이유로 아버지, 신, 태양 그리고 불은 신화적으로 동의어라고 말하고 있다.[8]

'아버지'는 원형적 남성상의 가장 강력한 육화다. 아버지-이마고Father-image는 의지, 지성 그리고 생식을 체현한다. 신화에서 아버지가 하늘의 상으로 나타날 때 그는 어머니 대지를 수태시키는 최초의 씨이며 모성을 분화시키며 다양한 삶의 형태를 가져온다. 대

---

7) Jung CG(1953) : *The Psychology of the Unconscious*, C. W. 7, Routledge & Kegan Paul Ltd, para89.
8) Jung CG(1967) : *Symbols of Transformation*, C. W. 5, Routledge & Kegan Paul Ltd, para135.

지 어머니의 물질성과 비교해 아버지는 정신적·영적 원리다. 그러므로 빛과 하늘의 상으로 나타나며 이런 점에서 그는 이차적이며 물질적 세계에 추가된 부분이다. 그런 남성 원리를 특징짓는 것은 질서다. 성경 창세기의 창조 과정처럼 말씀이 분별하고 구조를 만들어 내는 힘으로 세상에 질서를 가져올 뿐 아니라 구조를 만들어 내는 것 자체가 자연적·인간적 법칙의 도입과 동일하다. 질서는 물질적 실재의 부분이 아니면서 그것에 부과되기 때문에 물질적 실재를 특징짓는 지속적인 변화에 책임을 질 때만 긍정적인 역할을 할 수 있다. 예를 들어 현실에서 법이 경직되고 시대에 뒤떨어지면 대치되어야만 하듯이 이 주제가 신화에서는 하늘 아버지가 아들에 의해 거세되고 통치권을 넘겨주어야 하는 식으로 나타나는 것을 반복적으로 볼 수 있다. 그리스신화에서 가이아가 백 개의 팔을 가진 거인들과 외눈박이 거인들을 낳으려고 하자 우라노스가 그들을 땅속에 도로 밀어 넣었기 때문에 가이아는 고통스러워 크로노스에게 금강석 낫을 주었고, 이것으로 크로노스는 아버지 우라노스의 남근을 절단하고 지배자가 된다. 그러나 그 또한 이들을 감금하고 자식 중의 한 사람에게 퇴위 당할 것이라는 경고를 듣고 자식을 낳자 차례로 삼켰다. 그러나 제우스만은 할머니 가이아에게 몰래 맡겨졌고, 나중에 해방된 거인들의 도움을 받아 크로노스를 물리치고 인류의 아버지가 된다. 이로써 최초로 본능의 강박에서 어느 정도 자유를 얻게 된다.[9]

말씀과 법을 의미 있게 만드는 권위의 힘은 남성성의 힘이다. 때로 이 힘은 성적 능력과 신체적 힘의 형태로 나타난다. 신화에서 신이 사용하는 화살과 번개는 이런 남근적 의미에 더해 처벌의 도구로 사용됨으로써 또한 아버지의 권위를 나타낸다. 아버지 자신은 옳고 그름의 원천이므로 틀릴 수가 없으며 이것이 아버지에 대한 아이들의 관점이자 신에 대한 어른의 관점에도 적용된다.[10] 권위는 객체로 존재하는 것이 아니라 관계에 근거하고 있다. 부성신은 모성적 혼돈인 원질료原質料 prima materia에 구조와 형태를 줌으로써 세상을 창조하기 시작한다. 권위는 외부에서 만들어져 인위적으로 주어지는 것이 아니라 구조와 질서의 본능적 힘과 관련된 본성에 내재하는 원리다. 이것은 동물적 삶의 수준에서도 서열 정하기와 우두머리가 가지게 되는 권위가 있는 것을 관찰할 수 있으며, 구체적 상황에서는 서열이 고정된 것이 아니고 늘 바뀌지만 그런 서열이 항상 정해진다는 것으로 볼 때 본능적인 것이라고 할 수밖에 없다. 이런 관점에서 볼 때 개인적 아버지는 자신이 창조자나 최초의 권위가 아니고 비개인적 원리가 투사되는 스크린일 뿐이다. 그러나 그러한 권위나 질서는 동물에서와 마찬가지로 인간의 경우에도 발달 과정에서 나타나는 구체적인 사회적·경제적 요인에 의해 늘 바뀌게 된다.

　프로이트가 오이디푸스기 남자아이들이 느끼는 거세공포를 언

9) Grant M, & Hazel J(1993) :《그리스로마 신화사전》, 김진욱 역, 범우사, 서울.
10) Samuels A. ed(1986) : *The Father-Contemporary Jungian Perspectives*, New York University Press, pp203-204.

급하면서 아버지가 위협하고 처벌하는 두려움의 원인으로 설명하였던 것은 개인적인 차원에서 이해해서는 그 의미를 온전히 드러낼 수 없다. 이것은 모든 아이가 겪는다는 의미에서 단순한 개인적인 경험을 넘어서는 집단적인 것이며 신화적인 것이다. 융은 프로이트와 결별하는 결정적인 계기가 된 논문 〈변환의 상징〉에서 이 점을 다음과 같이 분명히 지적하고 있다.

아버지는 도덕적 계명과 금지의 세계를 나타낸다. 아버지는 순수한 본능적인 것에 대적하는 기능을 가진 정신의 표상이며 이것이 아버지의 개인적 성질에도 불구하고 그에게 주어진 원형적 역할이다. 그러므로 그는 흔히 아들에게 신경증적 공포의 대상이 된다. 따라서 아들이 극복해야 할 괴물은 종종 보물을 지키는 거인으로 나타난다. 이 좋은 예가 길가메시 신화에 나오는 이슈타르의 정원을 지키는 거인 훔바바다. 길가메시는 거인을 이기고 이슈타르를 차지한다. 그 후 이슈타르는 즉시 자신을 구조해 준 자와 성관계를 갖는다. 괴물은 거인이나 위험한 동물로서 근친상간 금지를 강요하는 아버지를 나타낸다. 어머니가 삶을 주고 나서는 다시 무시무시한 혹은 삼키는 어머니로서 그 삶을 없애 버리는 것처럼 아버지는 외견상 억제되지 않은 본능의 삶을 살지만 본능을 위협하는 법의 살아 있는 체현이다. 그러나 아버지는 근친상간을 하지 않지만 아들은 그런 경향을 가지고 있다. 부성적인 법은 억제되지 않은 본능의 폭력성과 분노로 근친상간에 대항

한다. 아버지는 도덕적 법의 대표자로서 객관적 사실일 뿐 아니라 아들 자신 안에 있는 주관적 정신적 요소다. 미트라스 비의에서 황소를 죽이는 것은 분명히 동물적 본능을 극복하는 것을 나타내지만, 동시에 법의 힘을 비밀스럽고 은밀하게 정복함으로써 범죄적으로 정의를 탈취하는 것을 나타낸다. 더 좋은 것은 좋은 것의 적이므로 모든 과감한 혁신은 전통적으로는 옳은 것을 위반하는 것이며 때로는 죽음에 의해 처벌받는 범죄일 수 있다.[11]

어린아이가 이제 막 엄마의 품에서 벗어나기 시작해 약한 자아가 언제든지 다시 엄마 품으로 되돌아가려는 경향을 보이듯이 의식 발달의 초기 단계에서 의식이 아직 충분히 힘을 가지지 못한 상태에서는 작은 어려움에도 다시 무의식 상태로 돌아가려는 경향이 늘 존재하고 있다. 무시무시한 위협으로 이러한 경향을 막으려는 금지 원리는 주로 부성 원리로 경험되고, 그 상은 부성상으로 이루어지며 이 상들이 먼저 개인적 아버지에게 투사되는 것이다. 마음은 조상의 마음의 총합이며, 그것은 보지 못한 아버지들로 이루어져 있으며 그들의 권위는 아이들과 함께 새로 태어나는 것이다. 권위는 선생이나 아버지 그리고 노현자 같은 남성상에서 혹은 정부나 법정 같은 비개인적 권위 원리로 나타난다.[12]

---

11) Jung CG(1967) : 앞의 책, para396.
12) Samuels A. ed(1986) : 앞의 책, p220.

논문 〈심리학과 연금술〉에서 융은 부성상의 의미를 이렇게 말한다.

아버지는 종교나 삶의 일반적 철학에서 표현되는 전통적 정신의 구체화이며 의식적 마음과 가치의 세계를 나타낸다. 아버지는 집단적 의식과 전통정신을 대표하고 어머니는 집단적 무의식과 생명수의 원천을 나타낸다. 아버지는 삶이 그곳으로부터 나오는 땅을 나타낸다. 삶의 의미를 전수하고 옛 가르침에 따라 비밀을 설명해 주는 교육적인 정신이며 전통적 지혜의 전달자다. [13)]

이런 의미에서 노현자 원형은 먼저 아버지에서 나타난다. 아버지는 생산적인 의미에서 의미와 정신의 인격화이기 때문이다. 영웅의 아버지는 종종 목수이거나 기술자다. 아버지 속성이 때로 아들 자신이 된다. 즉, 아들이 아버지와 하나의 본성으로 나타난다. 영웅은 한 인간의 무의식적 자기自己이며 경험적으로 모든 원형의 합으로 나타나고, 그러므로 아버지와 노현자 원형을 포함한다. [14)] 이렇게 부성상을 넘어서 원형적 남성상이 노현자[15) 16)]로 나타나는데,

---

13) Jung CG(1968) : *Psychology and Alchemy*, C. W. 12, Routledge & Kegan Paul Ltd, para59, 92, 159.
14) Jung CG(1967) : 앞의 책, para515-6.
15) Samuels A. ed(1986) : 앞의 책, p207. 노현자는 나이가 든 Teiresias, Merlin, Oedipus 그리고 Theseus 같은 사람이며 부성에 통달하여 자신의 기술을 아직 발달 중에 있는 젊은이를 돕는 데 더 쓰는 경향이 있다.

이것은 노인이 삶에 관해 가지고 있는 특성에 기인한다. 노인은 표면적으로는 점차 꺼져 가는 불씨처럼 삶의 충만함이 사그라지고 있지만, 바로 그 불씨를 간직하고 있어 다른 사람에게 영향을 미침으로써 그의 생식성은 간접적으로 작용한다. 노인은 세상을 떠날 준비를 하고 있어 세상과 거리를 두고 있으며 여성적 요소의 통합을 통해 지혜를 가지고 있는 존재다.[17]

기독교에서 하느님 아버지라고 부르는 것과 같은 남성적 창조신은 부성상에서 유래한 것이다. 이전의 오래된 종교에서와는 달리 존재하는 대부분의 종교에서 신성한 속성을 창조하는 요소는 부성상이다. 더 오래된 종교에서는 모성상이었다.[18] 기독교에서 이 속성은 구약의 전지전능한 두려움을 통해 인간을 다스리는 엄하고 핍박하는 부성이며 신약에서는 사랑의 부성으로 나타난다. 하느님 아버지는 말씀 혹은 로고스로서 처음 나타난다. 세상을 창조할 때 최초의 생산물은 빛인데 이것은 혼돈에 질서를 가져오는 요인이며 비물질적인 것이다창세기 1장 3절. 여기서 말씀은 단순히 추상적인 개념이 아니라 질서를 가져오는 힘이다. 이것은 남성적 생식성

---

16) Jung CG(1966) : (in) *Psychology and Literature*, The Spirit in Man, Art, and Literature, C. W. 15, para159. 노현자 원형은 조력자이자 구원자이지만 동시에 마술사, 사기꾼, 타락자 그리고 유혹자이기도 하다. 이 상은 역사 이래로 무의식 속에 잠재해 왔으며 시대가 혼란스럽고 커다란 잘못이 사회를 바른 길에서 빗나가게 할 때마다 깨어난다. 왜냐하면 사람들이 길을 잃었을 때 안내자나 스승 그리고 의사가 필요하기 때문이다.

17) Samuels A. ed(1986) : 앞의 책, p207.

18) Jung CG(1967) : 앞의 책, para89.

의 근본이고 자손과 지식을 동시에 가져오며 이 생식력 없이는 남성적 지성은 신성할 수 없다. 이렇게 질서를 가져오는 원리인 하느님 아버지는 또한 이스라엘을 다른 신으로부터 지키려고 투쟁하는 질투하는 야훼이며 두려움의 원인이 된다. 질서를 어길 경우에는 무시무시한 보복을 통해 응징함으로써 감히 그런 생각을 품지 못하도록 한다. 야훼는 십계명을 통해 우선 자신 이외의 신을 섬기지 못하게 한다. 스스로 질투하는 하나님이며 무시무시한 벌을 내리는 존재라고 선포함으로써 이어지는 본능적인 것들을 금하는 계명들이 지켜질 수밖에 없는 것임을 선언한다출애굽기 20장 1-17절. 그럼에도 늘 그렇듯이 금송아지를 섬기거나출애굽기 32장 대지와 풍요의 신인 바알 신을 섬기는 등 물질적이고 모성적인 영역으로 다시 돌아가려는 움직임이 일어날 때는 가차 없이 벌을 내린다. 이런 과정을 통해 점차 의식이 높아지면서 야훼가 가지고 있는 상대적 무의식성이 욥에 의해 점차 드러난다. 절대적으로 옳을 수밖에 없는 하느님 아버지와 그럼에도 불구하고 드러나는 이율배반. 철저히 기존 질서에 순응하고 잘 적응해 온 욥에게 던져진 이유 없는 고통의 유일한 이유는 오히려 바로 그 아버지의 질서에 철저히 순응하기만 한 것에 있다. 이제 이런 구약의 하나님은 예수의 탄생을 통해 새로워진다. 예수는 하느님 아버지로서 스스로 잉태된 신 그 자체이며 아들 그리스도로서 아버지를 다시 젊게 한 것이다. 예수의 탄생은 역사적으로는 일회적인 사건에 불과하지만 그것은 항상 영원 속에 존재한다.[19] 무시무시한 처벌을 내리는 하나님이 스스로 인간의 몸을 지니고 태어나 죽음으로써 새로워진다. 예수는 동정녀에게서 태어남으로써 아이가 인간 아버지 없이 존재하게 되는데, 이것은 의식 없이 무의식의 내용이 존재하게 되었다는 것이다. 또, 신은 아들을 갖고 그 아들이 아버지와 동일한데, 이는 심리적 언어로 중심 원형인 신상이 스스로 새로워져 의식에서 감지할 수 있는 방식으로 육화되는 것을 의미한다.[20]

예로부터 나라의 아버지로서의 왕은 모든 부성상의 정점에 있었다. 심지어 현대사회에서도 지도자가 국부로 추앙을 받기도 하고 또 어떤 경우는 그것을 정치적으로 이용하기도 한다. 정신분석에서는 왕을 아버지의 대리로 생각하고 개인의 어린 시절의 부모의 흔적에서 나왔다고 생각하는 경향이 있다.[21] 그러나 이 경우에도 앞에서 언급하였듯이 어린 시절의 아버지가 재생산되었다기보다는 부성상이라고 해야 한다. 역사적으로 이 나라의 아버지는 백성의 인도자일 뿐 아니라 개인 안에 남성적 원리의 특성을 응집한 신성한 힘을 부여받은 영역의 중심이었다. 그러므로 일본의 창조 신화에서 왕은 대대로 이어지는 조상을 통해 근원이 신으로 소급되며[22] 이집트의 파라오는 죽어서는 신이 되는 살아 있는 신적 존재다. 이런 속성의 배열은 어린 시절과 가족의 한계를 넘어 정신적 · 우주적 · 무

---

19) Jung CG(1969): *Answer to Job*, C. W. 11, Routledge & Kegan Paul Ltd, para628-629.
20) Jung CG(1967) : 앞의 책, para497.
21) Perry JW(1991) : *Lord of the Four Quaters*, Paulist Press, p4.
22) Von Franz ML(1995) : *Creation Myths*, Shambala Publications.

시간적 결말의 좀 더 경이로운 차원에 도달하는 감정을 수반한다. 왕은 번식력과 생식력을 주는 삶의 힘의 중재자이고, 질서와 통합을 주는 권위의 힘의 운반자이고, 무질서를 응징하고 복종을 고무하는 실행 기능의 호전적 힘의 소지자다.

고대의 분화되기 이전의 왕권의 기능은 이런 모든 것이 통합된 것이었다. 그는 사제이자 재판관이며 또 군사적 수장이었다. 모든 질서와 삶의 원리 그 자체였다. 인도의 달마, 중국의 도 같은 질서의 원리는 우주를 질서 잡힌 방식으로 유지하고 있고, 인간을 옳은 방법, 즉 자연의 길에 따라 윤리적 삶을 인도하도록 동기를 부여하는 시간·공간 움직임의 관계의 규칙성에 주목하고 있다. 하늘의 신은 바른 질서와 권위의 체현인데, 자주 태양신의 형태를 취한다. 매일의 계절 진행에 있어 규칙성과 규칙적으로 순환하는 진행이 바른 질서의 전형이기 때문이다. 법의 성문화는 왕권의 기능의 점차적인 분화 과정이며 그 결과 세속화에 이르게 되었다. 그 이전까지는 왕은 바른 질서 자체의 체현이었다. 본질은 우주적 원천과 하나였다. 왕의 의무는 그런 신성한 힘의 지상의 대표로서 삶의 엄중함과 규칙성을 자신의 개인적 행동을 통해 유지하는 것이었다. 다른 종류의 지배권인 무장한 힘에 의한 정의의 집행은 하늘 신 이외의 신화적 인격 혹은 그의 다른 측면으로 나타났다. 폭풍의 신은 천둥을 쳐 적대자를 두려움에 떨게 하는 반면에 비와 비옥함을 준다. 전쟁 신은 같은 의미에서 집행력을 행사하고 옳은 것을 보호하고 나쁜 것을 벌주며 천상의 신에 내재한 법을 실행하는 왕의 기능의 신화적 모델이었다. 군사적 원정도 질서를 증진하고 무질서와 혼돈과 분열에 맞서는 신성의 행동화였다.[23]

그러므로 세속화 이전의 선조처럼 이후의 왕에게도 삶과 죽음 그리고 회춘 혹은 신격으로의 고양이 주요 과제였으며, 먹을 것을 제공하는 것을 포함한 삶의 유지가 임무였다. 땅에 거하는 죽은 자들의 호의적인 영향이 있어야 생명이 자라나고 죽음과 죽은 자를 통해서만 삶의 새로워짐이 삶의 영역에 주어진다. 왕의 본성은 부분적으로 선조인 신성한 왕이 육화한 것이므로, 다시 말해 신성한 선조가 자신을 통해 새로워지는 것이므로 새로워짐이 왕권의 가장 필수 제의였다. 즉, 한편으로는 죽음에 굴복하면서 한편으로는 죽음의 권세에 맞서 싸우는 것이었다. 왕권은 이렇게 죽음과 재생의 의례를 통해 새로워짐으로써 꺼져 가는 삶에 생기를 불어넣고 삶을 부여한다. 이와 같이 왕에게는 선조와의 연결이 중요하였으며, 이를 통해 최초의 영웅적 왕이 완수한 것을 재창조해 최초에 이루어진 것을 지금 존재하게 하고 다시 살려내는 것이다.

문화적 진보에 따라 그리고 자연에 의지해 사는 삶에서는 기술의 진보에 따라 신이 여신에 대해, 하늘이 땅에 대해, 부성적 부계적인 것이 모성적 모계적인 것에 대한 우위를 점하게 되었다. 무엇보다도 왕권과 그 신화적 표현의 목적은 질서와 조직화를 증진하는 것이었다. 인간의 삶은 부성과 관련이 있는 정신 세계가 위에 있

---

23) Perry JW(1991) : *Lord of the Four Quarters*, Paulist Press, pp14–15.

고 모성과 관련 있는 이교적 세계가 아래에 있다. 천상의 세계 그곳에서 질서가 나오며, 그 질서에 효력을 부여하는 정의가 그곳에 근거를 두고 있고, 그리고 이런 것들을 구체적으로 가능하게 하는 활동이 바로 그곳에서 나온다. 부성 영역은 명확성, 계몽, 합리성의 원리가 특징이다. 이에 비해 모성 안에는 어둠과 혼돈이 삶의 충동 자체와 동시에 존재한다. 즉, 모성의 어두움 안에 죽음이 있는데, 여기서 죽음은 재생의 삶이 나오는 원천이다. 따라서 아래에는 맹목적으로 존재하려는 노력이, 위에는 이런 삶의 기운에 형태를 주는 관념 작용이 있다.[24] 하늘의 아버지는 동떨어져 있고 비개인적인데 질서와 법, 권위와 복종의 원리와 형태를 체현하고, 정신 문화의 진보적 노력에 가장 좋은 잠재력을 나타냄으로써 집단적 인간을 고무한다.

부성 원형의 이런 측면은 융의 다음과 같은 말에 잘 요약되어 있다.

의식이 발달함에 따라 아버지가 아이의 시야에 들어오고 그 성질이 많은 면에서 모성 원형과 대립되는 한 원형을 활성화한다. 바로 그 부성 원형은 음양의 양이다. 그것은 인간, 법과 국가, 이성과 정신 그리고 자연의 활력과의 관계를 결정한다. 아버지의 나라는 경계를 짓고, 공간에서의 정확한 위치를 부여한

---

24) Perry JW(1991) : 앞의 책, p26.

다. 반면에 땅 자체는 모성인 대지이며 움직이지 않고 열매를 맺는다. 부성 원형은 바람과 폭풍, 천둥과 번개로 나타나고 권위를 나타내며 법과 국가를 의미한다. 그는 세상에서 바람처럼 움직이며 눈에 보이지 않는 생각과 공중의 상들을 만들어 내는 자다. 아버지는 모든 것을 감싸는 신상이자 역동적 원리다. 아버지의 자리는 사회로, 어머니의 자리는 가족으로 대치된다.[25] 또한 꿈에 아버지가 마술적 동물, 거인, 마술사, 사악한 독재자 등으로 나타날 수 있는데, 이런 부정적 부성상은 싸워 극복해야 할 대상으로 나타난다. 위험은 부모 모두에게서 온다. 아버지는 퇴행을 불가능하게 함으로써, 어머니는 퇴행하는 리비도를 자신이 흡수하고 지킴으로써 재생을 찾는 아들을 죽음에 이르게 한다.[26]

25) Jung CG(1970) : 앞의 책, para65-66.
26) Jung CG(1967) : 앞의 책, para504, 511, 543.

부성 콤플렉스

부성 콤플렉스에 관해 언급하기 전에 먼저 우리가 일반적으로 사용하고 있는 콤플렉스에 대해 좀 더 명확히 해 둘 필요가 있다. 융은 콤플렉스에 관하여 감정적으로 강조된 어떤 특정한 심리적 상황의 이미지, 즉 습성화된 의식 태도와 상용할 수 없는 것으로서 비교적 높은 수준의 자율성을 가지고 있다고 하였다.[1] 콤플렉스는 일반적으로 생각하는 것처럼 정서적 충격 같은 외부 요인에 의해 떨어져 나간 정신의 한 부분이기도 하지만, 정신적 체질에 속하며 각 개체에서 절대적으로 혹은 미리 정해진 것이다. 그러므로 콤플렉스는 병적인 성질만을 가진 것이 아니라 개체에 고유한 삶의 현상이며 꿈과 증상을 만들어 내고 무의식의 정신적 구조를 결정한다. 따라서 부성 콤플렉스라고 할 때 단순히 개인의 역사에서 억압된 내용으로 구성되어 있는 것이 아니라 부성 원형이 기초가 되며, 그 내용은 아들이냐 딸이냐에 따라 또 개인이나 집단에 따라 다양하게 나타나는 것이다. 단순히 개인적인 차원이 아니라 이런 점을 고려할 때에만 신경증에서 보이는 강박적인 경향이나 다양한 증상

---

1) Jung CG(1969) : *A Review of The Complex Theory*, C. W. 8, para201.

의 의미를 더 잘 이해할 수 있을 것이며, 이는 앞에서 부성 원형에 관해 자세히 언급한 이유이기도 하다.

아버지는 어머니와 달리 신체적으로 아이와 하나가 되지 않았고 즉각적인 양육원이 아니다. 앞에서 언급하였듯이 부성 원리는 말씀, 권위라는 의미 때문에 아이의 발달에서 중요하다. 그렇지만 남자아이와 여자아이 사이에는 차이가 있을 수밖에 없다. 남자아이의 경우에는 어머니에게서 떨어져 나와 아버지와 동일화함으로써 자아를 발달시키지만, 여자아이는 어머니로부터 어느 정도 독립해야 하지만 동시에 아직 어머니와 동일화해야 하기도 하므로 완전히 떨어져 나올 수는 없다. 또, 여자아이는 아버지와 동일시하면 안 되므로 아버지가 대표하고 발달을 도와주는 자아 강도를 내재화할 수 없으며, 아버지가 표상하는 것을 받아들여야 하지만 결코 그것을 완전히 함유할 수는 없다. 왜냐하면 그것을 외부에서 주어진 어떤 것으로 보기 때문이다. 그러나 남자아이는 언젠가 스스로 아버지가 되기 위해 그런 힘들을 내재화해야 한다. 그러므로 어머니는 아들을 어두운 곳에서 그의 심혼을 위협하는 위험에 대항해 지켜 주는 반면에 아버지는 외적 세계의 위험에 대해 보호함으로써 아들의 본보기 페르조나로서 봉사한다.[2] 남자아이는 외부로 향하는 순간부터 자신이 아버지와 같은 신체 구조를 가지고 있음을 느

---

2) Jung CG(1953) : *The Relations between the Ego and the Unconscious*, C. W. 7, Routledge & Kegan Paul Ltd, para315.

끼며 이런 신체적인 동일성의 인식은 언제나 자신보다 앞서 있는 존재로 경험되는 아버지를 동일시하도록 자극한다. 아버지가 가지고 있는 생각이나 가치관과 행동 유형은 이제 겨우 경험하기 시작하는 외부 세계 앞에서 불안정한 처지에 있는 어린 아들에게는 성공적인 적응을 보장하는 것으로 보이므로 정신적 에너지가 외부로 향하도록 고무한다.

남자아이에게 이 과정이 순탄하게 진행되지 않으면 융이 제시한 앞의 증례에서처럼 다시 어머니의 치맛자락으로 파고들게 된다. 주지하다시피 프로이트는 동일화를 통해 이 갈등이 해소된다고 보았다. 그는 오이디푸스 콤플렉스의 상속이라고 부른 이런 동일화를 통해 성적 소망을 포기하고 어머니에 대한 주장을 접으면 아들은 자신의 삶의 과제에 대한 도움을 받을 것이라고 한다. 이것이 초자아의 형성과 발달에 결정적으로 중요하다고 보았다. "원래 대상은 포기되고 동일시에 의해 대치된다. 아버지나 부모의 권위는 자아에 흡수되어 초자아의 핵을 구성하며 초자아는 아버지의 엄격성을 받아들인다."[3] 그에 비해 융은 아버지를 정신성의 대표자로 보았다. 아들과 관련한 아버지의 기능은 근친상간적 리비도를 성적 표현으로부터 새로운 방향으로 돌려 어머니와의 근친상간적 연루에서 나타나는 심리적인 질적 향상이 외부 삶에서 그 길을 발견하게 하는

---

3) Freud S(1961) : *The Dissolution of the Oedipus Complex, the complete psychological works of S. Freud*, vol. 19, the Hogarth Press, p176.

것이다. 아버지는 본능적 근친상간에 대해 가장 적의에 찬 본능적 형태로 적대감을 표현한다. 이렇게 정신에 봉사하는 본능은 육체적 근친상간에 봉사하는 본능을 쫓아내거나 변화시킨다. 그런 점에서 정신 또한 늘 그랬던 것처럼 본능적이다. 이런 이율배반은 정신은 늘 어느 정도의 감정을 수반한다는 사실과 부합하는 것이다.

어떤 부성 콤플렉스는 영적인 특성을 가지고 있다. 이것은 부성 상이 영적인 속성을 가지고 있는 진술, 행동, 경향, 충동, 의견 등을 생기게 한다는 점에서 그러하다. 남자에게 긍정적 부성 콤플렉스는 권위를 잘 믿고 영적인 신조와 가치 앞에 기꺼이 복종하는 경향을 낳는다. 여자에게는 생생한 영적 동경과 관심을 유도한다. 꿈에서 늘 결정적 신념, 금지, 현명한 충고는 부성상에서 나온다.[4]

다른 한편으로 부성 콤플렉스는 아버지 자신도 피해 갈 수 없는 것이며 또 그것이 바로 아들에게 영향을 미친다. 자신이 아이와 같은 과정을 거쳐 이제 아버지가 되었고 그것이 아버지로서의 역할을 담당하도록 한다. 융이 말했듯이 그 과정에서 누구나 어느 정도는 원형에 사로잡힌다. 그러나 무의식적 동일화는 위험하다. 그렇게 되면 암시로 아이에게 지배적인 영향을 미칠 뿐 아니라 아이 안에 동일한 무의식성을 야기해 밖으로부터의 영향에 굴복하고 안으로부터 그것에 저항할 수 없게 된다. 아버지가 원형과 동일시할

---

4) Jung CG(1968) : *The Phenomenology of the Spirit in Fairytales*, C. W. 9(1), Routledge & Kegan Paul Ltd, para396.

수록 자신과 아이가 더 무의식적으로, 무책임하게 되고 정신병 상태가 될 것이다. 자신의 아이들의 모든 정서적 독립의 기미를 비난하고, 딸을 착상이 나쁜 에로티시즘으로 귀여워하고 감정을 지배하며, 아들을 사슬에 묶고 직업을 강요하고 어울리는 결혼을 강요하는 아버지들은 자신이 무엇을 하고 있는지 모르고 강박에 굴복해 아이들에게 그것을 넘겨 주고 자신과 무의식의 노예로 만든다. 그런 아이들은 부모에 의해 주어진 저주의 삶을 계속 살며 부모가 죽은 지 오랜 시간이 지나서도 그렇게 살게 된다.[5]

긍정적 부성 콤플렉스

아버지가 자신의 삶의 태도를 절대시하고 아들이 그에 대하여 아무런 의문을 가지지 않은 채 전적으로 아버지와 동일시한다면 안팎으로 평화가 찾아올 것이다. 그런 태도가 아들의 시대에도 여전히 의미를 상실하지 않고 있다면 단순한 동일화로 충분할 수 있다. 그러나 아버지의 태도가 경직되어 있거나 더 이상 변화를 수용하지 못하고 의미를 잃어 가고 있다면 어딘가에서 갈등이 생기기 시작한다.

---

5) Jung CG(1970) : *The Significance of the Father in the Destiny of the Individual*, C. W. 4, Routledge & Kegan Paul Ltd, para729-730.

삼십 대 초반의 여자 환자가 가벼운 우울증으로 병원을 찾게 되었다. 결혼한 지 몇 년밖에 되지 않는 환자는 남편과 시댁과의 관계가 힘들어져 결혼 생활을 계속 유지해야 하는지 회의가 들기 시작했다. 시아버지는 자식들을 결혼시키고도 본인의 집 바로 옆에 집을 얻어 주고 살도록 하며 모든 생활은 시아버지를 중심으로 하도록 한다. 당연히 경제적으로도 도움을 주고 있다. 남편은 젊은 사람인데도 아버지의 의견이나 삶의 태도를 전적으로 따르고 있어 자신이 조금이라도 다른 의견을 말하면 심지어 헤어질 수밖에 없다고 말한다. 남편이 좋은 사람이고 아이도 있으므로 지금까지 참고 살아왔지만, 개인적인 삶이 전혀 허용되지 않는 생활에 숨이 막히는 것 같아 점점 힘들어졌다.

여기서 환자의 남편은 자신의 아버지와 긍정적인 관계를 가지고 있다. 아버지가 살아온 방식대로 자신의 삶도 그러하기를 기대한다. 그러나 이것은 융이 말했듯이 의식의 분화 없는 단지 옛 관습의 단순한 유지에 불과하다. 개인적 차원에서 아들이 아버지의 자리에 자신을 두기 시작할 때 개별적인 존재로의 변화가 시작된다. 고태적 패턴에 따르면 이것이 부친 살해의 형태를 취한다. 다른 말로 하면 아버지와의 폭력적 동일화와 이에 동반되는 아버지 살해다. 그러나 이 경우에 아버지로부터의 분리는 이루어지지 않는다. 아버지와 그에 의해 대표되는 관습으로부터의 의식적 분화에서 진정한 분리가 이루어지는데, 이를 위해서는 자신의 개별성에 관한 앎이 필요하다. 개별성이란 도덕적 분별과 의미의 이해가 있어야만 얻어진다. 관습은 의식적으로 선택되고 획득된 삶의 양식에 의해서만 대치될 수 있다고 융은 말한다. [6] 이런 긍정적 형태의 부성 콤플렉스는 아들의 점차적인 성장과 더불어 새롭게 이해되고 자신의 것으로 소화되어야 한다. 그러나 지배적인 아버지는 이것을 허용하지 않는다. 그러므로 이런 분화되지 않은 부자의 쌍은 무의식 상태에 있으므로 외부의 존재, 여기서는 고통받는 아내에 의해 문제가 드러나기 시작한다.

프로이트는 부모, 특히 아버지와의 정서적 관계가 신경증의 내용에 결정적인 의미가 있다는 것을 지적했다. 그러나 충실히 자기의 삶을 살았는데 나이가 들어 이전의 태도가 갑자기 효력을 잃고 의미를 상실한 경우에는 자신을 가로막고 있는 자가 더 이상 개인적인 어머니, 아버지가 아니라 그 자신, 즉 아버지나 어머니 역할을 하고 있는 자신의 인격의 무의식적 부분이라는 것을 알 때 진정한 치료가 시작된다. 그것은 자신의 문제의 원인이 외부에서 온 것이라고 믿어 오게 한 부성상, 모성상에 숨어 있는 인격의 부분이다. 젊은 사람은 과거로부터의 해방으로 충분하다. 몇몇의 구속에서 벗어나면 나머지는 삶의 충동이 해 나갈 것이다. 그러나 인생 후반기 사람에게는 다른 과제가 필요하다. [7] 삶을 지속하게 할 수 있는

---

6) Jung CG(1969) : *Answer to Job*, C. W. 11, Routledge & Kegan Paul Ltd, para271.
7) Jung CG(1953) : 앞의 책, para88.

의미를 발견해야 하는 과제에 직면하는 사람에게 집단적 무의식의 문제가 대두된다.[8] 실제로 나중에 어떤 문제에 부딪히면 리비도가 뒤로 흘러 어린 시절의 잊혔던 정신적 내용이 재활성화된다. 문제 해결을 위해 쌓인 에너지가 뒤로 흘러 옛 하상의 진부한 길로 흘러 다시 쌓인다. 그런데 어린 시절 콤플렉스는 부모 콤플렉스다. 그러므로 리비도가 무의식으로 잠기면 어린 시절 콤플렉스를 재활성화하여 아버지, 어머니 신격이 탄생한다. 신상으로 상징화하면 기억의 구체성, 감각성을 넘어선다. 왜냐하면 상징을 진정한 상징으로 받아들임으로써 부모로의 퇴행이 즉시 전진으로 변환하기 때문이다. 반면에 실제 부모에 대한 표식으로 해석되어 독립적 특성을 잃으면 퇴행으로 남는다.[9]

대개 임상적으로는 전반기에 긍정적 부성 콤플렉스가 문제가 되는 경우는 드물다. 앞의 예에서도 아들 자신은 전혀 문제를 느끼지 못한다. 그러나 집단적 의식과의 동일시에서 다시 삶의 원천인 무의식의 세계로 돌아가야 할 시기인 인생 후반기에 퇴행을 막는 아버지와의 갈등이 시작된다.

인생의 후반기에 막 접어든 삼십 대 후반에 갑자기 발생한 불안 증상으로 방문한 남자 환자는 면담을 시작한 지 약 두 달이 지나 다음과 같은 꿈을 꾸었다.

---

8) Jung CG(1953) : 앞의 책, para113.
9) Jung CG(1971) : *Psychological Types*, C. W. 6, Routledge & Kegan Paul Ltd, para201.

아버님이 돌아가셨는데 장례식을 치르지 않아 시신을 냉장고
에 보관했다. 어느 공사장 높은 곳에 올라가 아는 사람과 의논
해 장례식을 치르기로 했다. 그곳에서 내려와 어머님과 의논해
장례식을 치렀는데 학생 등 사람들이 문상을 온다.

환자의 아버지는 이미 수년 전에 노환으로 돌아가셨는데 최근
에 아버님을 존경하는 제자 한 분이 유고집을 내자고 하면서 아버
님이 훌륭한 분인데 아들이 챙기지 않는다고 뭐라고 했다고 한다.
자신은 남들에게 자랑하는 것 같아 썩 내키지는 않았지만 해 볼
생각이었다. 꿈에 등장하는 장례식을 치르기 위해 의논한 아는 사
람은 실제로는 모르는 사람이며, 사십 대가량의 남자인데 갸름하
고 까맣고 고생해서 밝지 못한 얼굴이다. 아버님은 기독교 정신에
입각해 외적 성취나 세속적인 목표를 위해서가 아니라 신앙의 원칙
대로 살았던 분이며, 그분의 삶은 제자의 지적대로 존경받을 만하
다고 생각하였다. 그러면서 이미 수년 전에 돌아가신 분의 시신을
아직 보관하고 있다가 이제야 장례식을 치른다는 것은 유고집을
내는 것과 관련이 있지 않을까 생각하였다. 상당 기간이 지난 시기
에 환자는 다음과 같은 꿈을 꾸었다.

부모님을 모시고 교회에 예배를 드리러 갔다. 예배 시간 전체
가 무거웠고 안은 어두웠다. 나는 예배 보는 동안 집중하지 않
고 예배가 끝나는 것도 모르고 있다가 마지막 송영을 부르느라

다 일어서는 것을 보고 알 수 있었다. 그때 앞쪽에 있는 어느 집사님 얼굴이 보였는데 나는 찬송가를 보는 척하면서 외면하여 얼굴은 마주치지 않았다. 아버지 얼굴은 깨끗이 면도를 해서 단정해 보였으나 초췌한 모습이었고 힘이 전혀 없어 걷기에도 불편하셨다. 예배를 마치고 나와서 장로님들과 인사를 하고 나오시는데 힘이 없어 한 번 벽에 기대셨다가 내가 부축을 해 계단을 내려왔다. 장로님들과 인사하는 곳도 어두웠고 장로님들은 얼굴 모습이 분명했으나 담임 목사는 분명하지 않았다. 장로님들 얼굴 표정은 밝지 못했고 걱정스럽고 어두운 표정으로 인사를 했다…….

환자는 직장인으로서, 남편과 아버지로서, 또 기독교인으로서 페르조나에 충실한 삶을 살아온 사람이다. 남을 배려할 줄 알고 남에게 부정적인 감정은 잘 표현하지 않으며 또 그렇게 감정을 잘 다스릴 수 있는 사람을 성숙한 사람이라고 생각하고 자신을 갈고 닦아 온 사람이다. 대부분의 사람이 호감을 가질 만한 세련된 사람이다. 그러나 갑자기 닥친 불안 증상으로 인해 자신의 몸에 무슨 문제가 생긴 것은 아닌지 걱정을 하기 시작하면서 문제가 생기기 시작했다. 그는 당시 무기력하고 삶의 감흥이 없는 상태였다. 그 증상 덕분에 꿈을 통해 자신의 무의식을 돌아볼 기회를 갖게 되었다.

앞의 꿈에서 그는 벌써 돌아가신 지 한참이 지난 아버지 시신이 아직 냉장고에 보관이 되어 있는 것을 발견하고 장례식을 이제야 치르고 있다. 여기서 아버지를 개인적인 아버지로 이해하는 것은 환자에게 아무 도움도 주지 못한다. 물론 개인적인 아버지에 대한 기억이 아버지 제자의 제안에 자극을 받은 것이 분명하므로 장례식이 유고집을 내는 것과 관련이 있다고 생각할 수도 있다. 그러나 그 문제는 이미 환자가 의식에서 충분히 생각을 해 본 문제다. 무의식이 충분히 알고 있는 문제를 반복해서 말한다고 보기는 어려우므로 아버지상이 가지고 있는 상징적 의미를 이해할 때 이제야 치르는 장례식의 의미가 드러날 것이다.

환자는 이미 활동을 멈춰 버린, 즉 의미를 상실해 버린 기존의 가치관을 냉장고에 넣은 채 간직해 왔던 것이다. 더 이상 힘을 발휘하지 못하는 아버지는 죽음의 세계로 보내야 한다. 즉, 청산되어야 한다. 그러기 위해서 이제 장례식을 치러야 한다. 그럼으로써 자신이 새로워져야 하며 더 이상 아버지가 무의식으로의 퇴행을 막아서 진정한 의미의 자신이 되려는 환자의 개성화 과정을 방해해서는 안된다. 늘 그렇듯이 부성 콤플렉스도 절대적으로 긍정적인 것도 절대적으로 부정적인 것도 없다. 주어진 맥락에서 어떻게 드러나느냐의 차이가 있을 뿐이다.

이런 상징적 이해가 무의식의 의도에 더 잘 부합한다는 점은 두 번째 꿈에서 더 분명해진다. 이번에는 쇠약해진 아버지가 등장하고 같이 예배에 참석하지만 환자 자신은 전혀 예배에 집중하지 않고 있다. 전체적으로 우울하고 쇠락해 가는 분위기 속에 있으며 예전에 아버지와 같이하던 장로들은 걱정스럽고 어두운 표정이다. 늙고 쇠약해진 아버지와 이 아버지를 부축하고 있지만 이미 마음은 아버지의 가치관에서 멀어져 있는 아들의 모습은 필연적으로 새로워짐의 기대를 낳게 된다. 그러므로 여기서 아버지는 결코 개인적인 아버지로 볼 수 없다. 무의식은 환자의 마음속에서 기존의 가치관이 새로워져야 함을 상징을 통해 보여 주고 있는 것이다.

아버지와 아들은 세대 간 갈등 혹은 동맹 관계를 갖는다. 그러나 갈등과 경쟁도 항상 부정적인 것만은 아니다. 왜냐하면 그것은 변화, 개선, 진전, 활력과 건강한 반격이기 때문이다. 또한 그곳에는 과거와 현재 사이의 연결이 있다. 왜냐하면 부자 관계는 역사성이 없으면 아무것도 아니기 때문이고 젊은이에게 자신이 알고 있는 모든 것을 알려 주는 연장자의 상은 피할 수 없는 상이기 때문이다.[10] 또한 아버지의 세계는 아들을 통해 새로워지지 않으면 언젠가는 더 이상 힘을 발휘하지 못하게 될 것이다. 아버지에서 아들로 전해지면서 단순히 있는 그대로 복사하는 것이 아니라 새로워지며 다시 태어나는 것이다. 그러므로 아버지에게는 이 변화를 용인할 것인가 그리고 어떤 태도를 취하는가가 중요한 문제가 된다.

---

10) Samuels A. ed(1986) : 앞의 책, pp33-34.

부정적 부성 콤플렉스

아버지 자신이 부성 원형에 사로잡혀 자신을 신적인 존재로 높이면 자신에게 주어진 책무의 개인적인 차원을 넘어서게 되어 아들에게 자신의 삶의 태도를 일방적으로 강요하거나 지나치게 간섭하거나 지나치게 엄하고 완고하거나 심한 경우 폭력적이기까지 할 정도로 권위주의적인 태도를 보이게 된다. 이런 경우에 아들은 내적 권위와 자신감을 얻지 못하여 외적으로는 윗사람을 대할 때 어려움을 느끼고 내적으로는 늘 보상적인 권력 충동을 통해 아버지의 경직성을 타파하고 새로워지려는 욕구를 나타낸다. 원형상에 사로잡히면 사고는 강박적 형태를 띠고 부성 핍박의 형태로 체험된다. 이런 현상은 물론 모두 아버지의 책임은 아니다. 오히려 전혀 의도하지 않은 결과일 수도 있다. 예를 들어, 사회적으로 훌륭한 삶이나 뛰어난 능력을 보인 아버지를 가진 경우 아들이 느끼는 아버지의 무게는 상상 이상의 것이다. 그에게 아버지를 계승한다는 것은 자신이 가지고 있는 능력 이상을 요구하는 것이며, 따라서 그런 아버지가 존재한다는 것 자체가 힘겨운 삶의 조건이 된다. 물론 자신의 개인적 능력의 크기를 인정하고 아버지의 정신을 긍정적으로 받아들이는 경우도 있다. 그러나 자신이 충분히 잘하고 있음에도 상대적으로 아버지가 가지고 있는 위치로 인해 부담을 느끼고 오히려 정반대로 부정적인 방향으로 나가기도 한다. 이런 극단적인 경우가 아니라도 사회적 기대치와 자신의 개인적 능력 사이의 부조화가 문제가 된다. 그런데 이 부조화는 외적인 부조화라기보다 내부에서의 부조화다. 즉, 자아와 내부의 부성상의 요구 사이의 부조화다. 현실의 아버지가 요구하지 않아도 자신의 무의식에 있는 '아버지'의 요구가 스스로를 압박한다.

반대로 아버지가 책임감이 없고 무관심하고 방임하거나, 무력하고 무능하고 제 역할을 못하면 아들은 교조주의에 빠져 도덕적 경직성, 권위주의, 강박적 사고나 행동 등의 형태를 나타내거나 아니면 모성적 의존 상태에서 빠져나오지 못해 끊임없이 타인의 도움을 요구하는 상태에 머물러 있게 된다. 아버지는 시시한 존재로 여겨지며 자신이 넘어서야 할 어떤 것으로 경험된다. 그런 경우 무의식에는 오히려 보상적으로 긍정적인 부성상이 배열되어 그것과 동일시할 가능성이 있다. 조야Zoya는 아이들이 아버지에게 갖는 기대는 외부의 도덕적 기대와 상관없이 어떤 형태든 아버지가 가지고 있는 능력과 힘에 있다고 하였다.[11] 그러므로 무력한 아버지로 인한 과보상으로 경직된 태도를 보이게 된다.

두 가지 경우 모두 인생의 전반기에는 대개 아버지와의 부정적 관계로 인하여 모성에서의 독립과 의식의 획득이라는 과제를 제대로 수행하지 못하게 되며, 책임감 부족, 대인 관계와 사회 활동에서의 부적응 및 자신감 결여로 나타난다. 이에 따른 무의식의 보상 작용으로 부성상은 원형적 성질을 띠게 되고 끊임없이 자신이 대단

---

11) Zoya L(2001) : *The Father*, Brunner−Routledge.

한 인물이 되는 공상에 빠지거나 강박적 사고의 지배를 받게 된다.

  강박증으로 고통받고 있는 한 남자 대학생이 치료를 받기 시작한 지 거의 일 년이 지나가는 시점에 다음과 같은 꿈을 꾸었다.

  아버지와 함께 TV를 보았다. 두 방송사에서 같은 시간에 영화를 방영하였다. 아버지와 나는 어느 영화를 볼 것인가를 두고 의견이 갈렸다. 결국 아버지께서 보시고 싶은 영화로 선택이 되었다. 나는 속으로 항상 아버지는 나와 보는 성향이 다르다고 원망했다. 그리고 속이 상해서 영화를 보지 않았다. 이 속상함이 얼마나 오래갈까 불안했다. 그 영화는 아버지와 보고, 내가 보고 싶은 영화는 녹화를 할 걸 그랬다고 후회했다.

  아버지에 관하여 환자는 다음과 같이 기술하였다. "아버지는 학교를 다닌 적이 없으며 전혀 생활 능력이 없다. 그러면서도 자기 문제를 깨닫지 못하고 부정한다. 가족을 부양하려는 책임감도 없어 제대로 일도 안 하고 거기다가 사기까지 두 번이나 당했다. 그러니 경제적으로 매우 어려웠다. 그런데도 아버지는 바둑이나 두고 한학을 공부한다고 한다. 그렇다고 열심히 사는 것도 아니다. 아버지는 정신적으로 어리고 미숙하다. 그래도 내가 아버지를 제일 이해하는 편이다. 어머니도 나를 보고 그런 점은 배운다고 한다." 꿈에서 어느 영화를 볼 것인가로 의견이 갈리는 것에 대해서는 평소 늘 있던 일이며, 환자 자신은 작품의 완성도를 중요시하고 다큐멘터리를 좋아하는 데 반하여 아버지는 쇼나 드라마를 좋아한다고 하였다. 그리고 자신은 아버지와는 많이 다르고 이런 상황이 되면 피해 버린다고 하였다. 그 환자가 일주일 후에 다음과 같은 꿈을 꾸었다.

> 내가 칼리굴라 황제가 되어 통치하는데 연로하여 황태자에게
> 황제 자리를 물려주라고 신하들이 그런다. 나는 뒷방 늙은이가
> 되는 것이 두려워 그런 제의를 물리쳤다.

자신이 칼리굴라 황제가 된 것에 대해서는 다음과 같이 말하였다. "어이없는 생각인데 '힘이 진리다.'라는 생각을 가지고 있으며 악도 힘이 있으면 질서가 된다고 생각한다. 성공을 해서 돈을 벌면 사회에 환원하겠다. 단, 죽기 전까지는 가지고 있어서 영향력을 놓지 않고 싶다." 환자는 늘 자신은 아버지와 다르다고 생각하고 있다. 아버지는 무능하고 자기 문제도 모르고 열심히 살지도 않고 정신적으로 미숙하다. 환자에게는 '아버지라면 이래야 하는데.'라는 생각이 있는데, 더 정확히 말하면 그런 상이 환자를 지배하고 있다. 그러므로 자신은 능력이 있는 사람이 되는 것이 꿈이다. 아버지에 대한 이런 부정적인 생각에 비해 이미 예상할 수 있듯이 어머니에 대한 환자의 감정은 남다르다. 환자는 다음과 같이 말하였다. "어머니는 훌륭한 어머니다. 나하고 사이가 좋고 자상하다. 아버지 때문에 삶에 지치셨다." 꿈에서도 환자는 아버지와는

영화를 같이 보고 아버지와 좋아하는 영화가 다르다고 원망한다. 환자는 마치 아버지가 자신의 발목을 잡고 있는 것처럼 느끼고 현실에서도 그러하다. 그러나 현실의 아버지를 그렇게 보게 하는 근거가 자신 안에 있는 부성상이라는 점은 모르고 있다. 환자는 사실 어떤 의미에서는 오히려 긍정적인 부성상과 동일시하여 그런 기준으로 현실의 아버지를 보고 있으며, 그러므로 집에서 자신이 아버지를 제일 이해하고 있다는 이야기는 맥락이 통하는 말이다. 그러므로 어떤 의미에서 긍정적 부성 콤플렉스를 가지고 있다고 말할 수 있다. 그런데 자신의 개인적 관심은 부성적인 것에 의해 방해받고 있다. 이렇게 부성 콤플렉스에 사로잡혀 있는 환자는 자신이 개인적 차원을 넘어서 세상을 지배하는 로마의 황제의 모습을 하고 등장하는데, 바로 환자가 원형적 부성상과 동일시하고 있음을 보여 준다. 그러나 새로워져야 할 부성상인 늙은 황제는 이제 물러나야 한다. 이 세상에 질서를 가져오려는 본성에 내재하는 원리인 권위는 환자에게는 이제 늙은 절대 권력으로 변하였다. 그러므로 그런 부성적인 것은 뒤로 물러나야 한다. 이제 효력을 다하고 뒷방 늙은이가 되었는데 환자는 그 권력을 잃어버릴까 두려워한다. 그것을 놓는 순간 모든 것이 사라질 것 같기 때문이다. 그러므로 환자에게 실재 아버지를 미숙하게 느끼도록 한 부성상은 타파되어야 할 것이기도 하다.

어떤 경우에는 아들이 진정으로 아버지와 동일시하여 아무런 저항 없이 아버지가 살아온 삶을 이어 가기보다는 마치 그런 것처럼 겉으로는 아무 문제가 없어 보이지만 단지 머리만 숙이고 있는 경우도 있다. 이런 경우 진정한 의미에서 긍정적인 부성 콤플렉스라기보다는 오히려 아버지의 권위 뒤에서 언젠가 자신을 주장할 기회가 오기를 기다리고 있는 것이다. 어느 날 문득 아들 자신의 내부, 즉 무의식에서 어떤 새로운 태도에 대한 요청이 대두되기도 한다.

회사일을 열심히 잘해 오던 사십 대 중반의 남자가 갑자기 모든 의욕을 잃고 모든 것이 두려워지기 시작했다. 맏아들인 환자는 아버지가 노력해 일구어 놓은 회사에서 중요한 역할을 하고 있었다. 대학 졸업 후 잠깐 다른 직장에서 일하던 환자는 아버지의 요청으로 지금의 회사에서 일하기 시작했다. 회사 바로 옆에 있는 아버지가 사 준 아버지 명의의 아파트에서 거주하며 정해진 월급도 없이 일을 하였다. 물론 아버지는 환자 가족이 여행을 갈 때는 모든 편의를 제공해 주고 필요한 경우는 손자들에게 언제든지 경제적인 지원을 하였으며 호의적인 아버지로서의 역할을 다하는 것처럼 보였다. 그러나 환자는 늘 아버지의 아들로서 살아가고 있지, 자신이 아버지라는 사실은 드러나지 않도록 교묘히 감추어져 있다. 동생들은 결혼하면서 독립하여 자신의 집도 소유하고 있으나 환자 자신의 이름으로 되어 있는 재산은 하나도 없었다. 아버지의 일을 자신이 물려받는다는 암묵적인 생각으로 지금까지 열심히 살아왔다. 그런데 어느 날 갑자기 이 모든 것에 회의가 들기 시작하고 지금까지 잘해 오던 일들에 자신감이 없어지며 뭔가 문제가 생긴 것 같고 잘못될 것 같은 생각이 들기 시작했다. 늘 아버지의 아들인 남편을 보면서 뭔가 잘못되어 있다는 생각을 가지고 있던 부인에 의해 정신과를 방문하게 되었다. 지금까지 이어져 온 부자간의 좋은 관계는 환자가 일을 내팽개치고 갑자기 아버지를 원망하며 아버지에게 자신의 요구를 하기 시작하면서 깨지기 시작했다. 이처럼 중년에 들어서기 시작하자 자신의 개성에 대한 자각이 생기기 시작하면서 아버지에 대한 부정적 감정이 드러나기 시작한다. 즉, 같은 아버지에 대해 전혀 다른 감정을 느끼게 되는 이런 변화는 자신의 내적 요구에 따른 것이며, 따라서 그 배후에는 앞서 여러 번 언급된 아버지의 아들에 대한 개신改新의 원형적 주제가 자리 잡고 있는 것이다.

아버지의 부재

현대사회에 들어서면서 이혼이 증가하고 가족의 형태가 바뀌면서 아버지가 없는 가정이 늘어나고 있다. 또, 직업이나 여러 이유로 인해 아버지의 부재不在 상태가 상당 기간 지속되는 경우도 있다. 그러나 아버지가 실제로 없는 경우라도 부성 원형이 작용하므로 아버지를 대치할 수 있는 다른 인물을―친척이나 형제 같은 가족이나 선생님 등―통해 경험하거나 어머니의 아니무스 작용을 통해 보상되기도 한다.

민담이나 신화에서 잉태만 시켜 놓고 떠나는 아버지 주제가 등장한다. 일반적으로 아버지가 부재한 상태에서 태어난 아이들은 갖은 서러움과 고통을 겪게 된다. 그리하여 아버지의 존재에 대해 회의하게 되고 어머니를 끈질기게 조른 끝에 단서를 얻어 아버지를 찾아 나선다. 그러나 아버지를 만나도 친자임을 확인하기 위한 갖가지 시험을 거쳐 부자간임을 인정받는다.[12] 민담 '아버지를 찾은 아이'[13]에서 아버지가 박해를 피해 멀리 떠난 후 아들이 태어났다. 어머니는 이 아들을 귀엽게 잘 키웠는데, 장난이 심했던 아들은 여자가 이고 오는 물동이를 활을 쏘아 맞히면 대장으로 삼겠다고 하는 아이들의 말에 그렇게 했다가 애비 없는 호로 자식 놈이 몹쓸 장난을 한다는 욕을 듣고 아버지가 왜 없느냐고 어머니에게 묻는다. 일반적으로 아버지가 없으면 버릇이 없다는 이야기는 아버지의 부재가 아이에게 미치는 영향을 말해 준다. 아이의 어머니는 아이가 글 공부와 무술 공부를 열심히 한 후 아버지를 찾으러 떠나도록 허락한다. 아버지가 없을 경우 오히려 어머니는 아니무스의 보상에 의해 엄격한 태도를 취하기도 하는데, 이 민담에서는 그런 어머니의 건전한 보상 기능이 아버지와의 만남을 돕는다. 개인적인 차원에서 보더라도 이렇게 아버지를 찾아 떠나는 여행은 부성상이 갖는 역사성을 이해할 때에만 의미를 충분히 이해할 수 있다. 아버지의 부재로 형성된 콤플렉스는 그런 상황에 대한 어머니의 반응을 유발하고 모성에 의지하거나 아니면 반대로 보상 작용으로 엄격

---

12) 한국문화상징사전편찬위원회(1995) : 《한국문화상징사전 2》, 두산동아, 서울.
13) 임석재 편(1989) : 《한국구전설화》 5권, 평민사, 서울.

한 태도를 가지게 한다. 결국 모성적인 의존 상태에서 벗어나게 한 것은 아버지였으며 더 정확히 말하면 부성상이었다. 이것은 어머니에게서 떠나는 여행의 동기를 부여하며 그 과정에서 겪는 어려움에도 불구하고 아들을 움직이게 하는 힘이다. 심리적으로 부성은 바로 그런 과정을 필연적인 것으로 만드는 배후의 존재다. 이 민담에서는 어머니의 아니무스 도움으로 이 과정이 진행되었으나 그렇지 못할 경우에는 모성적 의존 상태에 머물게 되거나 아니면 그 상태에서 벗어나기 위한 치열한 갈등이 시작된다. 이것이 영웅 어린이의 심리적 조건이다.

사회적 차원에서 '아버지'의 부재는 사회적 혼란으로 나타난다. 이것은 오히려 새로운 질서를 생성하려는 상징을 산출하지 못하고 사회에 적응하려고만 할 때 일어난다. 기존의 질서를 새롭게 하지 못하고 그동안의 가치 체계가 더 이상 힘을 발휘하지 못하면 개인적 요구나 개별 집단의 요구가 증가하여 갈등이 일어난다. 아버지가 아들을 통해 새로워지듯 기존의 집단 의식이 더 이상 변화를 수용하여 새로워지지 못하면 새로운 싹을 위협적인 것으로 여기고 더 커지기 전에 잘라 버리려고 한다. 특별한 능력을 가진 장수가 될 아들을 국왕이 혹은 나라에서 죽여 없애려고 하거나 이와 관련되어 집안에 좋지 않은 일이 생길까 부모가 겨드랑이에 붙은 비늘을 뜯고 아이를 죽이는 민담은[14] 집단 의식의 방어적 태도를 보여 준다.

---

14) 임석재 편(1988) : 《한국구전설화》 3권 p32, 4권 p272.

이런 위협은 내부에서 오기도 하지만 외부에서 주어지기도 한다.

조선 후기에 경직된 유교적 질서가 내부적으로 붕괴되기 시작할 때 서양에서 들어온 가톨릭은 위협적인 사상으로 여겨졌다. 가톨릭 교인이 자신의 교리를 변호하면서 자신의 하느님을 새로운 것으로 내세우지 않고 기존의 유교의 천제와 같은 의미로 설명을 하며 유교적 질서를 위협하려는 것이 아니라고 주장하였다.[15] 기독교의 하느님이 전혀 이질적인 서구 문화에서 온 것임에도 그렇게 쉽게, 또 정확하게 그 내용을 이해하지도 못한 상태에서 순식간에 퍼져 나가는 것은 전부터 존재하고 있던 부성상으로서의 하느님이 유교 이전부터 살아 있었기 때문이다. 그런 점으로 보아 이런 주장은 어느 정도는 근거가 있는 것이었으나, 그것을 현실의 질서를 위협하는 것으로 받아들인 기존의 지배 의식은 대화를 통한 수용보다는 죽음을 강요하였다.

외부의 강요에 의해 수용되기까지는 오랜 시간이 필요했고 결국 유교와 지배 질서는 아버지의 자리를 점차 잃어간다. 지배 질서의 붕괴 이후에 생기는 혼란은 이런 상태가 오래 계속되다 보면 자연스럽게 다시 질서를 회복하고자 하는 요구가 증가하는데, 이런 움직임은 정치적인 것이라기보다는 본능적인 것이다. 우리 사회는 최근 여성의 역할이 늘어나고 여성적인 측면의 중요성이 강조되는 방향으로 변하고 있다. 물질적이며 본능적인 것이 강조되고 있다. 그

---

15) 정하상(1999) :《상재상서》, 윤민구 역, 성황석두루가서원.

러면서 집단 전체를 아우를 수 있는 새로운 가치관은 아직 형성되지 못하고 있다. 민담에서 아버지를 찾는 아이는 아무리 새롭다고 주장되는 내용도 결국 역사성을 가지고 있으며 조상의 경험을 통하여 연결되어 있음을 보여 준다. 아버지 없이는 아들이 있을 수 없다는 명백한 사실을 부정할 수는 없다. 기존의 전통과 역사성은 부인한다고 해서 없어지는 것은 아니다. 단지 새로워지는 것이다.

맺는말

우리의 정신적 삶에서 차지하는 부모의 역할은 거의 결정적이라고 할 수 있다. 개인의 삶에 실제 부모가 미치는 영향과 다양성은 부인할 수 없는 사실이다. 그러나 그런 체험을 가능하게 하는 원형의 작용을 알지 못한다면 우리가 아버지라고 할 때 경험하는 정서적 경험을 설명할 수 없을 것이다. 늘 그렇듯이 원형은 긍정적인 면과 부정적인 면을 다 가지고 있으며 부성 콤플렉스 역시 의식과 무의식 둘 다를 고려할 때만 전체적인 그림을 그릴 수 있다. 어떻게 보면 긍정적 · 부정적 부성 콤플렉스라는 인위적으로 나뉜 구분은 개별적인 사례를 고려할 때만 의미가 있을 것이다. 아들에게 아버지는 조상 대대로 내려오는 역사성을 지니고 있는 삶의 원리이자 외부 세계에 적응해 나가는 데 하나의 표준이다. 아들이 새로이 아버지가 되어 가는 이 드라마는 매번 색조를 달리하여 지금도 계속되고 있는 인간의 역사다.

참고문헌

임석재 편(1988) : 《한국구전설화》 3권, 4권, 5권, 평민사, 서울.

정하상(1999) : 《상재상서》, 윤민구 역, 성황석두루가서원.

한국문화상징사전편찬위원회(1995) : 《한국문화상징사전 2》, 두산동아, 서울.

Freud S(1961) : *The Dissolution of the Oedipus Complex*, the complete psychological works of S. Freud Vol. 19, the Hogarth Press.

Grant M, & Hazel J(1993) : 《그리스로마 신화사전》, 김진욱 역, 범우사, 서울.

Jung CG(1953) : *The Psychology of the Unconscious*, C. W. 7, Routledge & Kegan Paul Ltd.

_____(1953) : *The Relations between the Ego and the Unconscious*, C. W. 7, Routledge & Kegan Paul Ltd.

_____(1966) : The Spirit in Man, Art, and Literature, C. W. 15, Routledge & Kegan Paul Ltd.

_____(1967) : *Symbols of Transformation*, C. W. 5, Routledge & Kegan Paul Ltd.

_____(1968) : *Aion*, C. W. 9(2), Routledge & Kegan Paul Ltd.

_____(1968) : *Psychology and Alchemy*, C. W. 12, Routledge & Kegan Paul Ltd.

_____(1968) : *The Phenomenology of the Spirit in Fairytales*, C. W. 9(1),

Routledge & Kegan Paul Ltd.

_____(1969) : *A Review of The Complex Theory*, C. W. 8, Routledge & Kegan Paul Ltd.

_____(1969) : *A Psychological Approach to the Trinity*, C. W. 11, Routledge & Kegan Paul Ltd.

_____(1969) : *Answer to Job*, C. W. 11, Routledge & Kegan Paul Ltd.

_____(1970) : *Mind and Earth*, C. W. 10, Routledge & Kegan Paul Ltd.

_____(1970) : *The Significance of the Father in the Destiny of the Individual*, C. W. 4, Routledge & Kegan Paul Ltd.

_____(1971) : *Psychological Types*, C. W. 6, Routledge & Kegan Paul Ltd.

_____(2001) : "콤플렉스 학설의 개요", 《정신요법의 기본문제》, C. G. 융 기본저작집 1, 한국융연구원 역, 솔, 서울.

_____(2002) : "모성 원형의 심리학적 측면", 《원형과 무의식》, C. G. 융 기본저작집 2, 한국융연구원 역, 솔, 서울.

Lamb ME 편(1995) : 《아버지의 역할과 아동발달》, 김광웅, 박성연 역, 이화여자대학교출판부, 서울.

Perry JW(1991) : *Lord of the Four Quaters*, Paulist Press.

Samuels A. ed(1986) : *The Father-Contemporary Jungian Perspectives*, New York University Press.

Samuels A(1989) : *The Plural Psyche*, Routledge.

Von Franz ML(1995) : *Creation Myths*, Shambala Publications.

Zoya L(2001) : *The Father*, Brunner-Routledge.

여성의 부성
콤플렉스와 치유

- 김계희 -

01

'아버지'와
'아버지-이마고(父性像)'

딸이 경험하는 아버지

　일반적으로 어린 시절에 딸이 경험하는 아버지는 다음과 같다.

　아버지는 직업을 가지고 일을 하여 가족의 생계를 책임지는 존재다. 대부분의 시간을 자식들과 함께 집에 있는 어머니와는 달리 아버지는 아침에 세상으로 나가 세상과 관계를 맺으며 활동하다가 저녁에 양식과 선물을 손에 들고 집으로 돌아오며, 자식들은 아버지를 통해 헤어짐, 부재不在, 기다림, 그리움, 기대, 만남을 체험한다. 더 큰 기쁨으로 다시 만나기 위해서는 헤어짐의 시간을 견디는 것이 필요하다는 것을 아버지는 몸소 가르친다. 어린 시절 모르는 것이 있을 때에 아버지는 해답을 알고 있을 것 같으며, 힘들고 어려운 상황에 부딪쳤을 때도 아버지는 거뜬히 해결할 수 있을 것 같다. 아버지는 아는 것이 많은 지혜롭고 현명한 존재이며 가족을 위하여 중요한 결정과 결단을 내릴 수 있는 존재다. 아버지는 육체적으로 크고 강하고 힘센 존재이고, 용기 있는 존재이며, 불의를 참지 않는 정의로운 존재다. 아버지는 가족들의 정신적 지주이며 가족들을 통솔하고 이끄는 권위적인 존재다. 아버지는 당연히 지켜야 하는 도리와 규범과 원리 등의 법칙을 만들고 실행하게 하는 존재이며, 이러한 아버지 말씀을 가슴에 새김으로써 딸은 사회적으로 지켜야 하는 원칙과 법칙을 자신 안에서 강조하게 된다. [1] 아버지의 말씀에는 어기거나 거역할 수 없는 권위와 힘이 작용하는데, 딸이 자란 후에도 이러한 아버지의 모습부성상이 내재화됨으로써 딸은 자신 안에서 자신을 지켜보며 명령을 내리듯이 자신을 지배하고 관리하고 통제하는 존재가 있는 것 같은 경험을 하게 된다. 그러므로 아버지는 쉽게 다가갈 수 없는 어려운 존재이기도 하고, 무섭고 엄한 존재이며, 아버지의 명령과 권위를 거슬렀을 때는 양심의 가책을 느끼거나 벌을 받게 되기도 한다. 아버지는 또한 집과 세상을 이어 주는 매개자 역할을 하고, 딸을 바깥세상으로 인도하며, 세상과의 만남에서 겪게 되는 갈등 속에서 딸이 어떻게 대처할지에 대해 삶을 통해 몸소 가르친다. 다른 한편으로 아버지는 외부 세상으로부터 딸을 보호하고 지켜 주기도 하는데, 딸을 집 밖에 못 나가게 하는 한국의 전통적 아버지처럼 아버지는 딸이 세상과 접촉하는 것을 통제하는 자이기도 하다.

딸이 실제 경험하는 아버지는 이상적이고 긍정적인 측면만으로 이루어진 것은 아니다. 딸은 불완전하고 결함 있는 인간적인 아버지를 경험하기도 하며, 때로는 아버지 자신도 의식하고 있지 못하는 아버지의 어두운 그림자를 얼핏 보기도 한다.

전통적으로 아버지는 자신의 딸에게 이상적인 가치관을 투사하

---

1) 여기에는 물론 어머니의 아니무스도 한 역할을 한다.

며, 권위, 책임감, 결단력, 객관성, 명확성, 합리성, 질서, 규율과 법칙에 따른 훈육 등의 본보기를 제공한다. 아버지는 자연인으로서의 여성을 정신적·문화적·인간적 삶으로 끌어올리는 원동력이기도 하며, 사회적 규범, 집단적인 가치관, 이론적 내용, 개념, 이념 등으로 경험된다. 또한 정신적 의미를 담고 있는 것으로 경험됨으로써 이런 경험은 여성을 지적知的 영역으로 인도하기도 한다.

융Jung은 그의 저서에서 '아버지'에 대해 다음과 같이 말하고 있다.

아버지는 원형적 남성상의 가장 강력한 육화肉化이고, 도덕적 계명과 금지의 세계를 나타내며, 순수한 본능적인 것에 대적하는 기능을 가진 정신의 표상이자, 본능을 위협하는 법의 살아 있는 체현이다.[2] 아버지는 전통적 정신의 구체화로서 의식적 마음과 가치의 체계를 나타내며, 집단적 의식과 전통 정신을 대표하며 삶의 의미를 전수하고 옛 가르침에 따라 비밀을 설명해 주는 교육적인 정신이며 전통적 지혜의 전달자다.[3] 아버지의 모습에서 관습적인 '의견'뿐 아니라 '심혼'이라고 말할 수 있는 것이 나타나며 특히 철학적·종교적·보편적 관념 또는 그런 확신에서 나온 자세가 표현된다.[4] 아버지는 의지와 지성을 체현하며, 정신

2) Jung CG(1956) : *Symbols of Transformation*, C. W. 5, Routledge & Kegan Paul Ltd, London, para396.
3) Jung CG(1968) : *Psychology and Alchemy*, C. W. 12, Routledge & Kegan Paul Ltd, London, para59, 92, 159.
4) Jung CG(1959) : *Aion*, C. W. 9(2), Routledge & Kegan Paul Ltd., London, p34.

적·영적靈的 원리이며 말씀이고 질서이고 법이다. [5]

융은 저서에서 부성 원리는 아이의 발달에 중요하지만 남자아이
와 여자아이에서 차이가 있을 수밖에 없다고 하면서, 남자아이의
경우에는 어머니에게서 떨어져 나와 아버지와 동일화함으로써 자
아를 발달시키지만, 여자아이의 경우에는 아버지와 동일시하면 안
되며, 어머니로부터 어느 정도 독립해야 하지만 동시에 아직 어머
니와 동일화해야 하기도 하므로 어머니로부터 완전히 떨어져 나올
수는 없다고 하였다. [6]

어린 시절 딸의 개인 아버지의 영향에 의해 딸의 정신 속에 선험
적 조건으로 내재하는 부성 원형이 활성화됨으로써 딸의 내면에 부
성상이 형성된다. 딸은 자신의 내면에 형성된 부성상을 통해 개인
아버지를 경험하며, 따라서 실재의 개인 아버지는 딸이 생각하는
아버지와는 다를 수 있으며 차이가 있다. 대극의 양면성을 가진 부
성 원형이 활성화됨으로써 딸에게서 경험되는 아버지는 실재의 개
인 아버지보다 더욱 밝고 더욱 어둡다.

많은 심리학이 여성에서의 부성상을 실재의 개인 아버지에서 기
인한 것으로 여기고 있다. 그러나 여성에게 심리적 현실로서 표상

---

5) Jung CG(1956) : 앞의 책, C. W. 5, Routledge & Kegan Paul Ltd., London,
   para396.
6) Jung CG(1953) : *Two Essays on Analytic Psychology*, C. W. 7, Routledge & Kegan
   Paul Ltd., London, para315.

되는 부성상은 실재의 개인 아버지를 넘어서는 원형으로서의 아버지의 영향이기도 하다. 융은 아이의 정신적 삶에 강력한 영향을 미치는 부모상이 가지고 있는 마술적 힘이 평범한 개인적 부모에서 기인한 것인지에 대해 의문을 제기하였으며, 개인적 부모가 그런 힘을 가지고 있다고 하더라도 그것이 자신이 획득하고 자신에게 속한 것이라기보다는 조상으로부터 물려받은 것이라고 표명함으로써[7] 집단적 무의식으로부터 유래한 원형으로서의 부모상의 영향을 강조하였다. 물론 개인적 부모의 영향을 어느 정도 인정한다 하더라도 거기에 더하여 아이와 개인적 부모와의 어떤 관계와 어떤 경험이 아이의 마음속 깊은 곳에 선험적으로 내재하고 있던 부모 원형을 불러 일깨워 아이에게 운명과도 같으며 마법과도 같은 영향을 미치게 된다고 하였다.

다른 한편으로, 실재의 개인적 아버지도 전적으로 개인적 아버지라기보다는 사회적·문화적 가치를 개인 속에 함께 담고 있는 아버지이기도 하다. 과거에 비해 여성적인 것의 가치가 존중되고 여성의 사회적 지위가 향상되고 있다. 그러나 사회와 문화권에 따라 정도의 차이는 있겠으나 아직도 여성은 남성과 비교해 열등한 존재로 여겨지기도 하며, 여성적인 속성이나 가치 또한 남성적 속성과 가치에 비해 약하고 열등하며 때로는 악한 것으로 평가절하

---

7) Jung CG(1970) : "The Significance of the Father in the Destiny of the Individual", *Freud and Psychoanalysis*, C. W. 4, para728.

되고 왜곡되기도 한다. 그러므로 아직은 다소 가부장적인 남성 위주의 사회와 문화에서 살고 있는 현대 여성에게, 여성의 부성 콤플렉스란 특정한 소수 여성이 겪고 있는 심리적 상황이라기보다는 이시대 대부분의 여성이 크고 작게 겪고 있는 일반적이며 보편적인 시대 상황이라고 볼 수 있을 것이다.

이와 관련하여 이유경李裕瓊[8]은 "현대사회에서 부성 콤플렉스의 영향 아래 놓이는 여성이 증가하고 있다. 그 이유로 첫째는 사회적 요구가 여성으로 하여금 기존의 입장에서 벗어나 새로운 역할을 강요하고 있으며, 사회적 요구들은 정신의 기능적인 측면을 강조함으로써 여성에게는 부성 원형의 지배 아래 놓이는 효과를 가져온다. 대부분의 '아버지의 딸'[9]은 전문직에 종사하면서 자신도 모르게 남성적인 힘을 끌어내도록 요구당한다. 두 번째 이유로는 부성상은 집단적 의식과 관련되는 심상으로, 집단적 의식에 문제가 생기면 이에 대한 무의식의 보상 작용으로 소위 부성상의 부름을 받은 여성이 생겨나며 이러한 여성도 부성 콤플렉스의 영향 아래 놓인다."라고 저술하였다. 메리언 우드만Marion Woodman 또한 "개인 아버

---

8) 이유경(2010) : "한국 민담에서 살펴본 여성의 부성 콤플렉스-〈심청전〉과 〈바리공주〉 중심으로", 《심성연구》 제25권 제1호 통권 제41호, p65.
9) 〈……여성이 전반부의 삶에서 지나친 환경의 어려움, 예를 들어 부모의 상실, 입양, 심한 신체적 손상 및 성폭행을 당한 경우 등과 같이 도무지 아이가 감당하기 어려운 사실들을 비롯하여 개인적 아버지의 영향에 이르기까지의 다양한 원인에서 부성 원형의 지배를 받게 된 여성이 있다. 이들을 다르게 표현하여 '아버지의 딸'이라 부른다……〉 이유경(2001) : "아버지의 딸과 통과의례", 《길》 제2권 1호, 한국융연구원, p10.

지와의 관계라는 측면에서는 모든 여성이 '아버지의 딸'인 것은 아니지만, 가부장적이며 남성 중심인 사회와 문화권에 살고 있는 여성들은 그녀들이 살고 있는 사회와의 관계에서 대부분이 '아버지의 딸'이다. "[10]라고 저술하였다.

---

10) Murdock M(2005) : *Father's Daughters: Breaking the Ties That Bind*, Spring Journal Books, Xiii(Introduction).

딸의 '아버지 콤플렉스'

형성 과정 및 증후와 현상

아버지가 특히 딸에게는 어떤 영향력을 미치는 것일까? 아버지
는 딸의 인생에서 첫 번째 만나는 남성이다. 어린 시절 딸과 아버
지와의 관계는 딸이 자신의 내면의 남성적 측면과 관계 맺는 방식
및 현실에서 실제로 남성들과 관계하는 방식에 영향을 미치며, 딸의
여성성에 영향을 미치게 된다. 어린 시절 아버지와 딸의 관계는 후
일 여성이 만나게 되는 남성스승, 직장 상사, 친구, 연인, 배우자 등과의 관계
에 영향을 미치며, 여성의 성sexuality을 포함한 여성성, 창조성, 영성
그리고 여성이 세상에서 자신을 드러내고 자신의 소신을 표현할 수
있는 자질 등에 영향을 미치게 된다. 앞에서 서술한 바와 같이 개인
아버지뿐만 아니라 여성이 속한 시대와 문화권 역시 여성에게 아버
지와 같은 역할을 하게 됨으로써 여성적 정체성, 여성의 남성성과의
관계 그리고 여성의 세상과의 관계에 영향을 미치게 된다.

여성에게 부성 원리father principle란 전반부의 삶에서 여성으로 하
여금 따르고 복종하게 하는 어떤 원칙, 법칙, 진리 혹은 정의이기도

하고, 여성은 그것을 자신을 강제하고 강요하는 어떤 힘으로 경험하기도 하며, 그것에 대해 경외심과 동경을 품기도 한다. 그것에 따라 살았을 때 여성은 자신이 좋은옳은, 정당한 사람이라는 자긍심을 가지게 되며, 그것을 따르지 않았을 때 여성은 자신이 나쁜옳지 않은, 보잘것없는, 낙오자 혹은 아웃사이더 같은 사람이라는 죄책감과 소외감을 느끼기도 한다.

부성 원리가 여성의 전반부의 삶을 이끌어 가는 지배 원리가 될 때[11] 여성은 아버지 혹은 여성이 속한 사회의 집단적 이상ideal과 가치관에 부응하고자 노력하게 된다. 그러다 보면 여성은 아버지를 비롯한 세인들의 기대와 평가를 의식하게 되고, 외부로 드러나 보이는 성과나 기능에 마음을 쓰기도 하며, 기대에 부응하고 좋은 평가를 받고 인정받기를 소망하게 되기도 한다.[12] 여성은 부성 콤플렉스로 인하여 자아의 의지력과 역량을 최대한 동원하고 힘껏 노력하여 보다 이상적이고 완벽하고 가치 있고 특별한 무언가를 이루고 무언가가 되기 위해 정진하는 삶을 살기도 한다. 그러나 이것이 정도가 지나치면 결과적으로 몸을 소홀히 하게 될 수 있으며, 때로는 몸이 혹사되기도 한다.[13] 이와 관련하여 이유경 또한 "부성 콤플렉스의 여성은 직장이나 일에서 비교적 능력을 잘 발휘하여 주변에서 긍정적인 평가를 받는다. 부성상이 외부 세계로 나아가는 데

---

11) 이것은 어머니의 아니무스의 영향일 수도 있다.
12) 이것은 아들에서도 마찬가지다.
13) 이것 역시 딸의 문제만은 아니다.

지지적 힘이 됨으로써 상대적으로 초기 아동기부터 남성처럼 매우 적극적이고 경쟁적인 활동을 펼치며 살아간다. 이런 여성들은 지성적이고 합리적이며 신념에 찬 추진력이 있으며, 능동적이고 실천적이어서 심지어는 매우 독립적으로 보이기도 한다. 그녀들이 실행하는 삶의 내용은 하나의 신념, 즉 부성상의 요구에 충실한 것으로, 이는 사회적 요구, 원칙 및 규범에 전적으로 헌신하여 이룩하게 되는 성과다. 그녀들은 변호사, 의사, 교사, 정치인 등 사회적으로 어쩌면 같은 직업에 종사하는 남성보다 더 성실하고 집단의 이념에 부합하는 사람일 것이다. 부성상의 요구는 자신의 몸이나 개인적 조건을 거의 무시하고 신념에 동일시된 내용을 실행하게 한다. 남다른 신념이나 성스러움의 실현을 위하여 온전히 일생을 종교에 헌신함으로써 개인적인 삶을 희생하기도 한다."[14]라고 저술하고 있다. 따라서 부성 콤플렉스가 여성을 사로잡을 때, 여성은 타고난 본성에 따라 자신의 전체로서 자연스럽게 살 수 없도록 여성을 움직여 가는 심리적 현실에 놓일 수 있다.

아버지와 딸의 관계는 특히 딸의 에로스性愛적인[15] 측면과 여성성 형성에 영향을 미친다. 아버지는 딸에게 자신의 이상적인 가치관과 이상적인 여인상혹은 아니마상을 의식적으로 소망하거나 무의식적으로 투사한다. 이것은 한편으로는 딸에게 아버지의 이상적 가

---

14) 이유경(2010) : 앞의 책, pp73-74.
15) '에로스(性愛)적인' : 인간관계[정서적인 관계(feeling relatedness), 우정, 사랑 등]를 맺고 풀 수 있는.

치관 및 여성이 속한 사회의 이상적 가치관에 부응하는 여성으로서의 페르조나를 형성해 나가는 힘으로 작용하며, 다른 한편으로는 아버지의 연인과도 같은 근친상간적 관계에 딸이 놓이는 결과를 낳기도 한다. 결과적으로 아버지와 딸의 관계가 발달 과정의 정상적인 이행 과정을 넘어 딸을 사로잡고 비정상적인 고착 과정에 이를 경우 딸의 부성 콤플렉스는 딸의 여성성[16]을 억압하고 딸의 에로스 기능을 항진시키거나 위축시키는 등 딸의 에로스 영역에 문제를 일으킨다. 여성성이 자연스럽게 발달하지 못하고 억압됨으로써 본성과 자발성이 억압되며, 성, 식욕 등의 본능적인 측면과 여성의 '몸'을 통해서 자연스럽게 경험되는 많은 측면이 억압될 수 있다. 여성 자신의 본성은 인식조차 되지 못한 채 미분화 상태로 무의식 상태로 남아 있기도 하며 혹은 의식되었으나 억압되어 무의식 속으로 가라앉아 그림자 상태로 남아 있게 된다. 또한 부성 콤플렉스가 딸의 에로스 영역에 문제를 야기하여 딸은 사람들과 자연스럽게 관계를 맺고 푸는 데 어려움을 겪기도 한다. 자신의 내면에서 올라오는 자연스럽고 자발적인 감정과 충동을 억압할 수 있으며, 자신의 감정을 진솔하게 그리고 인간적인 방식으로 표현하는 데 어려움을 겪기도 한다.

부성 콤플렉스에 사로잡혀 일어나는 여성성 및 에로스의 미분화는 흔히 사람들과의 관계의 문제로 드러난다. 부성 콤플렉스에 사

---

16) 타고난 본성(本性)으로, 페르조나로서의 여성성과 구분되는 원초적 여성성.

로잡혀 무의식 상태에 있는 자신의 본성으로 인한 '그림자' 문제[17]와 자신의 본성으로 살지 못해 의식의 자아에 부정적으로 작용하게 된 미분화된 '아니무스' 문제[18]로 여성은 사람들과의 관계에서 착각, 오해, 갈등, 불화, 소외 등으로 어려움을 겪게 된다. 여성들과의 관계 역시 남성들과의 관계와 마찬가지로 힘들다. 만남, 이별, 사랑, 결혼 등의 인생사에서 시행착오와 고통을 겪게 된다.

폰 프란츠Marie-Louise von Franz는 저서[19]에서 아버지와 지나치게 장난 같은 사랑을 하고 있거나 매우 가까운 근친상간 관계를 가지고 있는 딸은 자신이 특별한 존재라고 느끼며 비밀스러운 자아 팽창에 빠질 수 있으며, 딸을 공주처럼 대하는 아버지의 딸은 남자들과 관계를 맺기 어려우며 결혼이나 임신을 못할 수도 있다고 하였다. 왜냐하면 남자들이 일상생활에서 성적性的으로 다가서려 하면 그녀들은 곧 눈에 보이지 않는 접근 불가능이란 벽으로 둘러싸이기 때문이다. 아버지의 사랑스러운 딸은 평범한 남자가 다가설 수 없는 탑 속에 갇힌 공주가 되는 것이다. 여성에게 아버지와의 관계가 부정적으로 형성된다면 일반적으로 그녀는 나중에 남자에게 어려움을 느끼고 자신의 남성적 측면아니무스을 발견하고 관계 맺는 데

---

17) 이 책의 '02 분석 사례를 통해 고찰한 여성의 부성 콤플렉스와 치유 과정'에서 여성 O와 N의 치유 과정을 통해 자세히 기술하고 있다.
18) 이 책의 '02 분석 사례를 통해 고찰한 여성의 부성 콤플렉스와 치유 과정'에서 여성 O와 N의 치유 과정을 통해 자세히 기술하고 있다.
19) Boa F(1988) : *The Way of the Dream: Conversations on Jungian Dream Interpretations with Marie-Louise von Franz*, Shambhala, Boston & London, pp135-136, p156.

어려움을 겪는다. 그녀는 까다로운 여자가 되어 남자와 논쟁하고 남자에게 도전하고 남자를 비판하고 끌어내리려 하며, 남자에게서 부정적인 것을 추측하고 예상하며 따라서 상대 남성을 힘들게 한다. 극단적인 경우 이러한 여성은 남자에게 전혀 접근하지 못하게 될지도 모르며, 동성애자가 되거나 남자를 무서워하게 되고, 아예 남자를 피해버릴 수도 있다. 여성 내면에 자리하고 있는 부정적인 부성상과 그로 인한 그녀 내면의 남성성부정적인 아니무스상은 여성 자신과 그녀가 관계하는 타인을 힘들게 하며, 그로 인해 관계를 단절하고 여성을 고립시킬 수도 있다. 여성이 아버지를 폭군으로 경험하였다면 아버지가 죽은 후에도 여성은 아버지상으로부터 오는 관념과 견해로 인해 여전히 폭군처럼 자신과 타인을 대하게 되며, 여성 자신과 타인에 대해 있는 그대로의 모습을 보지 못하고, 지나치게 비판적이며 과도하게 부정적으로 왜곡하여 판단하고 보기 때문이다.

부성 콤플렉스의 여성에게 보이는 이성 관계의 양상에 대해 이유경은 저서[20]에서 다음 두 가지 양상이 두드러진다고 저술하고 있다. "부성 콤플렉스의 여성은 모성상과의 동화가 이루어지지 않아서 여성성이 제대로 발달하지 않은 경우가 대부분이며 그럼에도 이 유형의 일부는 상대적으로 여성성을 강조하고 남성과 매우 긴밀한 관계에 있는 경우도 있다. 이때 그녀의 여성성은 개인성에 기초한

---

20) 이유경(2010) : 앞의 책, p73.

것이라기보다는 관계 속에서 형성된 것으로, 부성상을 투사한 남성과의 관계에서 부성상의 연인으로 강조된 것이다. 이런 경우 주로 관계에서 부각된 암시 혹은 투사된 내용의 여성성이므로 원형적 특성, 즉 아니마의 특성으로 나타나며, 이 유형의 여성은 모성성의 발달과 분화가 이루어지지 않았기 때문에 결코 아줌마가 되지 않는 유형의 여성이다. 결국 그녀는 아버지의 연인이기도 하지만, 아버지의 딸인 것이다. 또 다른 유형의 여성은 부성상에 의하여 자신의 여성성이 전적으로 위축되거나 부정된 경우로서 이 경우 특정 여성과는 동성애 관계에 이를 정도로 가까워지지만 대부분의 다른 여성과는 편안하게 어울리지 못한다. 이처럼 동성애적으로 나타나는 현상은 종종 자신의 여성성을 주변 여성에게 투사하여 그 여성을 흠모하는 데 기인한다. 이 유형의 여성은 여성들과의 관계보다 남성들과 더 자연스럽고 친밀한 유대감을 갖는데, 이성으로서가 아니라 동료로서 관계를 맺는다." 아버지는 딸의 아니무스 형성에 기여하지만, 여성에게 아니무스의 인식은 여성이 부성상에서 분리하면서 시작된다. [21]

그러면 콤플렉스는 어떻게 형성되는 것이며, 특히 딸에게 부성 콤플렉스는 어떻게 형성되는 것일까? 융은 콤플렉스에 관하여 감정적으로 강조된 어떤 특정한 심리 상황의 이미지이며, 습성화된 의

---

21) 이부영(2001) : 《아니마와 아니무스: 이부영 - 분석심리학 탐구 2》, 한길사, 서울, pp81-85.

식의 태도와 상용할 수 없는 것으로서 비교적 높은 수준의 자율성을 가지고 있다고 하였다. 정서적 충격 같은 외부 요인에 의해 떨어져 나간 정신의 한 부분이기도 하지만 정신적 체질에 속하며, 각 개체에서 절대적으로 혹은 미리 정해진 것이라고도 하였다. 콤플렉스 자체는 병적인 것이 아니며, 그것이 병적인 것이 된 것은 무의식에 억압되었기 때문이다. 콤플렉스는 개체에 고유한 삶의 현상이며 꿈과 증상을 만들어 내고 무의식의 정신적 구조를 결정하게 되는 것이다. 따라서 부성 콤플렉스라고 할 때 그것은 단순히 개인의 역사에서 억압된 내용으로 구성되어 있는 것만이 아니라 부성 원형이 기초가 되며 그 내용은 아들이냐 딸이냐에 따라, 개인이나 집단에 따라 다르게 나타난다고 하였다.[22] 또한 에렐 샬리트Erel Shalit는 콤플렉스는 자아와 '원형' 사이를 연결하고 원형적인 것을 개인적인 것으로 변환시키는 작용을 한다고도 하였다.[23]

아버지가 자신을 무의식적으로 원형과 동일시할수록 그러한 아버지의 딸은 부성 원형의 지배에 놓일 위험이 더욱 커질 것이며, 딸은 개인적 아버지와의 관계에서 더욱더 운명적으로 얽히고 사로잡히는 부성 콤플렉스의 대가를 치르게 될 것이다. 이와 관련하여 융은 누구나 어느 정도는 부성 원형에 사로잡히나 부성 원형과의 무

---

22) Jung CG(1960) : "A Review of the Complex Theory", *The Structure and Dynamics of the Psyche*, C. W. 8, Routledge & Kegan Paul Ltd, London, para201.
23) Shalit E(2002) : *The Complex: Path of Transformation from Archetype to Ego*, Inner City Books, Toronto.

의식적 동일시는 위험한데, 그렇게 되면 암시적으로 아이에게 지배적인 영향을 미칠 뿐만 아니라 아이 안에 동일한 무의식성을 야기해 밖으로부터의 영향에 굴복하고 안으로부터 그것에 저항할 수 없게 된다고 말하였다. 이러한 아버지들은 자신이 무엇을 하고 있는지 모르고 강박에 굴복해 자식들에게 그것을 넘겨주고 자식들을 자신과 무의식의 노예로 만들게 되며, 그런 자식들은 부모에 의해 주어진 저주의 삶을 계속 살며 부모가 죽은 지 오래 지나서도 그러하다.[24]

린다 시어스 레너드Linda Schierse Leonard는 저서에서 딸에게 상처를 주는 아버지를 다음과 같이 크게 두 범주로 분류하였다. 한 범주는 딸이 제멋대로 하도록 눈감아 주는 지나치게 관대한 아버지 형태로 그러한 아버지는 흔히 영원한 소년puer aeternus인 상태로 남아 있는데, 그는 낭만적인 몽상가로 현실의 실제 생활에서 부딪치는 갈등을 피하고 책임지지 못하며 가능성의 세계에서만 살고 있다. 그의 성향은 힘들고 고된 시간과 상황을 피하고, 현실적인 과제들을 피하고, 가능성을 실현하기 위해서는 고군분투해야 하는 노력을 피하므로, 어느 것도 끝까지 해내지 못하며 마무리하지 못한다. 이렇게 모성 콤플렉스로 인해 영원한 소년으로 남아 있는 아버지의 예로서 쉽게 중독 상태에 빠지는 아버지,[25] 일을 하지 않고

---

24) Jung CG(1970) : "The Significance of the Father in the Destiny of the Individual", *Freud and Psychoanalysis*, C. W. 4, para729-730.
25) 알코올 중독(알코올 의존증)이 흔한 예다.

일을 할 수 없는 아버지, 이 여성에서 저 여성에게로 끊임없이 날아 다니는 돈 주앙, 아내의 수동적인 아들로 남아 있는 아버지, 자신 의 딸을 유혹하는 아버지 등을 제시하였다. 또 하나의 범주는 경 직성과 완고함이 두드러진 아버지로, 이러한 아버지는 딸에게 엄격 하고 차가우며 때로는 무관심하기도 하며 매우 권위적인 태도로 딸을 노예와도 같이 대한다. 복종, 의무, 합리성, 의지, 통제력, 올 바르게 행동해야 함을 딸에게 강조하며 기존의 질서와 법칙에 순종 해야 한다고 가르친다. 긍정적으로 이런 아버지는 권위와 의무를 강조함으로써 오는 안전함, 안정감, 확실함 등이 있다. 그러나 부 정적 측면으로 이런 아버지는 흔히 비판적이고 냉소적이고 메말라 있으며, 정서, 감수성, 자발성, 자연스러움 등과 같은 딸의 여성적 인 특성을 억압한다. 지배하려는 늙은 노인과도 같은 이러한 아버 지의 예로서 모든 돈을 관리하고 통제하며 아내와 자식들을 경제 적으로 지배하려 드는 아버지, 규칙들을 만들어 놓고 그것에 복종 하기를 강요하는 아버지, 딸에게서 아들을 기대하며 아들과도 같 은 딸이 세상에서 특별한 성공을 이루어 내기를 기대하는 아버지, 자신의 딸이 관습적인 여성의 역할을 따를 것을 요구하는 아버지, 자신과 딸들에게 어떤 나약함이나 병약함도 용납할 수 없으며 딸 들이 자신과 다르게 하는 것을 용납할 수 없는 아버지 등을 제시 하였다. 또한 그녀는 많은 아버지가 이 두 가지 극단을 함께 가지 고 있으며, 심지어 아버지가 양극단의 한 측면만으로 살아왔다 하 더라도 그의 무의식에는 다른 한 극단이 자리하고 있어 의식적으로

살지 않는 다른 한 극단의 측면이 폭발하듯 무의식적으로 터져 나오게 된다고 하였다.[26]

　필자는 앞서 인용한 린다 시어스 레너드의 견해에 많은 부분 공감했으며, 저서[27]를 통해 느껴지는 그녀의 진솔함과 치료자로서의 노력과 열정에 깊은 인상을 받았다. 그러나 다른 한편으로는 딸이 부성 콤플렉스에 사로잡히는 원인을 딸의 개인사個人史로 소급하여 실재의 개인 아버지가 딸에게 미친 영향에 지나치게 큰 무게를 두고 있는 것은 아닌가 하는 의문이 들기도 하였다. 필자의 임상 경험에 의하면 같은 아버지를 둔 딸 중에서도 어떤 딸은 부성 콤플렉스에 사로잡히지만 다른 딸은 그렇지 않은 경우가 많았으며, 아버지를 한 번도 본 적이 없는 아버지 없이 자란 여성도 부성 콤플렉스에 사로잡히는 경우를 볼 수 있었다. 딸의 부성 콤플렉스 형성에서 개인 아버지를 통한 어떤 특수한 경험예: 정신적 외상이 딸에게 미치는 영향을 전혀 무시할 수는 없겠으나 그보다는 아버지의 존재와 아버지와의 관계 전체가 딸에게 선험적으로 내재하고 있던 원형적 아버지상을 활성화하게 됨으로써 딸이 실재로 경험하는 아버지는 개인 아버지와 함께 개인 아버지를 넘어서며 개인 아버지와는 무관할 수도 있는 '원형상'으로서의 아버지를 모두 포함하고 있음을 볼 수 있었다.

---

26) Leonard LS(1985) : *The Wounded Woman; 'Healing the Father-Daughter Relationship'*, Shambhala pp11-14.
27) Leonard LS(1985) : 같은 책.

부성 콤플렉스에 사로잡힌 많은 여성이 치료 시작 전 '어머니모성적 가치 – 여성여성적 가치'이 '아버지부성적 가치 – 남성남성적 가치'에 비해 열등하다고 생각하고 있었다. 보통 여자들처럼 자식을 키우고 남편을 내조하고 집안일 하면서 평범한 여자로 살아가는 것에 대한 어떤 거부감이 있었다. 인간의 정신적인 측면에 더 많은 가치를 두며 살고 있었으며, 마치 몸이 없는 천상天上의 정신적인 존재인 것처럼 몸과 일상의 실생활과 관련된 것들에 대해 무관심하고 소홀하였다.

그녀들은 내면의 아버지상 혹은 사회집단가 원하는 이상적인 여성으로서의 면모를 갖추기도 하였으며 남장 여인男裝女人과도 같이 남자처럼 살기도 하였다. 부성 콤플렉스는 여성의 인격 형성에서 외부 세상에 보이는 측면페르조나을 강조하는 경향이 있다. 부성 콤플렉스에 사로잡힌 여성이 페르조나와 자신을 동일시하고 있을 때 여성은 자신이 속한 사회의 집단적 이상과 가치관에 부응하는 이상적인 여성상과 자신을 동일시하기도 하지만 때로는 영웅과도 같은 남성적 인격과 자신을 동일시하기도 한다. 여성이 속해 있는 가정과 문화권이 여성성여성적 가치을 평가절하하고 억압하는 남성 본위의 가부장적인 문화권일 경우, 그 문화권의 이상적인 여성상을 좇는다는 것은 여성을 진정한 자기 자신과 자신의 본성으로부터 이탈시키고 소외시킬 수도 있다는 것을 의미한다.[28] 따라서 그녀들은 타인의 눈에는 잘난 여성으로 비침에도 내면에는 자기Self로부터

---

28) 그 예로서 유교 문화의 영향을 받은 조선시대의 여인상을 들 수 있을 것이다.

의 소외로 인한[29] 어떤 열등감이 자리하며, 타인의 비난에 쉽게 상처받고 타격을 입는 성향이 되기도 한다. 그녀들에게는 공통적으로 잘 가꾸어진 페르조나외적 인격 속에 갇혀 고통받고 있는 성장하지 못한 어린 소녀의 측면이 자리하고 있다.

여성이 이렇게 자신을 '페르조나'와 동일시하게 될 경우 자연 발생적으로 무의식으로부터 보상 작용이 생겨나며,[30] 필연적인 귀결인 무너짐neurotic breakdown을 겪게 된다. 무의식으로부터 올라오는 보상 작용은 처음에는 알 수 없는 어떤 충동이나 기운으로 경험되며, 그 충동 안에는 '동물적 본능'과 '강한 정동'과 원시적인 기운과도 같은 '야성野性'이 '어둠'과 함께 혼재되어 있다. 자신의 내면에서 올라오는 이러한 충동과 기운을 조우하게 됨으로써 여성은 자신이 이제껏 열심히 살면서 가꾸어 온 자신의 페르조나가 손상되고 자신이 이루어 온 삶이 붕괴될 것 같은 위기의식을 느끼게 된다. 처음에는 자신의 내면에서 올라오는 이와 같은 충동과 기운을 당혹스러워하고 혐오감과 공포를 느끼기도 하며 그것을 병적인pathological 어떤 것으로 생각하게 되어 그것이 드러나지 않도록 감추고자 혹은 정신의지의 힘으로 그것을 다시 억압하고 극복하고자 힘겨운 노력을 하기도 한다. 자신의 내면으로부터 올라오는 그것으로부터 도망가고자, 다시 예전의 자신의 상태를 회복하고자 많은 시도를

---

29) 자신의 전체로서 자신의 본성에 따라 살고 있지 않음에서 오는.
30) 이것은 여성 특유의 현상이라기보다는 모든 사람에게서 나타나는 일반적 성향이다.

하게 된다. 그러나 그녀가 그것을 보지 않으려 하면 할수록, 그것으로부터 도망가려 하면 할수록, 그것은 더욱더 위협적인 기세로 집요하게 그녀를 추격해 온다. 여성의 내면에서 올라오는 이러한 충동과 기운은 사실은 의식의 상황을 조정하고 보상하고자 무의식에서 올라오는 치유의 힘을 함께 담고 있으며, 여성의 강화된 페르조나를 와해시키고 여성으로 하여금 자신을 되돌아보게 하여 자신의 타고난 본성인 '개인성'과 '전체성'을 회복하는 '인격의 창조적 변환'에 이르고자 하는 목적 의미를 가지고 있다.

이러한 상황에서 많은 경우 여성은 무너져 버린 자신의 약하고 초라한 모습을 부끄러워하면서 예전 상태로 회복되어 다시 그렇게 살 수 있기를 기대하며 치료를 시작하기도 한다. 그러나 원형적 남녀영웅상이자 이상적인 허구로서의 페르조나와 자신을 동일시하면서 일인다역—人多役을 연기하며 예전과 같이 산다는 것은 몸을 혹사하는 것이고 자기Self[31]로부터 점점 소외되고 이탈하는 것인 까닭에 병들어 죽음에 이르게 되는 길인 것이다.

따라서 인생의 중반을 넘어서도 부성 콤플렉스를 극복하지 못할 경우 여성은 외부 세상과의 관계 속에서 그리고 여성 자신의 내면의 상황들로 인하여 심한 고통을 겪게 되며, 사는 것이 매우 힘들어진다. 이러한 고통은 여성으로 하여금 실존적 허무를 느끼게 하며 '실존적 허상'으로서의 자신을 인식하게 한다. '나는 누구인가?' '나

---

31) '타고난 본성', '전체 인격의 중심' 혹은 '전체 정신'이라고 표현할 수도 있다.

는 왜 태어났으며 어떻게 살아가야 할 것인가?'라는 근원적이고 본질적인 의문과 물음을 자신을 향해 던지도록 한다. 부성 콤플렉스에 사로잡힌 여성을 달리 표현하여 '자신의 이름을 잊어버린 사람' '자신이 누구인지 모르는 사람' 등으로 부를 수도 있다. 후일 부성 콤플렉스를 극복하게 됨으로써 여성은 피하고만 싶던 고통과 증상이 사실은 자신을 살리는[32] 약藥이 되었으며 잊고 있던 자신의 진짜 이름을 기억해 낼 수 있게 하고 잃어버렸던 자신의 본성과 존재의 의미를 회복할 수 있게 하였음을 비로소 인식할 수 있다.

여성이 부성 콤플렉스에 사로잡혀 나타나는 현상은 '페르조나의 지나친 강화지나치게 강조된 페르조나'로 인한 현상과 '자신의 본성Self으로부터 소외됨으로 기인한 취약한 자아'로 인한 현상으로, 크게 둘로 나누어 볼 수도 있다. 이러한 양 측면의 현상이 부성 콤플렉스에 사로잡힌 대부분의 여성에게 공존하고 있음을 필자는 임상 경험을 통해 볼 수 있었으며, 한 여성에서 때로는 두 측면이 동시에 나타나기도 하고 때로는 한 측면과 다른 측면이 교대로 나타나기도 하였다.

여성의 부성 콤플렉스로 나타나는 현상에 대해 린다 시어스 레너드는 크게 '영원한 소녀puella aeterna'와 '갑옷와 투구로 무장한 아마존 여인armored Amazon'으로 분류하였다. 영원한 소녀를 다시 네 가지 카테고리로 분류하여 '사랑스러운 인형The Darling Doll' '부서지기

---

32) 재생(再生)시키는, 즉 죽게 하고 다시 태어나게 하는.

쉬운 연약한 소녀The Girl of Glass' '높이 나는 자The High Flyer' 혹은 '여자 돈 주앙Donna Juana' '부적응자The Misfit'라고 칭하였으며, '아마존 여인'을 다시 네 가지 카테고리로 분류하여 '슈퍼스타The Superstar' '의무에 충실한 딸The Dutiful Daughter' '순교자 혹은 희생자The Martyr' '여전사The Warrior Queen'라고 이름 붙였다.[33]

린다 시어스 레너드가 '갑옷와 투구로 무장한 아마존 여인'이라고 분류한 범주가 '페르조나의 지나친 강화지나치게 강조된 페르조나'로 인한 현상들과 관련이 있을 것이며, '영원한 소녀'라고 분류한 범주가 '자신의 본성으로부터 소외됨으로 기인한 취약한 자아'로 인한 현상들과 관련이 있을 것이다.

부성 콤플렉스에 사로잡힌 여성에서 '페르조나의 지나친 강화'로 인해 나타나는 현상에는 다음과 같은 것이 있다. 이런 경우 여성은 학창 시절에는 모범생이며 어른이 되어서는 자신의 일과 직업에서 성취와 성공을 거두는 등 슈퍼스타 혹은 슈퍼우먼에 어울릴 만한 삶을 살며, 일직업과 성취의 영역에서 아버지가 이루지 못했던 것을 딸 스스로 해내기도 한다. 이러한 삶을 사는 여성에게 삶은 점차 끊임없는 의무와 책임으로 이어지는 노동의 연속이며 싸워서 이겨야 하는 전투의 연속이 되어 버릴 수도 있으며, 삶의 순간을 즐길 수 없다. 여성이나 남성이나 다를 바 없다며 남녀평등을 주장하기도 하고, 자신의 감정이나 몸을 소홀히 하면서 조금 슬프거

---

33) Leonard LS(1985) : 앞의 책, pp37-84.

나 아픈 것쯤은 대단치 않게 여기며 일에 매진하기도 한다. 여성적인 수용성을 나약한 수동성으로 간주하며 거부하고, 과도하게 일하며 일중독 상태에 빠지기도 한다. 그 시대가 선호하는 아름다운 여인이 되고자 무리하게 다이어트와 운동을 하며 몸을 혹사하고 '의지정신력'와 '자연스러운 본능충동' 사이에서 극심한 긴장과 갈등을 겪기도 한다. 일에서 완벽해지고자 하는 강박적 느낌과 함께 만성 피로감이나 긴장성 두통 등 원인을 알 수 없는 몸의 부대낌으로 고통받곤 한다. 어깨 위로 세상과 삶의 무게가 짓누르는 과도한 부담감과 삶에 의해 마치 노예와도 같이 고삐 꿰어진 느낌으로 삶을 향유할 수 없다. 흔히 이러한 여성은 자기로부터 소외되고 단절되어 메마르고 건조해지며, 우울증에 빠지곤 한다. 왜 이렇게 살아야 하는 건지 모든 것이 무의미하게만 느껴진다.

부성 콤플렉스에 사로잡힌 여성의 강화된 페르조나는 여성이 직업과 일에서 성공하고 세상 속으로 들어가도록 돕는다는 측면에서는 긍정적일 수도 있다. 그러나 이러한 상태는 여성적인 정서와 본능적인 원천을 포함한 전체 정신으로부터 여성을 소외시킨다. 따라서 여성은 창조성으로부터, 사람들과의 자연스러운 관계 형성으로부터, 그 순간을 생생하게 살아 있게 하는 자발적이고 활기 있는 삶의 충동으로부터 소외된다. 이러한 여성은 여성으로서의 자신의 존재를 유보하거나 거부하고 기꺼이 남성으로 살아가는 것과도 같은 삶의 방식을 취하곤 하는데, 때로는 자신의 본성으로부터 소외됨으로 인해 오히려 무의식 속의 그림자[34]와 아니무스[35]에 의해 사로잡히기도 한다.

이와 같이 여성은 부성 콤플렉스에 사로잡혀 인생의 상당한 기간 동안을 마치 남장男裝을 한 여인과도 같이 남자처럼 살게 되기도 한다. 사람들이 이러한 여성을 볼 때 '남자 같다.' '중성적이다.' 등의 인상을 느끼게 되는 것은 바로 이 때문이다. 스스로 남장을 한다는 것은 여성으로서의 자신의 삶을 기꺼이 포기하거나 희생하고 남자같이 살기로 결심한다는 것에 비유될 수 있을 것이며, 아니무스에 사로잡힌다는 것은 자신도 모르게 남장이 씌워져 남장 속에 갇히는 것으로 비유할 수 있다.

부성 콤플렉스에 사로잡힌 여성은 페르조나와 자신을 동일시함으로써 그것이 정도를 지나치면 오히려 그녀가 의식적으로, 무의식적으로 억압하고 소외시켜 온 그녀 내면의 '그림자'와 '아니무스'에 사로잡히고 그것과 무의식적으로 동일시하게 된다. 이러한 상황은 부성 콤플렉스에 사로잡힌 여성이 사랑에 빠졌을 경우 흔히 나타나는 현상이기도 하다. 사랑의 체험과 고통을 통해 여성은 자신 안의 남성아니무스을 대면하고 자신 안의 여성그림자가 된 여성을 의식화하고 통합할 수 있는 소중한 기회를 가지기도 한다.

레너드가 '높이 나는 자' 혹은 '여자 돈 주앙'이라고 이름 붙이

---

34) 여성이 자신의 본성을 억압하고 본성으로 소외됨으로 무의식 속에서 그림자로 남아 열등해지고(열등해 보이고) 이상해지고(이상해 보이고) 악해진(악해 보이는) 여성적 속성.
35) 흔히 미분화되어 부정적인 특성을 띠게 된 '부정적인 아니무스'에 의해 사로잡힌다.

기도 하였던 여성의 부성 콤플렉스로 인한 현상의 어떤 측면스펙트럼에 대해 소개하자면, 이러한 여성은 삶의 어느 시기 동안 매우 수줍어하고 부서지기 쉬운 유리와도 같아 삶과 세상으로부터 소외되고 위축되어 환상 속에서 미지의 연인과 사랑을 하고 자신의 환상으로 지어진 유리산 속에 갇혀 지내며, 삶의 다른 시기 동안은 충동에 따라 살며 바람만큼이나 자유롭게 희박한 공기 속으로 높이 날아오르는 모험을 감행하기도 한다. 그녀들은 보통 자신의 경계한계를 알지 못하며, 실생활에서 적용되는 규칙과 질서, 육체적이고 물질적이고 대지적인 영역, 그리고 시간과의 관계를 잘 맺어 나가지 못한다. 집단적 무의식의 원형적 영역에 가까이 있기도 하여 동시성적인synchronistic 사건들에 열려 있으며, 직관적이고 예술적 재능이 있거나 신비주의적인 성향이 있다. 흔히 자신이 스파이spy와도 같은 삶을 살고 있다고 느끼며 자신이 스파이가 되는 공상을 하기도 한다. 사람들과 관계를 맺을 때 마치 연기자가 연기를 하듯이 이 역할에서 저 역할로 바꾸어 연기하며, 참모습을 감추고 드러내지 않은 채 스파이처럼 살아간다. 자신이 누구인지 스스로도 모른다. 이 남성에서 저 남성에게로 옮아가며 아버지상을 투사한 대상들과 사랑에 빠지기도 한다.[36]

필자가 치료를 담당한 바 있는 한 여성은 자신이 어떤 특수한 임무를 띠고 있는 스파이비밀공작원라는 환상을 가지고 있었다. 치료

---

36) Leonard LS(1985) : 앞의 책, pp42-48.

과정 중 꿈속에서 신(神)의 음성과도 같은 어떤 목소리가 들려왔으며, 그 목소리가 "너는 이 세상을 빌려 간훔쳐 간 것이다."에서 "네가 이 세상의 주인이다이 세상은 본래 네 것이다."라고 점차 변화함으로써 구원의 느낌을 체험하였다. 스파이로 경험되는 그녀의 정체성은 자신이 누구인지 스스로도 모르는 채 '아버지의 어린 딸'과도 같은 상태로 주변의 기대와 사회적 가치관에 부응하면서 이런저런 역할로 모습을 바꾸며 살아가고 있는 불안한 그녀의 실존이기도 하고, 그녀의 인격과 삶 속으로 함께 참여하고 동반하기를 원하나 그녀의 무의식성으로 인해 아직은 그녀 몰래 그녀의 인격과 이 세상의 삶으로 숨어들 수밖에 없는 잃어버린 자기 자신[37]의 어둡고 슬픈 상황이기도 하다.

레너드가 '부적응자'라고 부르기도 했던[38] 부성 콤플렉스에 사로잡힌 여성의 또 하나의 스펙트럼은 어린 시절 아버지와 관련된 정신적 충격 등과 관련하여 사회에 반항하고 사회로부터 거부된 여성을 포함한다. 이러한 여성은 자신의 인생을 정체된 수동성 속에서 허비하며, 알코올 중독이나 약물 중독에 빠져들고 창녀가 되기도 한다. 자살에 대한 환상을 가지고 중독과도 같은 사랑에 빠져들기도 하며, 아버지와 비슷한 남자와 결혼하였으므로 살지 못한 삶으로 인한 우울증과 자책 속에서 인생을 허비해 버리기도 한

---

37) 무의식 상태로 있는 자기 자신, 반쪽, 그림자, 영혼, 아니무스, 자기(Self), 초월적 존재, 신(神) 등등의 이름으로 부를 수 있을 것이다.
38) Leonard LS(1985) : 같은 책, pp49~52.

다. 그녀들은 보통 자신을 무가치하고 쓸모없는 존재로 여기며, 사랑에 빠진 상대 남성에게 자신을 구원해 줄 '아버지-구원자-신神'을 투사하곤 한다. 부정적 아니무스killing animus의 영향으로 여성이 자신을 무가치하고 쓸모없는 존재로 여기고 있으므로 사랑은 대부분 실패로 끝나고 여성은 또다시 희생자가 되며 스스로 버림 받게 된다.

융은 어떤 부성 콤플렉스는 영적靈的인 특성이 있으며, 여성에게서 생생한 영적 동경과 관심을 유도한다고 하였다.[39] 부성 콤플렉스 여성의 다수는 '종교 체험'과도 같은 영적 체험을 겪었거나 겪고 있음을 보고하고 있다. 영적 동경은 처음에는 마치 어린아이가 부모를 그리워하며 찾듯이 신神 혹은 하느님으로 칭할 수도 있는 초월적인 존재를 자신의 밖에서 그리워하며 찾아 헤매는 양상으로 시작되곤 하였다. 어떤 여성은 예전에 그녀가 인간 남성과 사랑에 빠졌듯이 그녀 밖에 있는 것으로 생각되는 신 혹은 초월적 존재와의 사랑에 빠지기도 하였다. 치료 과정을 통해서 자신의 내면을 성찰하면서 차츰 부성 콤플렉스를 극복해 감에 따라 여성은, 신 혹은 하느님이라고 부를 수도 있는 초월적 존재가 밖이 아닌 여성 내면에 자리하며, 동시에 현실의 일상적인 삶 속에 영원이며 태고이기도 한 초월적 존재[40]가 함께 현존하고 있음을, 누미노줌 속에서 체험하기도

---

39) Jung CG(1959) : "The Phenomenology of the Spirit in Fairytales", *The Archetypes and the Collective Unconscious*, C. W. 9(1), para396.
40) 神, 하느님 혹은 자기(Self)의 현존이라고 볼 수 있을 것이다.

하였다. 그럼으로써 여성은 더 이상 밖에서 찾아 헤매거나 구하지 않게 되고, 자신의 실존에 대한 당당함과 확고한 안정감[41]을 회복하게 되었으며, 마음의 평화와 치유와 구원을 느끼기도 하였다.

부성 콤플렉스에 사로잡혀 있는 많은 여성이 '창조성'의 실현이라는 버거운 짐을 지고 있기도 하며, 그녀의 인격과 삶의 창조적인 변환이라는 치료 과제를 안고 있기도 하다.

성인기에 접어들고 나이를 먹어 감에 따라 점점 더 분명히 드러나고 더욱 힘든 고통으로 경험되는 부성 콤플렉스의 제반 현상으로 여성은 자신을 되돌아보고 자신과 진지하게 대면하지 않을 수 없는 인생의 전환점을 맞이한다. 이렇게 자신을 새롭게 인식하는 것은 많은 경우에서 결혼, 임신, 출산, 아이의 양육, 가사 등등 여자라면 누구나 살게 되는 평범한 삶의 과제에 봉착했을 때다. 이러한 순간을 맞아 여성은 자신이 여자로서, 어머니로서 너무도 무지하고 부족하며 아무런 준비도 되어 있지 않음을 발견하게 되며, 여자임에도 이제껏 진정한 여자로 살아온 것이 아님을 인식하게 된다. 따라서 부성 콤플렉스에 사로잡혀 있던 여성은 사랑을 하고 결혼을 하고 아이를 낳아 키우고 집안일을 하고 부부가 함께 살아가는 삶의 일상적이고 자연스러운 과정과 평범한 인간사를 통해 본성으로서의 '여성성'과 '모성성'을 회복하고 '전체성'을 회복함으로써 자기 자신이 되는 치유의 기회를 가지게 될 것이다.

---

41) '자신의 실존의 근원에 뿌리내림'에 기인하는.

부성 콤플렉스 여성의 사랑과 '전이': C. G. 융의 치료 사례

융이 치료를 담당했던 여성의 사례를 소개하여 딸의 부성 콤플렉스가 딸의 인격 형성과 삶에 어떤 영향을 미치는지 그리고 부성 콤플렉스에 사로잡힌 여성이 정신치료 과정에서 겪기도 하는 전이 transference 현상은 부성 콤플렉스의 극복과 치료에 어떤 의미를 가지는지 고찰해 보고자 한다.

> 융의 여성 환자는 어린 시절 아버지와 감정적으로 관계가 매우 좋았다. 인식에 대한 활발한 충동이 생겨나고 지적知的 기능이 주로 발달하여 철학을 전공하는 여대생이 되었으며, 아버지와의 감정적 유대에서 어느 정도 벗어난 듯 보였다. 그리고 아버지는 세상을 떠났으며, 얼마 후 그 여성은 남자 친구를 사귀게 되었다. 그러나 아버지 혹은 내면의 부성상과는 잘 맞지 않는 남자 친구와의 관계에서 그 여성은 감정적으로 불안정해졌으며 삶이 정체되기 시작하였다.[42]

'아버지와 특별한 관계에 있는 딸'로서 자신을 경험하는 많은 여성에서 지성이 발달한다. 우리가 어떤 대상에게 끌리고 사로잡히고

---

42) Jung CG(2002) : 《인격과 전이》, C. G. 융 기본저작집 3, 한국융연구원 역, 솔, 서울, p19.

강박적으로 의존할 때, 우리 내면에 내재하고 있으나 우리가 모르고 있는 어떤 속성이 그 대상으로 투사되고 있는 것은 아닌지, 그 대상과 우리를 무의식적으로 동일시하고 있기 때문은 아닌지 숙고해 볼 필요가 있다. 우리의 무의식성으로 인해 투사되고 동일시하고 있던 그 속성을 인식하고 우리 자신에게로 되돌림으로써 우리는 본래 자신에게 속해 있던 그 속성을 발달시킬 수 있게 되며, 그러한 과정을 통해서 우리를 사로잡고 있던 그 대상으로부터 분리되고 자유로워질 수 있다. 딸은 아버지와의 관계를 통해 부성상의 표상으로서의 이론적 개념, 이념, 철학적 · 종교적 · 보편적 관념 등을 경험하며, 아버지는 정신적 의미와 지성을 체현하고 있는 대상이기도 하다. 따라서 여성이 아버지를 통해 아버지의 속성으로 경험하였으나 여성 자신의 속성이기도 한 지적 기능을 스스로 발달시킴으로써 여성은 아버지와의 감정적 유대와 사로잡힘에서 어느 정도 벗어나기도 한다. 딸의 부성 콤플렉스는 여성으로 하여금 열심히 공부하게 하여 좋은 대학에 진학하고 지적 · 학문적 성취와 더불어 일과 직업을 포함한 자신의 전문 분야에서 성공을 거두게 하는 추진력이 되기도 한다.

어린 시절 아버지와 감정적으로 특별한 관계에 있던 융의 여성 환자 역시 인식에 대한 활발한 충동이 생겨났으며, 지적 기능이 주로 발달하고 철학을 전공하는 여대생이 되었다. 융은 인식에 대한 그녀의 활발한 충동이 그녀가 아버지와의 감정적 유대에서 벗어나게 하는 동기가 되었다고 보았다.[43] 그리하여 그녀는 아버지와의 감정적 유대에서 어느 정도 벗어난 듯 보였다. 그러나 아버지가 세상을 떠난 후에도 이 여성에게서 아버지는 여전히 살아 있는 심리적 현실로서 여성의 삶에 영향을 미치고 여성을 지배하고 있음을 볼 수 있다. 아버지와 분리되지 못한 채 만나는 남성에게서 자신의 아버지 혹은 '아버지상像'을 찾게 되었으며, 무의식중에 그러나 당연하고도 간절한 유아적인 바람과도 같이 상대 남성이 자신의 내면의 부성상의 살아 있는 육화肉化일 것을 기대한다. 그러나 여성은 자신의 아버지와 다르며 여성이 투사한 부성상에 맞지 않는 남자 친구와의 관계에서 감정적으로 불안정해지고 삶은 생기와 빛을 잃고 의미를 상실한 것처럼 경험된다.

많은 부성 콤플렉스 여성이 삶을 살아가는 활력과 추진력을 여성 내면의 아버지상이 투사된 현실 속의 외부 남성의 관계를 통하여 얻고 있으며, 그러한 관계 양상은 때로는 성애적 문제erotic problem로 번지기도 한다. 이러한 관계는 성숙하고 대등한 여성과 남성의 관계라기보다는 실재 연령과는 상관없이 심리적으로 딸인 상태의 여성과 아버지를 환기시키는 남성의 근친상간적인 관계 양상인 경우가 많다. 여성은 실제로 아버지 세대의 나이 많은 남성에게 끌리기도 하며 사랑에 빠져들고 연인 관계가 되기도 한다. 여성에게 상대 남성은 아버지-연인이면서 동시에 여성 자신을 구원해 줄 신적神的인 존재로 경험되기도 한다.

---

43) Jung CG(2002) : 같은 책, p19.

부성 콤플렉스에 사로잡히게 됨으로써 여성은 본래 타고난 고유한 인격은 분화되지 못한 채 무의식 속에 그림자로 남아 있게 되며, 많은 경우 여성 자신도 자신이 정말 누구인지 알지 못한다. 그로 인해 그녀는 세상 사람들의 눈에 때로는 모호하고 알 수 없으며 때로는 신비하고 텅 비어 있는 듯한[44] 모습으로 비치곤 하여 세상 사람들의 투사를 자주 받게 되며, 특히 남성에게 아니마 투사를 자주 받게 된다. 이러한 여성은 남성성이 충분히 발달하지 않는 '어머니의 아들'[45]의 투사를 자주 받으며, 상대 남성이 그녀에게 기대하는 바로 그러한 상像 혹은 이상형이 되기도 한다. 상대 남성과의 관계는 많은 경우에서 비개인적이며, 여성 내면의 부성상을 현실에서 만나는 남성에게 투사하고 상대 남성에게 아니마상을 투사받게 됨으로 인한 이러한 비개인적인 관계가 그녀의 만남과 사랑에서 반복되기도 한다. 여성은 상대 남성이 누구인지 알지 못하며, 상대 남성 또한 여성이 누구인지 알지 못한다.[46]

'아버지의 딸'과 '어머니의 아들' 간에 상호투사가 일어나게 됨으로써 운명과도 같은 만남과 사랑이 시작되기도 한다. 양측 남

---

44) 어떤 구체적인 성격의 특성이나 개성(個性)을 알 수 없는.
45) 모성 콤플렉스에 사로잡힌 남성을 칭한다.
46) 이러한 상황을 여성 입장에서 본다면, 여성은 자신의 내면의 남성상(아버지-戀人-神)을 그녀가 매혹을 느낀 외부의 남성에게 무의식적으로 투사하고 동일시하였으므로, 그녀가 만나고 있던 외부의 남성이 실제로 어떤 사람인지를 알지 못하는 경우가 많으며, 동시에 그녀는 그녀 내면의 남성상(심혼, 아니무스상)과도 의식적이고 인간적인 관계를 맺는 데 실패한다. 상호투사를 하게 될 경우 남성 입장에서도 상황은 마찬가지다. 사랑이 끝난 후 그들은 스스로에게 묻곤 한다. "내가 그렇게도 사랑했던 사람이 과연 누구였을까?"

녀 모두 아직 해결하지 못한 그림자 문제를 안고 있으며 부모상과 분리되지 않았음으로 인해 상대 남성에게 부성상을 투사하고 상대 여성에게 모성상을 투사하게 된다. 여성성이 부족한 '아버지의 딸'과 남성성이 부족한 '어머니의 아들'과의 만남과 사랑은 찰나와도 같은 구원의 순간[47]에 뒤따르는 길고도 힘든 감정적 고통과 환멸 disillusionment과 인내의 시간으로 이어지기도 한다. 그러나 그러한 고통을 통해서 '아버지의 딸'은 진정한 여자가 되고 '어머니의 아들'은 진정한 남자가 되며, 어른成人이 되기도 한다.

부성 콤플렉스에 사로잡힌 여성은 진정한 그녀 자신을 이루게 될 고유한 전체 인격의 많은 부분이 아직은 의식화되지 못한 채 무의식 상태로 흩어져 있어 끌리고 매혹되는 관계의 양상을 자주 경험하며, 이상하고 강렬하고 힘든 감정 상태가 주체와 객체 사이에 형성되기도 한다. 객체로 이끌리고 객체로부터 자유로울 수 없는 이러한 주관적 감정 상태에도 그녀들은 사람들 속에서 외롭고 혼자이며 고립되어 있는 느낌을 경험한다. 그녀들은 사람들에게 개인적으로나 인간적으로 다가가 관계 맺기 힘들며, 사람들 또한 그녀들에게 개인적으로, 인간적으로 다가와 관계 맺기 힘든 경우가 많다. 끌리고 매혹되는 관계에서와 같이 감정 부하가 많이 걸리는 대상들과의 관계에서 더욱 그러하다. 이러한 상태는 마치 그들과 그

---

47) 상호 간의 투사와 무의식적 동일시로 인한 '신비적 참여(participation mystique)' 현상에 기인한.

녀 사이에 어떤 보이지 않는 차단벽 같은 것이 생겨나 서로에게 접근할 수 없게 된 것과도 같다. 이러한 상황은 여성이 그 대상에게 그녀 내면의 심상을 무의식적으로 투사하고 있다는 신호나 힌트일 수 있으며, 그녀가 외부 대상과 인간적이고 의식적인 관계를 맺고 있지 못함을 의미하기도 한다. 여성이 주관적으로 경험하고 상상하고 있는 외부 대상과 실재의 외부 대상은 상당히 다를 수 있으며 괴리가 클 수 있음을 의미하기도 한다. 따라서 부성 콤플렉스에 사로잡힌 여성들은 세상으로부터 고립되고 차단되는 주관적 느낌을 가지기도 하며, 외롭고 고독해진다.

다시 융의 치료 사례로 되돌아가자. 융과의 치료 과정에서 이 여성 환자는 아버지의 심상을 의사인 융에게 전이시키게 되었으며, 융은 아버지이면서 연인이 되고 구세주가 되어 환자에게 마치 신과도 같은 존재가 되어 버렸다. 전이 상태에 있는 환자에게는 이런 일시적인 해결이 우선은 이상적인 것으로[48] 여겨지는 듯하였다. 그러나 시간이 지남에 따라 그것은 서로 간에 견디기 힘든 정체 상태가 되어 마침내 견딜 수 있는 한계점에 다다랐다. 이러한 상황을 어떻게 헤쳐 나가는 것이 진정으로 치유적인 것일지를 의식적인 모든 노력과 지식을 동원해도 당시로서는 알 수 없었다.

융은 여성 환자에게 의식이 알지 못하는 무의식 영역에서 나오

---

48) 'transference cure(전이 상태가 시작되어 증상이 일시적으로 소실됨)' 개념과 연관시켜 볼 수 있을 것이다.

는 내용에 주의를 기울여 보자고 제안했으며, 마침내 어떤 꿈이 출현하기 시작하였다.

꿈에 그녀와 그녀의 담당 의사가 등장하였다. 의사는 의사로서의 자연스러운 모습으로 나타나지 않고 특이하게 과장된 상태로 나타났다. 의사는 때로는 초자연적인 크기로 보이는가 하면, 때로는 대단히 나이가 많은 노인으로, 또 어떤 경우에는 그녀의 아버지와 닮았는데, 이상하게 자연과 뒤섞여 나타났다. 실제로는 체구가 작았던 그녀의 아버지는 그녀와 함께 밀밭으로 덮여 있는 언덕 위에 서 있었다. 그녀는 아버지에 비하면 아주 작았고 아버지는 거인처럼 커 보였다. 아버지는 그녀를 땅에서 들어 올려 마치 작은 아이처럼 두 팔로 껴안았다. 바람이 들판을 지나갔고, 밀밭이 바람에 흔들리고 있는 것처럼 아버지는 그녀를 팔로 껴안아 흔들어 주었다.[49]

의사혹은 아버지는 매우 크고, 매우 나이를 먹었고, 실재의 아버지보다 체구가 더 크며, 마치 대지를 스쳐 지나가는 바람과 같다. 꿈은 의사혹은 아버지를 초인간적 비율로, 즉 바람이기도 한 거대한 태고의 아버지, 꿈꾼 사람이 그 보호하는 팔에서 마치 젖먹이 아기처럼 쉬고 있는 그런 아버지로 표현하였다. '바람'으로 모습을 드러

49) Jung CG(2002) : 앞의 책, p23.

내는 부성 원형에 대해 융은 다음과 같이 설명하였다.[50] 히브리어 '테오스토 프네우마하느님은 혼Geist이시다'라는 말을 바람을 뜻하던 프네우마의 원초적 형태로 소급하여 번역한 것이다. 하느님은 바람이며, 인간보다 강하고 크며, 보이지 않는 입김과 같은 존재다. 아라비아어 '루ruh'는 숨과 혼을 지칭한다. 융은 마침내 다음과 같은 인식에 도달하였다. 전이 현상을 통한 강렬한 충동은 겉보기에는 그녀 앞㕦의 사람을 붙잡으려는 것 같지만, 사실은 그녀 안의 신神을 붙잡으려는 것 같다. 그녀가 사랑하고 있었던 것은 사실은 외부의 남성이 아닌 그녀 안의 신인 듯하다. 우리가 전이라고 부르는 이런 부적당한 사랑의 가장 높고 가장 본래적인 의미는 '신으로 향한 사랑'인 듯하다.

이 꿈을 대면하고 체험한 후 여성 환자에게 어떤 큰 변화가 일어났다. 그녀의 의식에서는 아직도 융에 대한 전이에 매달리고 있었으나 현실에서는 남자 친구와의 관계가 눈에 띄게 발전되고 깊어졌다. 마침내 치료를 종결하고 융과 헤어질 때가 되었을 때 여성 환자는 융과 담담하게 이별할 수 있게 되었다.[51]

꿈은 '아버지-연인-의사'의 상像을 거대하고 고태적인 신상神像으로 강조함으로써 전이 현상 속에서 환자가 애착을 놓지 못하고 있는 '아버지-연인-의사'는 외부의 개인적 아버지도 외부의 의사도

---

50) Jung CG(2002) : 같은 책, p27.
51) Jung CG(2002) : 앞의 책, pp19-31.

아니며, 사실은 여성 환자 내면에 자리하고 있는 여성 내면의 신상 원형상임을 드러내고 있다. 꿈은 여성이 사랑하고 있는 참 대상이 외부에 실재하는 '아버지-연인-의사'가 아니라 여성 내면에 자리하고 있는 초월적 존재이며 신神임을 보여 주고 깨닫게 하여, '아버지-연인-의사'에게 투사되어 있던 치유하고 사랑하고 구원하는 원형적 힘을 여성 자신 안으로 되돌리도록 하는 매우 중요한 전환점을 제공하였다. 여성은 자신 안에 스스로를 사랑하고 치유하고 구원할 수 있는 초월적 힘신적 존재이 자리하고 있음을 인식하게 됨으로써 진정으로 종교적인 자세를 회복하게 되었다. 투사를 인식할 수 있게 되었으며, 투사를 거두어들이고 무의식적 동일시를 해소하고 분리할 수 있게 되었다. 따라서 여성은 자연스럽게 치료자와 이별할 수 있게 되었으며, 남자 친구와의 사랑 또한 투사와 무의식적 동일시에 의한 눈먼 사랑이 아닌 의식되고 자각된 인간적인 관계에 기초한 사랑이 되어 남자 친구와의 관계도 깊어졌다.

분석이 진행되면서 융의 여성 환자에게서 전이의 성질이 의식되자 앞의 꿈이 나타났었으며, 꿈은 집단적 무의식의 일부를 내놓았다. 이와 함께 그녀의 유아적 세계와 영웅 연극은 끝이 나고 그녀는 자기 자신에, 그녀의 고유하고 진정한 가능성에 이른 것이다. 그녀 자신의 개성에 관한 의식이 고태적 신상神像의 재활성화와 때를 같이 하였으며, 융에 의하면 그러한 일치는 그저 드물게 있는 현상이 아니며 매우 자주 나타나는 현상이다.[52] 이것은 다음 문구로 번역될 수 있을 것이다. "자기 자신을 진정으로 알게 되는 것은 신神[53]을 알게 되는 것이며, 신을 알게 되는 것은 자기 자신을 알게 되는 것과 통한다."

개인분석 과정에서 치료자에 대한 전이 현상을 경험한 다른 여성들[54]도 이와 비슷한 체험을 통해 치유를 경험했음을 보고하였다. 치료자에 대한 전이 현상으로 힘든 감정 상태그리움, 허전함를 겪고 있던 여성은 집단적 무의식에서 출현한 원형상과 대면하게 됨으로써 두 눈이 번쩍 뜨이는 인식과 통찰을 얻었으며 누미노줌을 체험[55]했다.

한 여성의 꿈에서는 신의 목소리처럼 느껴지는 어떤 '목소리'가 "여성이 그리워하고 있는 존재가 사실은 외부의 남성이 아니라 그녀 안의 '영혼'"이라고 말하고 있었으며, 다른 여성의 꿈에서는 "여성이 그치료자에게 그토록 강렬하게 전이를 일으킨 이유는 여성 안에 있는 신神을 그치료자에게서도 보았기느꼈기 때문!"이라고 말하고 있었다.[56]

여성이 '자신 안의 어떤 존재'를 인식하지 못한 채로 외부의 대상인 '그'에게로 투사하게 됨으로써 혹은 자신 안의 그 존재를 '그'에게서도 직관적으로 느끼고 보게 되었으므로 여성은 마치 사랑에 빠진 것과도 같은 느낌으로 '그'에게 끌리고 매혹되고 사로잡히고

---

52) Jung CG(2002) : 같은 책, pp58-59.
53) 하느님 혹은 자기(Self)라고 칭할 수도 있을 것이다.
54) 저자의 개인분석 사례.
55) 〈……누미노스한 것과 관계를 맺을 수 없다면 진정한 치유는 불가능하다……〉
    Von Franz ML(1993) : "The Religious Dimension of Analysis", *Psychotherapy*,
    Shambhala, Boston & London, pp178-200.
56) 저자의 개인분석 사례.

빠져드는 것 같다. 더욱이 여성이 '그'에게서도 본 것이 그녀 안의 초월적 존재, 신이었으므로 그 사로잡힘과 빠져듦은 더욱 헤어나기 힘들고 견디기 힘든 것이 될 수 있다. 그러나 개인분석 안에서 일어나는 상황인 덕분으로 울타리로 잘 보호된 정원 안에서 나무를 키우는 것같이 잘 밀폐된 연금술 용기 안에서 진행되는 실험 과정이나 작업opus이 되어 여성은 전이 현상을 겪고 견뎌 넘으로써 그녀 안의 초월적 존재, 신[57]을 보고 인식하며 구원과도 같은 인식의 빛과 깨달음을 마주하게 된다.

융은 저서에서 다음과 같이 말하고 있다.

> 연금술 텍스트는 '전이' 상태에서 일어나는 이러한 끌림, 매혹, 사로잡힘, 빠져듦을 '바다의 어두운 수심, 심연에서 구해 달라고 외치고 있는 왕 혹은 왕의 아들'에 비유하고 있다. 어둠과 바다의 심연은 보이지 않게 투사되어 있는 어떤 내용의 무의식 상태를 의미한다. 그러한 내용이 인격의 전체성에 속하고 투사를 통해 단지 외관상으로만 결합에서 떨어져 나온 것인 한, 의식과 투사된 내용 사이에는 항상 어떤 끌어당김이 일어난다. 이러한 끌림은 대개 매혹의 형태로 나타난다. 연금술적 비유는 이러한 사실을 분열되고 무의식적인 심연의 상태에서 외치는 왕의 구원의

---

57) 그녀 안의 신의 상을 우리는 전체 정신이며 전체 정신의 중심인 '자기(Self)'라고 부를 수 있다.

요청으로 표현했다. 텍스트에 의하면 의식은 이러한 외침에 복종해야 하며, 왕에게 주목하고 왕에게 봉사해야 한다. 왜냐하면 그렇게 하는 것은 지혜일 뿐 아니라 치유이기 때문이다. 그러나 이것은 치유를 위해서는 어두운 무의식의 세계로의 하강이 반드시 필요하다는 것을 의미한다.[58]

인용구[59] 속의 "무의식적인 심연의 상태에서 외치는 왕의 구원의 요청을 받아들이고 왕에게 주목하고 봉사한다."는 의미를 분명하게 이해할 필요가 있다. 이것은 여성 자아에게 끌리고 매혹시키고 사로잡는 영향을 주는 밖의 대상을 향해 충동이 이끄는 대로 다가가 충동을 행동화하라는 의미가 결코 아니다. 충동의 인식과 동화assimilation는 충동에 빠져들게 됨으로써 이루어지는 것이 아니다. 전이 현상으로 인한 충동[60]을 겪고 견뎌 냄으로써 충동은 상像으로 변환된다. '사랑에 빠진 느낌' '그리움' '하나 되고 싶음'이라는 강렬한 충동이 상으로 변환되어 충동의 의미가 드러나게 됨으로써 여성은 전이 현상의 진정한 의미를 인식할 수 있게 된다. 충동이 상으로 변환되어 충동의 의미가 인식됨과 동시에 여성을 사로잡고 있던 충동의 위세는 수그러들어 고요해지며, 이러한 과정을 통해 여성은

---

58) Jung CG(2004) :《연금술에서 본 구원의 관념》, C. G. 융 기본저작집 6, 한국융연구원 역, 솔, 서울, pp139-143.
59) 앞의 글 "연금술 텍스트는 '전이' 상태에서 …… 하강이 반드시 필요하다는 것을 의미한다."
60) 정서적 고통과 본능적 충동.

전이의 대상[61]으로부터 차츰 분리되고 초연detachment해질 수 있다.

결과적으로 부성 콤플렉스에 사로잡힌 많은 여성에게 상像으로 드러나게 되어 깨닫기도 하는 전이 현상의 목적 의미는 여성 내면의 영혼[62]을 인식하고 만나 하나되는 영원한 사랑을 이루는 것이며, 이것은 여성이 자신의 무의식과 만나 의식과 무의식이 합성 synthesis되어 여성이 자신의 전체가 되는 자기실현Self-realization 과정을 의미한다. 부성 콤플렉스의 목적 의미 또한 여성이 진정한 자기 자신이 되고 동시에 자신의 전체가 되는 것에 있다고 할 수 있다.

융의 사례와 관련된 마지막 고찰로 자신 안의 전체성에 속해 있던 어떤 측면이 무의식성으로 인하여 자신도 모르게 밖으로 새어 나가 흩어져 버리게 됨으로써 바로 그 측면들이 자신을 취하게 하고 중독시키는 독毒이 될 수 있음을 말하고자 한다. 필자가 치료를 맡은 부성 콤플렉스에 사로잡힌 여성의 많은 경우에서 치료 시작 전 그녀 밖의 대상에 대해 사로잡히고 빠져들고 중독되었으며, 지나치게 집착하고 애끓고 연연해하였다. 자신을 상하게 하고 잘못된 선택을 하고 에너지를 소모하고 황폐해지고 메마르게 되었으며, 창조성에 역행하고, 자기 자신이 아닌 상태로 자신의 것이 아닌 인생을 홀린 듯 살기도 하였다. 그러나 투사임을 인식하고, 끌리고 빠져들었던 현실 속의 외부 대상들의 속성으로만 느끼며 착

---

61) 외부(밖의) 대상.
62) 그림자와 아니무스를 포함하는 아직 의식되지 않은 무의식적 인격 전체, 전체 정신의 중심, 자기(Self) 등등으로 칭할 수 있을 것이다.

각하고 있던, 밖으로 새어 나가 흩어져 있던 자신의 인격의 부분인 속성을 자신의 안으로 거두어들이고 하나로 모음으로써 여성은 자신의 전체성에 가까워지고 그만큼 밝아져 가는 의식성의 빛은 구원과도 같이 여성을 비출 것이다. 이러한 '내향화introversion' 과정을 통하여 부성 콤플렉스에 사로잡힌 여성은 창조적 인격의 변환에 이를 수 있다.

부성 원형: 민담을 통한 고찰

부성 원형을 설명하기 위해 민담을 살펴보고자 한다. 민담은 비교적 순수한 원형상을 보존하고 있다고 간주되며, 분석심리학에서 특히 민담 해석을 중요시하고 있는 것은 이 때문이다. [63] 폰 프란츠 Von Franz ML는 "민담은 신화나 전설에 비해 가장 순수하고 꾸밈없이 집단적 무의식의 정신의 기본 구조를 반영하고 있다."[64] [65]라고 하였다.

부성 원형에는 어떤 것이 있으며, 딸이 부성 원형의 영향 아래 놓이는 전형적이며 보편적인 상황은 무엇인지 알고자 하며, 민담 스스로 제시하고 있는 해결 과정과 치유는 무엇인지 또한 살펴보고자 한다. 여기서는 우선 부성 원형의 특징, 부성 원형이 딸에게 미

---

63) 이부영(1995) : 《한국 민담의 심층 분석》, 집문당, 서울, p22.
64) 〈Dr, Jung은 언젠가 정신의 비교해부를 공부하는 데 가장 좋은 자료는 민담이라고 말한 적이 있다……. 민담에는 신화나 전설에 비하여 그런 특수한 문화적 · 의식적 자료가 훨씬 적기 때문에 기본적 · 정신적 구조를 더욱 뚜렷하게 반영한다.〉 Von Franz ML(1970) : *Interpretation of Fairytales*, Spring Publication, Chapter I, p11, Chapter II, p2.
65) Von Franz ML(1980) : *The Psychological Meaning of Redemption Motifs in Fairytales*, Inner City Books, Toronto, p13.

치는 영향, 현상, 증상을 중심으로 고찰하고자 하며, 해결 과정과 치유에 관한 부분은 이 책에서 이후 이어지는 부분에서 다루고자 한다.

첫째, 부성 원형을 다루고 있는 전형적인 민담으로 '털북숭이 공주그림 민담집'와 '당나귀 가죽프랑스 민담'을 예로 들 수 있겠다. 두 민담의 내용과 전개는 매우 흡사하며, 공통적인 부분만을 요약하면 다음과 같다.

왕에게 매우 사랑하는 아내가 있었는데, 왕비가 병으로 일찍 죽자 깊은 슬픔에 잠겨 있던 왕은 세월이 흐른 후 아내를 꼭 빼닮은 모습으로 성장한 아름다운 딸공주에게 사랑을 느끼고 딸에게 청혼을 하며 결혼을 강요한다. 그러자 공주는 아버지에게 부탁하여 만든 모든 짐승의 털가죽으로 만든 외투혹은 당나귀 가죽를 뒤집어쓰고 결혼식 전날 밤 아버지의 궁궐을 몰래 떠나 긴 여행 끝에 이웃 나라 젊은 왕의 궁궐에 이르게 된다. 짐승의 가죽을 뒤집어쓴 공주의 모습은 너무나 더럽고 흉하고 역겨워 처음에는 아무도 공주를 받아들이려 하지 않았으며 놀림감이 되기도 한다. 공주는 부엌에서 물을 긷고 불을 때고 가축에게 먹이를 주고 똥을 치우고 청소하고 빨래하고 설거지하고 요리를 하는 등 몸으로 할 수 있는 온갖 궂은일과 허드렛일을 하며 고행의 시간을 보내던 중 마침내 젊은 왕에게 발견되고, 짐승의 털가

죽이 벗겨지고 아름다운 본래의 모습이 드러나며 젊은 왕과 결혼한다.[66]

아버지가 딸에게 자신의 아니마상像을 무의식적으로 투사하고 딸을 사랑하는 연인과도 같이 느끼게 됨으로써 딸은 부성 원형의 영향에 놓일 수 있으며, 부성 원형의 지배 아래 놓이게 됨으로써 신경증 상태에 이를 정도로까지 자신의 동물적 본능과 천성본성을 억압할 수 있다. 제시한 민담에서는 부성 원형의 지배 아래 놓여 있던 딸이 스스로 결단하여 아버지에게 자신을 위해 짐승의 털가죽을 만들어 줄 것을 요구하고 스스로 짐승의 털가죽을 쓰고 아버지의 궁궐을 떠난다는 점이 매우 인상적이며 동시에 의미 깊다. 부성 원형의 지배 아래 놓여 있는 딸이 아버지에게서 분리될 수 있기 위해서는 보기 흉하고 더럽고 역겨울 수도 있는 동물의 털가죽을 스스로 기꺼이 입고[67] 아버지를 떠나고자 하는 용기 있는 시도가 필요함을 민담은 이야기하고 있다.

이러한 심리 상황에 대해 폰 프란츠는 저서에서 다음과 같이 설명하였다.

---

66) 김열규 역(1999) :《어른을 위한 그림형제 동화전집》, 현대지성사, 서울, pp393-399.
67) '보기 흉하고 더럽고 역겨울 수도 있는 동물의 털가죽을 스스로 입는다.'는 것은 여성이 부성 원형의 지배하에 놓이게 됨으로써 억압되고 소외되었던 여성 자신의 자연스러운 본성(동물적 본능까지를 포함하는 원초적인 본성)을 용기를 내어 드러내 표현하고 기꺼이 수용하고 통합하고자 하는 시도일 것이다.

어떤 민담에서는 딸이 아버지에게 박해를 받을 때 털북숭이 가죽을 뒤집어쓰는데, 이 행위는 부성 콤플렉스로 인한 아니무스 문제로 여성이 동물의 영역까지 퇴행이 일어남을 나타내는 것이기도 하다. 따라서 그것은 동물 같은 무의식성이 그녀에게 들러붙은 것이기도 하며 그녀가 동물적인 충동과 감정에 의해 사로잡히는 것을 의미한다. [68]

폰 프란츠는 이어서 그러한 신경증적 상황과 충동의 목적 의미에 대해 다음과 같이 강조하고 있다.

그러나 그 짐승의 가죽 안에는 무의식의 중요하고 긍정적인 내용물을 담고 있으며, '짐승의 털가죽'은 무의식의 깊은 층 그리고 자연과의 감정적 관련feeling connection을 회복하고자 하는 충동을 나타내는 것일 수 있다. 삶에서의 감정적 가치feeling value를 새롭게 하는 것이 여성의 과제이기 때문이다. 높은 의식성으로의 충동은 그림자의 원천으로부터 자연으로부터 출발점을 가지며 차차 그리고 온전히 인간으로 된다. [69] 따라서 그것은 증상 자체만을 치료하는 그런 문제가 아니며, 의식적 인격 전체whole conscious personality의 변환과 발달을 필요로 하며, 의식의 태도의 편견과 편

68) Von Franz ML(1970) : *The Interpretation of Fairy Tales*, revised edtion, Shambhala, p166.
69) Von Franz ML(1970) : 앞의 책, p167.

협함에 변화가 일어나야 한다. 신神은 인간을 직접 가르칠 수 없었으며 그 대신 동물들을 가르쳐야만 했다. 따라서 동물이 인간을 가르칠 수 있었다. 인간은 '몸의 본능적인 움직임'을 통해 배워야만 하며, 무의식 깊이 묻혀 있는 내용물의 지혜와 메시지는 '몸' 속에 묻혀 있다.[70]

민담의 주인공이 동물이 되거나 동물의 가죽을 뒤집어쓰게 되는 상황에 대해 이유경李裕瓊은 다음과 같이 저술하고 있다.

동물은 신성神性과 통한다. 동물은 본능에 충실한 삶을 살기 때문에 종種의 집단적 무의식의 법칙성을 고스란히 실현하고 있다. 동물성은 자아중심적인 태도가 배제되어 인간 이하의 본능적 측면뿐 아니라 인간성을 초월한 신성도 함께 나타난다. 민담에서 주인공이 동물이 되는 경우 개별적으로 지나치게 강조된 일방적 의식의 태도를 교정하고 보편적인 인간성을 획득할 기회가 된다. 동물이 되어 지내는 동안 주인공은 자연계의 다른 생명체의 의미의 가치를 알아차릴 수 있는 경험을 하기 때문에, 신이한 자연의 지혜를 획득하게 된다. 결국 동물 형상은 상징적으로 집단적 · 보편적 삶의 가치를 실현하는 존재이므로 자아의식에 치

---

70) Von Franz ML(1980) : *The Psychological Meaning of Redemption Motifs in Fairytales*, Inner City Books, p69.

유적으로 작용하고 전체성에 이르도록 기여한다.[71]

그렇지만 주인공이 동물이 되는 것은 물론이고, 동물 배우자를 만나게 되는 것도 심한 의식의 수준의 저하를 가져오는 심적 사건이다. 동물이었던 주인공이 인간성을 회복하는 것이나 동물 배우자를 인간으로 변환하게 하는 일은 모두 의식 수준을 회복하는 작업에 해당한다. 동물에서 인간성의 회복이나 인간 수준으로 끌어올릴 때, 무의식의 보상 내용이 의식의 삶에 반영될 수 있다. 결과적으로 여성 주인공이 신성을 획득하는 것이고 동물 배우자와의 결합은 신성혼을 의미한다. 동물 형상의 배우자를 인간으로 변화시켜야 진정한 남녀의 결합이 실현된다.[72]

둘째, 여성이 '동물 신랑'을 배우자로 맞이하는 '미녀와 야수' '개구리 왕자' 유형의 민담에서 부성 원형을 이야기하고 있다.

미녀와 야수 유형의 민담에는 '미녀와 야수프랑스, 크로아티아 민담' '노래하는 종달새그림 민담집' '정원사의 딸프랑스 민담' '도마뱀 신랑프랑스 민담' 등이 있었으며, 딸들 중 아버지와 특별한 관계[73]에 있는 딸이 인간이 아닌 동물 신랑을 배우자로 맞이하게 된다.

---

71) 이유경(2012) : "한국 민담에 나타난 대극의 합일 – 〈구렁덩덩 신선비〉 중심으로", 《심성연구》 제27권 제1, 2호 통권 제45호, p1.
72) 이유경(2012) : 앞의 책, p2.
73) 아버지가 특별히 총애하는 딸.

아버지는 사랑하는 딸의 선물을 찾아다니던 중 야수사자, 도마뱀의 성으로 들어서게 되며, 야수는 아버지의 목숨을 살려 주는 조건으로 딸을 원한다. 딸은 아버지 대신 야수의 성城으로 가 야수와 함께 살게 되며, 딸이 마침내 야수를 사랑하게 되어 야수는 마법저주이 풀리고 본래의 모습인 젊은 왕자인간로 변한다.

딸과 오래도록 각별한 관계에 있던 아버지는 딸과의 각별한 관계로 인해 마침내 야수의 성에 들어서게 되고 야수를 발견하며, 딸은 어쩔 수 없이 아버지의 집을 떠나 아버지와 이별하고, 무섭고 흉하고 혐오스러운 짐승의 모습을 하고 있는 야수 신랑과 함께 살게 된다. 여성이 부성 원형의 지배 아래에 놓이게 됨으로써 여성 안의 아니무스는 저주받고 마법에 걸리며, 미분화된 상태로 여성의 의식에서 멀리 떨어진 채 여성과 인간적인 관계를 맺을 수 없다. 여성이 부성 원형의 영향을 극복하기 위해서는 비록 거칠고 흉하고 무서운 형상을 취하고 있을지라도 여성 안의 야수 신랑[74]과 관계를 맺고자 하는 의식적인 노력이 필요함을 민담은 이야기하고 있다.

동물 신랑을 배우자로 맞는 신부의 이야기를 주제로 하고 있는 또 다른 민담인 '개구리 왕자그림 민담집'에서는 모든 것을 다 갖춘 이상적인 아버지왕의 아무것도 부족할 것 없는 가장 아름다운 막내

---

74) 미분화된 상태로 남아 있는 여성 내면의 아니무스 혹은 의식으로부터 소외되고 분열(해리)되어 있는 여성의 무의식 전체.

공주 또한 동물 신랑을 맞이하게 됨을 보여 준다. 민담에는 딸공주들만 있을 뿐 어머니왕비가 등장하지 않는다. 긍정적이든 부정적이든 간에 강화된 부성 원리와 결핍된 모성 원리는 딸인 상태에 머물고 있는 여성으로 하여금 실존적 고통[75]을 겪게 한다는 것을 민담은 보여 주고 있다.

아버지 왕의 명령 때문에 개구리의 반복되는 집요한 요구를 마지못해 들어주던 공주가 공주의 침대에 함께 들기를 원하는 개구리의 무례한 요구에 마침내 화가 머리끝까지 나서 개구리와의 약속을 지키라는 아버지 왕의 명령에 더 이상 복종하지 않고 자신의 느낌과 자연스러운 감정을 좇아 개구리를 벽에 세차게 내던짐으로써 신기하게도 개구리는 저주가 풀려 인간 왕자로 변신한다.[76]

왕과도 같은 아버지의 명령에 순응하고, 집단 의식의 지배적인 원리와 이상적 가치관에 자신을 맞추며 살아온 '아버지의 딸'들은 많은 경우에서 외부로부터의 요구가 지나치다 하더라도 적정한 선에서 경계를 긋고 거절하는 것이 힘들게 되며, 무의식의 침입과 암시로부터도 자신의 경계를 긋고 거절하는 것이 힘들게 된다. 동시

---

75) 이 책의 여성 O와 N의 치료 사례 참고.
76) 김열규 역(1999) : 앞의 책, pp19-24.

에 이런 여성은 아버지남성가 이상적인 여성으로 소망하는 남성의 여성관을 좇고 순응하며, 아버지남성 내면의 무의식적인 아니마상像의 투사를 받음으로써 아버지 혹은 남성이 의식적·무의식적으로 기대하는 그녀가 되어 자신이 아닌 모습으로 살기도 한다. 내면에서 올라오는 자신의 솔직한 느낌과 감정 상태를 흔히 잘 알지 못하거나 억압하는 경우가 많다. 특히 분노와 같은 부정적인 감정을 솔직하게 드러내 표현하는 데 어려움을 겪는다. 왜냐하면 요조숙녀라면 해서는 안 되는 유치하고 저속천박한 행동이므로 그것을 금기시하며 두려워하고 있기 때문이다. 그러나 민담 '개구리 왕자'가 보여 주듯이 여성이 자신을 솔직하고 자연스럽게 드러내 표현함으로써 그리고 안팎으로부터 여성에게 덮어씌워지고 침입해 들어오는 투사와 암시에 대해 스스로의 숙고와 결단을 통해 거부하고 벗어 버리고 던져 버림으로써 여성은 후일 자신을 전체 정신으로 인도할 내면의 아니무스와 의식적이고 인간적인 관계를 맺을 수 있게될 것이다.

셋째, 아버지와의 특별한 관계에 있는 딸이 '유리산glass mountain에 오랜 세월 동안 고립'되는 주제를 다루고 있는 '올드 링크랭크그림 민담집' 등의 민담이 있다.

딸의 신랑을 까다롭게 고르던 왕이 사윗감의 자격을 시험하려고 지은 가파르고 미끄러운 유리산에 딸이 빠져서 갇히게 되며,

딸은 유리산 속에 갇혀 긴 수염의 난쟁이에게 사로잡혀 노예와 같은 생활을 하며 긴 시간을 보내다가 마침내 용기와 기지를 발휘하여 난쟁이가 숨겨 놓은 금은보화를 빼앗아 유리산에서 탈출하고 자신의 신랑감과 결혼한다.[77]

부성 원형의 지배에 있음으로 인해 여성은 마치 유리산 속에 갇힌 것과도 같은 상태가 되어 지적知的으로는 발달하였으나 세상 사람들과 감정적으로 따스한 인간적 접촉을 할 수 없는 고립과 소외의 상태에 놓인다.

유리산 속의 고약한 난쟁이 노인은 아버지 왕의 그림자적인 측면일 수 있다. 아버지 왕은 딸을 사랑하여 곁에 두고 보호하고 하는데, 그것은 딸이 자신의 배우자와 만날 수 없게 하고 딸을 세상으로부터 격리시키고 감금하는 것이며 딸을 아버지에게 의존하게 하고 복종케 하여 딸의 독립을 유보하고 아버지의 노예와 같은 상태로 남아 있게 하는 것임을 민담은 이야기하고 있다. 공주는 유리산에 자신을 감금하고 노예처럼 부려 먹는 난쟁이 노인으로 상징되는 아버지 왕의 어두운 측면그림자을 인식하고 그것에 용기 있게 맞서 대결하고 싸워 부성 원형의 지배에서 풀려나 해방되었으며, 그동안 아버지에게 속해 있던 값진 보물을 그녀 자신의 것으로 취하고 자신에게 걸맞은 배우자와 결혼할 수 있게 된다.

---

77) 김열규 역(1999) : 앞의 책, pp390-392.

넷째, 딸이 아버지와의 특별한 관계로 인해 자신의 배우자를 만나지 못하는 주제를 다루고 있는 민담이 있다.

딸을 너무 사랑하는 나머지 내심 딸이 결혼하는 것을 원치 않으며 계속 자신의 곁에 두고 싶어서 딸의 신랑감 자격을 위해 매우 까다로운 조건과 어려운 시험 문제를 제시하는 아버지나 왕에 대한 모티프를 다루는 민담이 있다. '유령과 결혼한 처녀미국 인디언 민담'에서 '아버지의 딸'은 유령과 결혼하게 되어 유령이 되는 비극적인 결말을 맞으며, '태양의 딸이라는 새아스떼까 구아라니 민담'에서는 '아버지의 딸'이 새鳥가 되어 버리는 비극적인 결말을 맞는다. '모르스키 호수폴란드 민담'에서는 대령의 딸이 슬픔으로 인해 흘린 눈물로 큰 호수가 생기고 그 호수에 딸이 빠져 죽는다.

'아버지와 딸' 주제를 다루는 많은 민담에서 비록 딸이 힘든 고행을 겪지만 결국은 자신의 진정한 배우자와 결혼하여 행복하게 사는 행복한 결말에 이르는 반면, '유령과 결혼한 처녀' '태양의 딸이라는 새' '모르스키 호수' '거미가 된 여인' '푸른 수염' 등의 민담에서는 딸이 배우자를 만나지 못하고 죽임을 당하거나, 물에 빠져 죽거나, 귀신이나 혼령과 결혼하거나, 유령, 새, 거미가 되는 등의 비극적 결말에 이르기도 하였다.

이러한 상황은 여성이 부성 원형의 지배에 놓이게 됨으로써 심각한 무의식성에 빠져들고 환상 속으로 고립되어 세상과 삶으로부터 단절되고 소외되는 것을 의미한다. 이러한 상황은 무의식이 의식을 범람하고, 취약한 자아가 이러한 상황의 의미를 이해하지 못하고 이에 적절히 대처할 수 없게 되어 자아의 의식적인 노력만으로는 어찌할 수 없는 각종 신체적 · 정서적 · 정신적 증상에 휩싸이고, 헤어나지 못할 것 같은 죽음과도 같은 고통 속에서 정신병적 상태와도 같은 심각한 자아의 붕괴를 겪는 것에 비유될 수도 있다. 이러한 상황은 돌이킬 수 없는 비극적 결말에 이를 수도 있는 구원되지 못한 '아버지의 딸'들의 심각한 운명적 얽힘을 보여 주는 듯하다. 민담 '유령과 결혼한 처녀' '죽음과 결혼한 처녀' '해골과 결혼한 소녀 시베리아 민담' 등과 같이 내면의 남성상부성상 혹은 아니무스상에 사로잡혀 세상과 단절되고 환상 속에 고립되거나 혹은 내면의 남성상을 무의식적으로 외부 대상으로 투사하고 동일시하게 되어 투사의 대상인 외부의 남성에게 사로잡히듯 사랑에 빠져들고 거기에서 헤어나지 못해 현실의 삶으로부터 차단되고 세상에서 고립되는 여성의 문제에 대해 에스더 하딩M. Esther Harding은 '유령 연인ghostly lover'이라는 제목으로 저술한 바 있다.[78]

다섯째, 매우 가난해진 아버지와 딸에 관한 모티프를 다루고 있는 많은 민담이 있다. 매우 가난해진 아버지가 딸을 악마에게 팔아넘긴다. 그러나 딸은 악마에게서 벗어나고 두 손이 잘린 채로 아버지의 집을 떠나게 된다. 다른 유화에서는 매우 가난해진 아버지

---

78) Harding ME(1970) : *The Way of All Woman*, Shambhala, Boston & London, pp36-68.

대신 늙고 곤궁에 처한 왕이 등장하기도 한다. '손 없는 처녀그림 민담집' '팔 없는 소녀스페인 민담' '동쪽의 태양과 서쪽의 달노르웨이 민담' 등에서 이러한 모티프를 다루고 있다.

　　매우 가난해진 아버지가 숲에서 노인악마을 만나게 되며, 큰 부자가 되게 해 준다는 유혹에 부지불식간에 딸을 악마에게 팔 아넘기고 만다. 노인악마이 딸을 데리러 왔으나 처녀가 너무나 순결하게 물로 씻어 범접하지 못하게 되자 악마인 노인은 딸의 손을 자르도록 아버지에게 명령한다. 딸의 손을 자르지 않으면 악마가 아버지를 데려가겠다고 위협하므로, 딸은 아버지가 손을 자를 수밖에 없는 이 상황을 순순히 받아들인다. 아버지는 악마가 시키는 대로 딸의 손을 잘랐으며 딸이 눈물로 온몸을 씻어 악마가 범접하지 못하게 하니 마침내 악마는 딸을 데리고 가는 것을 포기한다. 딸은 평생 보살펴 줄 테니 함께 살자는 아버지의 청을 거절하고 홀로 집을 떠난다. 혼자 길을 떠난 딸은 고생 끝에 천사의 도움으로 왕의 정원으로 들어가 과일을 따먹게 됨으로써 왕의 아내가 되고 아기를 낳는다. 또다시 악마의 개입으로 오해를 받으며 힘든 상황에 처한 딸왕비은 왕의 궁궐을 떠나 숲 속에서 오랜 시간을 지내던 중 새로운 손이 돋아난다. 왕은 이 모든 사실을 알게 되고 오해가 풀려 왕비를 찾아다니다가 왕비가 살고 있는 숲 속의 집으로 오게 되어 왕과 왕비와 아기는 다시 만나 행복하게 살게 된다.[79]

이 민담을 통해 얻은 인상적인 가르침은 긍정적으로 느껴지든 부정적으로 느껴지든 딸은 부성 원형을 극복하고 그 지배에서 벗어나야 함이 옳다는 것이다. 그러하기 위해서는 이제껏 사용해 오던 자신의 두 손을 기꺼이 희생할 수 있어야 할 것이며, 여성 자신의 근원에서 샘솟는 무의식의 원천과 접촉하여 여성의 실존에 들러붙어 여성을 사로잡고 오염시키고 있던 비본질적이며 불순한 것을 씻어 낼 수 있는 정화 의식이 필요하다는 것을 민담은 이야기하고 있다. 기꺼이 희생한 딸의 두 손은 부성 원형의 지배하에 놓여 있던 딸의 두 손으로, 자신이 아닌 아버지의 의지를 실현해 온 손일 수 있고, 아버지에게 의존하며 붙잡고 매달렸던 손일 수 있으며, 악마 부정적인 부성상 혹은 부정적인 아니무스에 사로잡혀 악마의 도구로써 악마의 의지를 행하게 될 그런 손일 수 있을 것이다. 여성이 기꺼이 기존의 두 손을 희생하고 고통을 받아들이고 겪고 인내함으로써 무의식 자연에 의해 치유가 일어나고 새로운 두 손이 돋아난다. 새로운 두 손을 얻은 그녀는 이제 자신의 본성이 원하는 곳을 향해[80] 자연스럽게 손을 뻗는다.

여섯째, 부성 원형 혹은 지배적인 집단 의식의 영향으로 딸은 부성상과 공존하기 어려운 자신의 여성성의 측면 중 어떤 속성을 억

---

79) 김열규 역(1999) : 앞의 책, pp195-202.
80) 이제는 그녀의 자아가 소망하는 것이 자신의 전체 정신의 중심(자기)이 소망하는 것과 같은 곳을 향하게 된다.

압하고 소외시켜 거부되고 소외된 여성성으로 인해 저주를 받게 되는 것과 같은 심리 상황에 이르기도 한다. 잘 알려진 민담 '잠자는 숲 속의 공주들장미'가 그러한 주제를 이야기하고 있다.

> 오랜 기다림 끝에 태어난 공주를 매우 사랑하는 아버지 왕은 딸의 세례식 축연에 여신女神들 중 하나를 초대하는 것을 깜빡 잊어버림으로써 그 여신의 저주로 공주는 100년 동안의 긴 잠 속에 빠져들게 된다.[81]

기타, 부성 원형을 이야기하는 그 밖의 민담으로 중국의 민담 '누에가 된 딸'이 있으며, 결말이 불행하였다.

> 아버지의 오랜 부재로 몹시 아버지를 그리워하던 딸이 함께 있던 말馬에게 "아버지를 집으로 모셔 오면 네 신부가 되어 줄게."라고 약속을 한 후 말이 아버지를 집으로 데리고 오자 말과의 약속을 무시하였으며, 자초지종을 들은 아버지는 말을 죽인다. 딸은 죽은 말의 가죽 위에서 놀고 있다가 "네가 감히 짐승인 주제에 인간 여인을 신붓감으로 넘보았으니 죽어도 싸다."라고 자신을 위해 애쓰다가 억울하게 죽음을 당한 말을 경멸하는 말을 내뱉는다. 그러자 그 순간 말가죽이 딸을 보자기처럼 감싸

---

81) 김열규 역(1999) : 앞의 책, pp293-296.

하늘로 날아오르더니 딸을 나무 위에 매달아 버린다. 딸은 말 가죽 속에서 누에가 되었으며 평생 입에서 실을 뽑아내게 되었다 한다.[82]

여성의 자아가 부성 원형과 분리할 수 없게 되고 스스로 부성 원형의 지배에 놓이기를 집착하였으며, 자신 안의 동물적 본능을 배신하고 경멸하고 죽게 하였으므로 불행한 결말에 이르게 되었다. 이러한 여성은 대지에 두 발을 딛고 구체적 삶을 살지 못하게 된다는 것을 민담은 보여 준다. 자신이 배반한 동물 가죽에 씌운 채로 공중에 매달려 환상으로 자신의 삶을 허비하게 되고 환상들로 자신의 감옥을 지어 세상과 삶으로부터 고립된다. 부성 원형에서 벗어나지 못해 인격의 창조적 변환을 이루지 못한다.

결론적으로, '아버지와 특별한 관계 속에 있는 딸'을 이야기하는 많은 민담에서 부성 원형의 여러 측면을 볼 수 있었다. 임상 현장에서 부성 콤플렉스에 사로잡힌 많은 여성이 자신 안의 부성 원형의 지배 아래에 놓이게 됨으로써 현실에서의 실재 개인 아버지와의 관계와 다소간 무관하게 자신을 아버지와 특별한 관계가 있었던 딸로 추억하고 있었다. 이러한 여성은 어린 시절부터 십 대의 나이를 거쳐 이십 대, 삼십 대 혹은 사십 대의 나이가 지나서까지도 그녀의 외부 혹은 내면에 자리하고 있는 아버지와 부성상에 크

---

82) 임은경 역(1994) :《세계의 옛날 이야기: 중국편》, 글동산, 서울, pp43–46.

게 영향을 받는다. 때로는 그것을 그녀의 정신을 고양시키고 그녀의 삶을 굴러가게 하는 원동력으로, 때로는 그것을 그녀의 삶을 가로막고 방해하고 저지시키는 장애물로 느끼며 살아가는 어떤 상황에 들게 된다. 이러한 여성은 정상적으로 여성이 아버지에게 의존할 수 있는 나이를 훨씬 지나서까지도 아버지에게서 분리되지 못한 상태로 끊임없이 새로운 아버지를 찾아 헤매며 그녀 안팎의 아버지들에게 과도하게 의존하고 지배받으며 심리적으로 독립하지 못하고 자유롭지 못한 노예와도 같은 '아버지의 딸'로서의 삶을 살아가게 된다. 이렇게 오래도록 부성 원형의 지배하에서 부성상을 투사한 외부 대상과 자신이 어떤 특별한 관계에 있다고 생각하면서 부성상으로부터의 분리와 독립을 지나치게 유보할 경우, 이러한 상황은 여성에게 점차 고통스러운 현상과 증상을 불러일으킨다. 그러나 이러한 고통을 통해 여성은 비로소 자신을 되돌아보게 되고, 마침내 '아버지의 딸' 상태에서 벗어나 성인成人 여성으로 입문하는 통과의례적인 전환기를 맞이하기도 한다. 부성 원형의 지배에서 벗어나 종속적인 딸에서 독립적인 성인 여성이 되는 통과의례의 관문을 통과한 후에야 여성은 비로소 자신의 내면의 배우자인 아니무스와 의식적이고 인간적인 관계를 맺을 수 있으며, 온전한 전체로서의 진정한 자기 자신이 될 수 있을 것이다.

02

분석 사례를 통해 고찰한
여성의 부성 콤플렉스와
치유 과정

사례 N[1]

저자가 치료를 맡은 여성 N과 O 각각에서 치료 시작 전 의식의 상황과 현실에서의 고통은 어떠하였는지 살펴보고자 하며, 각각의 사례들에서 치료가 구체적으로 어떤 경과를 밟아 이루어졌는지 고찰해 보고자 한다.

치료 시작 당시 N의 나이는 32세이고 학력은 대졸大卒이며 기혼인 상태로, 남편과 동업으로 인터넷 쇼핑몰을 운영하고 있었다. '공황장애를 동반한 우울증'을 호소하여 치료를 시작하게 되었다. 주 1~2회 정기적으로 의식현실의 상황과 무의식의 상황꿈을 함께 살펴 나가며 총 85회의 정신치료를 시행하였으며, 심신의 상태 및 현실의식과 무의식의 상황이 많이 호전되어 잠정적으로 치료를 종결하였다. 치료 중반까지는 정신치료와 함께 소량의 약물치료를 병행하였으며, 치료 후반부에는 약물치료 없이 정신치료만 시행하였다. **개인사 및 병력**은 다음과 같다.

---

1) 피분석자의 프라이버시를 보호하기 위해서 이름 대신 'N'이라는 가칭을 사용하였으며, 개인사에 관련된 부분은 간단하게 요약하고 일부 생략하였다.

N은 어린 시절 아버지를 매우 사랑하였으며 아버지에 대한 자부심이 대단하였다. 아버지의 손만 잡고 있으면 무엇이든 다 이루어질 것 같았다.[2] 한편으로 N은 위로 언니, 아래로 남동생을 둔 삼남매 중 둘째로 어린 시절부터 부모의 사랑을 충분히 받지 못하고 있다고 느껴 왔으며, 부모의 사랑과 관심을 얻기 위해 공부도 열심히 하고 상도 타면서 치열하게 노력하였다.

N이 14세경 아버지 팔을 베고 누워 화기애애하게 이런저런 이야기를 하고 있던 중 아버지가 갑자기 불같이 화를 내며 N을 심하게 때리기 시작하였다. N의 우스갯소리를 듣고 아버지는 N이 아버지인 자신을 비난하고 무시한다고 오해하였기 때문이었다. N은 그 사건으로 심한 충격을 받았다. 그 후 N은 아버지가 사실은 집에 가끔씩 찾아오며 가족을 돌보지 못하는 경제적으로 무능하고 책임감 없는 가장이었으며, 마음이 여리고 섬세하나 정서적으로 불안정하고 예민하여, 사소한 일에 크게 상처받고 갑자기 폭발적으로 화

---

2) N은 4~9세경의 아버지와의 아름다운 추억을 다음과 같이 회상하였다. "아빠는 트럭운전사였다. 2~3일에 한 번 아빠가 집에 오면 너무 반가워 이산가족이 상봉하듯이 아버지를 끌어안고 울었다. 아빠는 세상에서 가장 멋있는 남자, 너무 자랑스러운 아빠로, 아빠에 대한 프라이드가 대단하였다. 아빠가 집에 오시는 날을 고대하고 기다렸다. 아빠는 그렇게 착한 분, 법 없이도 사실 분으로 힘도 세고 집에 와서도 쉬지 않고 일을 매우 열심히 하는 성실한 분이셨다. 일을 쉬는 날에는 화단의 꽃을 가꾸시고 집안 여기저기를 고치고 보수하며 가정적이셨다. 아빠는 나를 위해 정원에 꽃길을 만들어 주시고 꽃길 가장자리에는 내 이름의 난초꽃을 심어 주셨다. 꽃길이 있는 집은 우리 동네에서 우리 집뿐이었고 나는 우리 집이 우리 동네에서 제일 부자라고 생각했다. 아빠 손만 잡으면 세상 모든 것이 다 이루어질 것 같았다. 아빠가 너무 좋았다. 아들(남동생)이 있음에도 내가 아빠의 사랑을 독점하였다."

를 내며 아내와 자식들을 거칠고 과격하게 때리곤 한다는 것을 알게 되었다. N은 그런 아버지를 냉정하게 대하였으며 때로는 대들고 반항하곤 하였다. N이 16세 무렵 어느 날부터인가 아버지가 자신을 더는 쳐다보지 않는다는 것을 느끼면서 아버지에 대한 애착을 포기하였다.

가족을 돌보지 않았던 아버지로 인해 어머니는 N이 어릴 때부터 작은 식료품점을 운영하며 생계를 꾸려 나갔다. N의 어머니는 일을 하느라 아침 일찍 나가 밤늦게야 집에 들어왔으며 늘 지쳐 있었고 자식들에게 말이 없고 감정 표현이 별로 없었다. N은 자신이 어머니에게 사랑을 받지 못했다고 생각하였다. 어머니에게 그냥 사랑받고 싶었으며 어머니가 주어야 할 사랑과 관심을 받지 못해서 스스로 어린 자신을 보호하고 책임져야 하는 것이 싫었다. 고아가 아닌데도 고아처럼 느껴졌다.

N이 20세 때 어머니가 보증을 잘못 서는 바람에 파산을 하였고, 아버지는 집을 떠나 이제까지 소식이 없다. N은 29세경 결혼식 즈음하여 아버지가 돌아가셨다고 남편에게 말하고는 아버지를 마음으로 버리게 되었다.

N은 어릴 때부터 사람들을 만나면 남들이 자신을 공격하지 못하도록 좋은 사람처럼 보이려고 노력하면서 스스로에 대한 보호막을 쳤다. 한 번 관계를 맺은 모든 사람에게 좋은 모습을 계속 보이려고 노력하였으며, 마음을 열지 않고 숨기려 하였다. 조금만 타인이 자신에게 비판적이고 공격적이라 느껴지면 N은 마음이 매우 상

하고 흥분하고 분노하는 성향이 되었다.

초등학교 6학년 때 N은 자신이 여자임을 느꼈고 그것이 싫었다. 남자아버지에게 억눌려 사는 어머니나 주변의 여성들을 보면서 여성으로서의 자신을 받아들이고 싶지 않았다. 남편에게 억눌려 살고 사회적 지위도 없고 존경도 못 받고 사랑도 못 받는 여자의 사회적 위치가 싫어서 '뭘 해야 여자가 대접 받을까?'를 고민하다가 일을 해서 돈을 벌고 힘을 가지고 싶다는 소망을 품게 되었다. 동네 아줌마들처럼, 보통 여자들처럼 그렇게 애 키우고 집안일 하며 살아가는 여자들의 평범한 삶을 받아들일 수 없었다. 공부도 많이 하고 일에서도 성공하여 남자들과의 경쟁에서도 뒤지지 않고 사회적으로 인정받고 경제력도 갖춘 훌륭하고 멋진 사람이 되고 싶었다. 공부를 열심히 하며 좋은 대학에 가기 위해 매우 노력하였으며, 어른이 된 후에는 자신의 일에서 성공하고 일인자가 되기 위해 '일중독'에 빠진 듯 삶의 많은 측면을 다 포기하고 오로지 일만 하게 되었다. 뭔가를 이루기 전까지는 남자를 사귀고 싶은 마음이 추호도 없었다. 무슨 일인가를 성취해야 했으며, 하나에 빠져 몰입하고 집중하였다. 야심이 크고 명예욕이 있었다.

12~13세경 N은 젊은 나이의 낯선 남자가 자신을 잡으려고 집요하게 쫓아오는 꿈을 꾸었다. 남자가 쫓아오는 것이 너무 싫고 무서웠다. 왜냐하면 자신에게 남자로 다가오는 것이 너무 싫었기 때문이다. 그 남자에게 잡히면 그가 자신에게 성폭행 같은 나쁜 짓을 할 것만 같았다.[3] 그 꿈을 꾼 후 N은 남자들이 몹시 싫어졌으

며, 그래서 더 여자 친구를 좋아하게 되었다. 친구도 엄마 같은 다정하고 따스한 친구를 사귀고 싶었으며 엄마처럼 따스하고 다정한 남편과 결혼하였다. 남편을 남자로 생각하지 않고 부모처럼 생각하고 의지하였다.

N은 10대 중반 사춘기 무렵부터 치료 시작 전까지 줄곧 사람들에게 '첫인상이 남자 같다.' '중성적이다.'라는 말을 자주 들었다. 스무 살 넘어서부터 N은 남자들과도 잘 어울리고 친하게 잘 지내왔으나 남자들이 N을 여자로 보고 남자의 눈빛과 느낌으로 다가오면 관계를 끊어 버렸다. 남편은 N에게 남자로 느껴지는 눈빛을 보이지 않아 부담을 주지 않아 맺어질 수 있었으며, 형제 느낌이었다. N은 남편이 남편이 아니고 친오빠였으면 좋겠다고 내심 소망하고 있으며 남편과 성관계를 거의 하지 않는다.

N은 고등학교 3학년 때 만난 여자 친구를 사랑하였다. 고등학교 3학년 때 그녀를 만나니 아침 햇살이 집안으로 밝고 따스하게 쫙 들어오는 것 같았다. 그녀는 엄마 같고 다정다감하고 편하고 따스했으며, 공부를 잘하고 똑똑하고 겸손하고 참 예뻐서 보석과도 같이 소중했다. 그 친구의 얼굴에서는 빛이 났으며, 그녀와 함께 있으면 너무 행복했다. 그녀와 만나 부자가 된 느낌이었다. 첫눈에 사로잡히듯 빠져들었으며, 동성이지만 우정을 넘어서 사랑했

---

3) N은 어린 시절에 성추행이나 성폭행 같은 외상을 당한 적이 없음에도 자신도 모르게 이와 같은 생각이 들었다.

다. 그녀를 보면 N은 머릿속이 하얘지고 텅 빈다. N은 하얗게 텅 비고 그녀가 N에게로 다 들어온다. N의 피부 세포 하나하나에 그녀가 들어와 채워진다. 그녀를 만날 때 N은 커트 머리였고 씩씩하고 장난꾸러기 같으며 꼭 남자애 같았다. 헤어지던 날 그 친구의 얼굴에는 빛이 사라지고 없었다. N은 그 친구와 헤어질 때 너무 가슴이 아파 통증이 오고 팔 하나가 뚝 잘려 나간 것처럼 아프고 허전했다. 그녀와 헤어진 후 마음이 허전해서 못 견딜 것 같았다.

N은 법대에 입학했다. 공부에 대한 열의가 크고 외국어에 소질이 있었으나 집안이 어려워져 학업을 중도 포기하고 돈을 벌어 집안의 생계를 도왔다. 지금의 남편과 N은 10년 전에 만났다. 남편이 느낀 N의 첫인상은 독특하고 괴팍하였으며, 목소리 톤과 행동이 남자 같았다. 공부할 때는 매우 열심히 하고, 많은 남성이 N에게 매력을 느꼈으며, 첫인상에 남자들이 N을 좋아하였다. N에게는 다른 여자에게서는 느낄 수 없는 여성답지 않은 그런 매력이 있었다. 술을 자주 마셨으며 술에 취하면 물속으로 들어가려 하였다. N이 결혼 전 현재의 남편과 사귀던 중 아버지뻘 나이의 한 남성을 만나 진심으로 좋아하게 되었으며, 현재의 남편에게도 헤어지자고 하였다. 그 남성이 N을 떠나자 N은 매우 상심하였다. N은 현재의 남편과 6년간 사귀다가 치료 시작 3년 전에 결혼하였다. 현재 아기는 없고, 남편과 함께 집에서 온라인 사업장을 운영하고 있다.

N은 치료 시작 3년 전 평생을 같이 갈 동업자로 믿었던 남자 동료에게 배신당한 후부터 정신적·신체적 고통을 겪게 되었다. 치

료 시작 전 N의 **주된 호소 및 증상**은 다음과 같았다.

1. 신체적 질병이 없는데도 몸이 여기저기 아프고, 움직이기 힘들
   정도로 몸이 무겁고 뻐근하고 아프고 마비되고, 양팔에 쥐가
   나고 두통이 심각하여 진통제를 상복한다.
2. 공황장애 양상의 증상panic attack이 N을 덮치기 시작하였으며,
   N은 혼자서는 집 밖으로 나가지 못하여 늘 남편과 동반해야
   만 한다.[4]
3. 생각이 많다. 과거에 마음에 상처를 준 사람들에 대한 기억이
   자꾸 떠오른다. 사람들이 자신을 몰라주고 사랑하지 않는다
   는 생각이 들어 힘들다. 자학이 심하며 잠을 이루지 못할 때
   가 많다. 기분이 우울하며 자주 운다. 칼날이 설 정도로 신
   경이 날카롭게 곤두서며 유난히 예민해질 때가 있다. 화가 나
   면 심하게 흥분하고 분노 조절이 안되며 매우 폭력적으로 변
   해 세간이 깨지고 몸을 다친다.
4. 일밖에 모르고 온통 일 생각뿐이고 일만 열심히 한다. 치료

---

4) "혼자서는 집 밖으로 나가지 못한다. 두려워한다. 결혼 이후 그렇다. 남편과 항상
   동반해야 한다. 사람들이 너무 많아 놀란다. 머리가 하얘지고 굼떠진다. 멍해진
   다. 가슴이 두근두근하고 불안 초조하고 쫓기는 느낌이 들고 토할 것 같고 이러다
   가 정신을 잃지 않을까, 쓰러지지 않을까 두려워지고 배가 아프면서 설사를 하고
   구토한다. 백화점은 사람들이 우글거려도 화장실이 잘 갖추어져 있어 괜찮다. 버
   스나 기차를 타고 긴 여행을 못하는 이유는 화장실이 없어서……, 굉장히 긴장한
   다. 공포. 화장실은 휴식처다. 볼일 보고 파우더 룸에 가서 가만히 앉아 있다.
   그러면 마음이 편해진다. 3년 전부터 공황장애 증상이 생겼다."

시작 전 '일중독' 상태였다. 여성으로서도 포기하고 가정주부로서도 포기하고 아내로서도 포기하였다. 다 포기하고 오로지 일만 하였더니 병이 생겼다.

5. 몸이 너무 약하고 자주 아프다. 잠자는 것을 소홀히 하며 잠자는 것이 불규칙하다. 운동을 전혀 안 한다. 체중이 10kg 늘었다. 앉아서 컴퓨터만 두드리는 직업이라 불규칙한 생활에 움직임이 너무 없다. 하루 일과가 일 중심이다 보니 먹는 것이 소홀하고, 불규칙하게 먹거나 늦은 저녁 시간에 폭식을 하게 되며, 적당량을 먹는 것이 잘되지 않는다.[5] 남편과의 잠자리성관계를 좋아하지 않고 관심도 없다.

6. N은 자신을 사랑하지 못했다고 말한다. 남편은 사랑을 많이 주는 유일한 사람이다. 그러나 받아도 받아도 부족하게 느껴져 관심과 사랑이 조금만 적게 온다 싶으면 흥분이 되고

---

[5] "입원 전 하루 일상은…… 밤에 너무 늦게 잔다. 새벽 3~4시에 잠들어 아침 9~10시에 기상한다. 매우 큰 머그잔에 커피를 타서 컴퓨터를 켜고 홈페이지에 뜬 질문을 살피고 답변을 달고 하면 오전이 다 간다. 새 고객에게는 게시판 상담전화의 역할이 매우 크다. 오후 2~3시에 첫 밥을 먹는다. 남편이 잘 챙겨 준다. 근무 시간 중에는 언제 전화가 올지 모르니 밥을 후다닥 먹는다. 꿀꺽꿀꺽 삼킨다. 상담 전화가 시도 때도 없이 온다. 오후 3~4시에 주문 받은 것을 포장하고 발송을 준비한다. 포장은 남편이 하고 나는 고객들 구매 내역을 살펴보고 사용법을 정리해 준다. 둘 다 지쳐 뻗어 있다가 저녁 8시쯤에야 저녁식사를 한다. 하루 중 처음으로 잘 먹는다. 저녁에 과식과 폭식을 하게 된다. 수입은 고정적으로 나온다. 수입 때문에 불안 초조한 것이 아니라 활성화된 쇼핑몰의 웹디자인 업데이트를 못할 때 불안하고 초조하다. 웹디자인을 자주 예쁘게 바꾸어 주고 서비스가 좋아야 한다. 늘 새로워지지 않으면 불안하고 초조하고 예민해진다. 일 욕심이 많다. 일에 열정적이다. 나는 일중독이다. 내 생활은 다 일 이야기다. 다른 사람들을 만나도 일 이야기만 한다."

화가 난다고 한다.[6] 남편이 죽으면 따라서 죽을 정도로 남편을 사랑하는데, 이렇게 병이 들어 남편에게 상처를 주는 것이 너무 괴로워 간절하게 낫고 싶어서 왔다고 치료를 시작하기로 결심한 이유를 말하였다.

7. N은 사람들을 만나면 다른 사람들을 즐겁게 하기 위해 자신의 좋은 모습을 보이기 위해 '쇼연기'를 하게 된다고 한다. 한 번 관계를 맺은 모든 사람에게 좋은 모습을 계속 보이려 노력하다 보니 가식이 늘고 지속적인 대인 관계가 부담스럽다. 사적인 인간관계로 맺어지면 상대를 너무 배려하고 양보를 많이 하고 너무 착하게 행동하고 거절을 못한다.[7]

8. 예전에는 술을 심하게 마셨는데 요즘은 일에 지장을 주어 마시지 않는다.

9. 모든 것이 제자리에 있어야 한다. 정리정돈에 집착하며 결벽증이 있다. 더러운 것을 못 참는다.

---

6) "체력이 약해 아무것도 못하니 남편이 밥도 차려 주고 N을 돌봐 준다. 언제나 남편과 함께 집에 있으려 한다. 낯선 곳에 가지 않으려고 하고 집에만 있으려고 하고 남편과 꼭 붙어 있으려고 한다. 남편에게 점점 더 의존하면서도 의존하지 않으려고 하고 남편에게 점점 더 거칠게 대한다."

7) "그동안 내가 사람들에게 너무 잘해 주면 사람들에게 배신당했다. 잘해 줄수록 배신을 많이 당한다. 사람들을 경멸한다. 사람이 싫고 무섭다."

두 번째 분석 시간(Session)

치료 시작 후의 **첫 꿈**initial dream[8]은 다음과 같다.

〈꿈 1〉

둥근 연못가에 두 마리의 '초록색연두색 개구리'와 한 마리의 '황토색 개구리'가 있다. 개구리는 연못에서 나온 것 같다. 나는 두 마리 '초록색 개구리'와 즐겁게 대화를 나누며 놀고 있다. 개구리와 말이 통하였다. '황토색 개구리'는 저만치 떨어져 있는 채로 내게 다가오고 싶어서 나를 물끄러미 바라보고 있다. 나는 그런 '황토색 개구리'가 측은하다. '황토색 개구리'가 다가왔으면 하는 소망이 든다. '황토색 개구리'에게 함께 놀자고 해야 할 것 같다.

'나와 즐겁게 대화를 나누며 놀고 있는 두 마리의 초록색 개구리'에 대해 N은 "초록색연두색이 싱그럽다. 어린 개구리. 개구리 왕눈이. 착하고 예쁜 개구리. 정의롭고 의리 있고 믿음이 간다. 곤경을 씩씩하게 헤쳐 나가는 개구리. 나와 오빠남편인 것 같다. 어릴 때부터 내 별명이 '개구리 소년 왕눈이'였다."라고 연상하였으며,

---

8) '치료 초기의 꿈'이 무의식의 전체 계획을 의사에게 밝히는 경우가 흔히 있다. 꿈의 전체 계획에 대한 통찰은 진단을 내리고 예후를 미리 살펴보는 데 가치가 있다. 'Initial dream(무의식, 꿈을 보기로 한 후 가져온 첫 꿈)'은 흔히 환자의 심리적 문제, 진단, 예후를 드러내곤 한다.

'저만치 떨어져 있는 황토색 개구리 한 마리'에 대해 "왕따 친구. 왜 색깔이 다를까? 나쁜 무리들을 대표한다? 아니다. 나쁜 아버지 개구리를 둔 착한 자식아들 개구리다."라고 연상하였다. "개구리는 나를 만나기 위해 둥근 연못에서 나온 것 같다. 물속에서도 살 수 있고 땅에서도 살 수 있다. 나는 꿈속에서 개구리 말을 알아들을 수 있었으며 개구리와 친하게 대화하였다."라고 연상하였다. '황토색'에 대해서는 "황토색은 흉하고 보기 싫다. 예쁜 색이 아니다. 흙의 색. 내가 키우던 강아지 달리의 대변 색이다. 내가 더러운 것을 싫어하는데 달리가 내 말을 어기고 대변을 여기저기 싸 놓아 '너마저 나를 무시하는구나.'라는 생각이 들며 욱하고 화가 치밀어 달리를 심하게 때렸다. 또다시 때릴까 봐 친구에게 달리를 보냈다."라고 연상하였다.

꿈에 대한 N의 개인 연상과 현실 및 의식의 상황을 토대로,[9] 꿈의 의미에 대한 치료자의 소견에 대해 N과 함께 대화[10]하였다.

---

9) 꿈의 의미를 이해하기 위해서는 꿈꾼 사람의 개인 연상과 꿈을 꿀 무렵의 현실 및 의식의 상황을 아는 것이 중요하다. 또한 꿈은 개인적 무의식의 내용뿐 아니라 무의식 심층에 자리하고 있는 집단적 무의식의 원형적 의미를 함께 내포하고 있기도 하므로, 꿈의 상에 대해 오랜 옛날부터 모든 인류가 체험하고 느끼고 생각해 온 시대와 온 인류에서 공통적이고 보편적인 집단연상을 함께 살펴볼 필요가 있다. 집단연상의 내용은 꿈의 내용과 유사한 맥락(context)과 주제(motif)를 가진 민담, 신화, 상징 사전 등을 참고할 수 있다.
10) 융(C. G. Jung)은 "정신치료는 근본적으로 의사와 환자 사이에 이루어지는 하나의 변증법적(대화적) 관계다. 그것은 두 심적(心的) 전일체(seelische Ganzheiten) 사이의 대면이며 모든 지식은 보조적인 수단에 불과하다. 그 목표는 변환(Wandlung)이며 이 변환은 미리 예정된 것이 아니고 예정될 수도 없는 변화이며

N의 연상에 따르면 '황토색 개구리'는 이제까지 N의 의식의 자아가 '나쁘다, 흉하다, 추하다, 역겹다, 더럽다, 악惡하다, 흙, 말 안 듣는 강아지 달리의 더러운 대변' 등 열등하고 부정적인 어떤 것으로 생각하며 억압하고 소외시켜 왔던 그녀 안의 어떤 측면일 수 있다. 좋고 나쁜 것, 선하고 악한 것, 아름답고 추한 것, 깨끗하고 더러운 것 등 흑과 백으로 구분하는 가치판단 기준에 따라 N은 좋고 선하고 아름답고 깨끗하다고 생각되는 것을 자신의 속성으로 의식적으로 취하며 살고자 노력해 왔으며, 나쁘고 악하고 추하고 더럽다고 생각되는 것을 억압하고 소외시키고 배척하며 살아왔음을 꿈을 통해 볼 수 있었다.

N의 의식의 자아로부터 멀리 떨어져 있으므로 의식되기를 소망하는 그림자 측면은 인간이 아닌 동물의 모습을 하고 있으며 동물 중에서도 종의 기원상 온혈 포유류인 인간으로부터 멀리 떨어진 냉혈의 양서류 모습을 하고 있다. N에게 의식과 무의식 간의 심각한 해리와 단절이 있었음을 추측해 볼 수 있으며, 치료 시작 전 앓아온 N의 증상과 고통의 심각성 그리고 신체 증상과 몸의 고통이 심각하였다는 것이 이를 시사한다. 자기 자신에 대한 무의식성을 시사하기도 한다.

그러나 매우 인상적이고 긍정적인 측면은 꿈속에서 N은 개구리

이 변화의 유일한 규준은 자아집착(Ichhaftigkeit)의 해소다."라고 저술하였다. 이부영(2011) : 《분석심리학-C. G. Jung의 인간심성론》(3판), 일조각, 서울, p405.

와 말이 통하며 두 마리의 초록색 개구리와 즐겁게 대화를 나누며 놀고 있다는 것이다. 두 번 혹은 두 개로 등장하는 것은 무의식의 내용이 의식으로 가까이 접근하고 있으며 의식화가 임박하였음을 나타내는 소견이기도 하다. 꿈 자아는 동물의 언어를 이해할 수 있으며 의사소통이 가능하다. '개구리'는 N 내면 심층의 둥근 연못에서 나온, 전체 정신을 그 안에 담고 있는 무의식에서 나온, 후일 N의 삶을 새롭게 할 수 있는 가능성을 내포한 어떤 의미 있는 속성이며 내용으로, 현재 N의 의식의 자아와 삶에서는 찾아볼 수 없는 생명력이고 활기이며 동물적 본능이다. 물과 땅, 즉 무의식계와 의식계를 교통하며 내왕할 수 있으므로 의식과 무의식 간의 해리를 지양하고 의사소통을 가능하게 할 수 있는 N 내면의 긍정적 속성이다.

또 하나의 인상적이고 희망적인 측면은 황토색 개구리가 N에게 다가오고 싶어 N을 물끄러미 바라보고 있으며, N은 그런 황토색 개구리가 측은하다는 것이다. 황토색 개구리가 다가왔으면 하는 마음이 들고 황토색 개구리에게 함께 놀자고 해야 할 것 같은 마음이 든다. 이제까지 N이 매우 꺼렸거나 혹은 까맣게 모르고 있어 자신의 무의식 속에 흉하고 짙은 그림자로 남아 있던 황토색 개구리의 상으로 모습을 드러낸 어떤 속성이 N에게로 다가와 N에게 받아들여지고 의식화되기를 원하고 있으며, N 역시 이제까지 잊고 있었으며 잃어버렸던 자기 자신이기도 한 그것에 대해 연민을 느끼며 진심으로 그것을 받아들이고 싶은 마음이 든다. 낫고 싶은 간절한 마음으로 N이 정신치료를 결심한 것이 이와 관련이 있을 것이다.

이제 N의 자아가 자유의지로 자기 자신을 알아가고 찾아가는 자기실현개성화의 길[11]로 들어설 기꺼운 마음의 준비가 되었음을, 때가 되었음을, 꿈은 시사한다.

그녀 안의 초록색 개구리와 황토색 개구리로 상징되는 어떤 속성들을 함께 의식화하고 그녀 인격 속으로 통합하는 것이 치료 과제가 될 것이다.

9번째 분석 시간

⟨꿈 2⟩

전체적인 풍경은 은회색의 차가운 철제로 이루어진 세상. 인간이

---

11) 노이로제(신경증)는 내적인 해리이며 자기 자신과의 분단으로, 전체 정신이며 전체 정신의 중심인 자기 자신(Self)으로부터 멀리 떨어져 나갔을 때 생기는 것이다. 뿌리가 뽑힌 상태이며 자신의 본능으로부터의 이탈이며 자기소외의 결과다. 노이로제 증상은 하나의 경계 신호로 의식의 태도에 어딘가 잘못이 있거나 무엇인가 불충분하며, 의식의 변화와 보충을 요한다는 신호다. 노이로제는 자기 자신과 일치를 기도하여 고유한 자기 자신이 되고 자신의 전체로서 살기를 촉구하는 목적 의미를 가지는 현상이다. 무엇을 어떻게 깨달아 나감으로써 소외된 자기를 찾고 이를 실현시키느냐 하는 열쇠는 환자 혹은 피분석자의 마음속에 있는 것이며 치료자의 의식에 있는 것이 아니다. 무엇이 소외되었으며 무엇을 실천에 옮겨야 하는가는 개인, 개인의 무의식을 통해서만 알 수 있다. 따라서 꿈의 역할이 중요하다. '인간이 전체로서 살게 하는' 창조적 원동력이 본래 인간의 마음속에 있다. 무의식의 창조적 원동력은 모든 사람에게 태어날 때부터 이미 갖추어져 있는 것이므로 그 힘으로 인간은 부분적인 삶에서 전체의 삶으로 변화되어 갈 수 있다. 이 변화는 무의식을 의식화하는 분석치료의 작업으로 촉진된다. 이 변화의 과정을 '자기실현(Self-realization)' 과정 또는 '개성화(Individuation)' 과정이라고 한다. 이부영(2011) : 앞의 책, pp223-224. / 이부영(2009) : "전체가 되는 것", 《길》 4월호.

아닌 거대한 로봇 기계로 이루어진 세상에 나를 포함한 인간은 한 명의 어린아이를 포함해서 모두 일곱 명뿐이다. 인간 일곱 명은 인간에 비해 엄청나게 큰 기계 인간의 몸 위에 있다. 그런데 이상하게도 기계 인간들이 우리를 빠져 나가지 못하게 하려고 어린아이를 볼모로 잡고 있다. 어린아이의 뼈 부분 부분을 기계 인간의 팔에 숨겨 놓고 뼈들을 다 찾을 때까지 나가지 못하게 막고 있다. 오싹하다. 이 기계 나라를 빨리 탈출하고 싶다. 내가 어린아이의 뼈를 하나씩 찾아서 어린아이의 몸속에 맞추어 넣을 때마다 난이도가 높아지고 어려워진다. 결국 흩어진 채 숨겨져 있던 어린아이의 뼈들을 다 찾아 어린아이의 몸에 맞추어 넣어 어린아이를 구하고, 어린아이와 함께 기계 나라를 탈출한다. 뼈를 다 찾아 아이 몸에 넣어 주니 힘없이 누워 있던 아이는 7~10세의 밝고 활기 있는 건강한 어린 소녀의 모습이 되어 일어서더니 나와 함께 손잡고 나란히 걸어 기계 나라를 탈출한다. 너무 기뻐 어린 소녀와 내가 마주 보며 밝게 웃는데 어린 소녀 주위로 환한 빛이 가득하고, 앞을 보니 우리가 나가는 세상은 초록의 봄, 자연이다.

꿈에 대한 N의 개인 연상과 꿈을 통한 N의 통찰은 다음과 같았다.

"기계 나라를 이루고 있는 철제 인간의 몸은 거대하고 각지고 모나고 굴곡이 없다. 얼굴이 없고 괴물같이 커다란 기계 팔손을 둔탁하게 움직이며 휘두르고 있다. 매우 차갑고 추웠다. 은회색은 내가 싫어하는 색이다. 인간미가 없고 따스함이 없고 온정이 없다. 나는 빨리 이 기계 나라를 빠져 나오고 싶었다." "기계 인간이 어린아이를 볼모로 잡아 놓고 있다. 아이 몸에는 뼈가 없다. 그러나 아이는 신기하게 살아 있고, 눈물을 흘리며 누워 있다. 기계 인간 팔 위에 아이의 뼈들이 각각 분리되어 흩어져 있다. 기계 인간은 아이의 뼈를 인간에게 뺏기지 않으려 한다. 그러면 기계 인간들이 아이와 인간들을 기계 나라에 볼모로 잡아 놓을 수 있기 때문이다. 내가 아이 옆에 꼭 붙어 아이를 기계로부터 지키고 있다. 내가 아이와 가장 밀접하며 밀착되어 있고 그래서 아이 뼈가 놓여 있는 기계 팔손과도 가장 가까이 있으며 그래서 가장 위험하다. 나와 아이를 포함한 일곱 명의 인간은 서로 도우며 협조하여 기계의 팔에 놓여 있는 뼈를 찾는다. 기계는 내가인간이 뼈를 못 찾아가게 하려고 둔탁하고 위협적인 동작으로 기계 팔을 휘두르며 방해한다. 기계 팔들은 매우 위협적이며 무서웠으나 너무 크고 둔탁해 기계 팔 위에 놓인 아이 뼈들을 가져올 수 있을 거라는 용기와 자신감을 가질 수 있었다. 내가 뼈 하나를 찾아 아이의 몸속에 맞추어 밀어 넣으면 기계는 팔 동작을 멈추고 더는 인간을 공격하지 않는다. 그러면 우리 인간들은 서로 도와 아이를 데리고 기계 몸에서 뛰어내려 아이를 받고 다음 기계로 기어오르며 다음 관문, 또 다음 관문으로 넘어간다. 한 관문을 통과하여 다음 관문으로 넘어갈수록 난이도는 점점 높아진다."

"그동안 나는 현실 세상에서 뭘 해도 기쁘지 않았었다. 너무 춥고 차갑고 비인간적이고 온정이 없고 따뜻함이 없는 세상, 휘두르는 기계 팔과도 같은 둔탁하고 위협적인 그런 세상에서 살아왔다. 사람들이 나를 배신하고 나에게서 다 빼앗아 가고 믿었던 사람이 나를 아프게 하고, 이런 세상에서 살고 있으니, 남편처럼 좋은 사람을 만나도 기쁨이 없었고 남편의 가치를 발견하지 못하고 남편에게 못되게 굴고 난폭하게 굴었다. 흥분하면 내가 남편에게 둔탁한 팔을 휘두르는 기계 인간처럼 되어 남편을 멍들게 하였다. 멍들어 가는 남편을 보며 고통스러워 치료를 받기로 결심하였다."

"뼈를 맞추기 전의 아이는 성별 구별이 모호한 2~4세의 아이로, 기계 몸 위에 눈물을 흘리며 누워 있고 '뼈를 빨리 찾아 달라.'라는 간절한 눈빛으로 나를 바라보고 있다. 2~4년 전 믿었던 그들이 배신을 한 후, 중상과 고통이 시작되었다. 나중에 뼈를 다 찾아 아이 몸에 넣어 주자 아이는 7~10세의 밝고 활기 있는 건강한 여자아이소녀 모습이 되어 일어서더니 나와 함께 손잡고 나란히 걸어 기계 나라를 나온다. 소녀와 나를 포함한 일곱 명의 인간이 다 함께 나온다. 나와 소녀 그리고 우리와 같은 뜻을 가진 이삼십 대 나이의 젊은 남녀들이다. 기계 나라에서 탈출하면서 너무 기뻐 어린 소녀와 내가 서로 마주 보며 밝게 웃는데, 소녀 주위로 환한 빛이 가득하고 앞을 보니 연두색이 많이 섞인 초록, 산山, 봄Spring, 앞으로 나가는 세상은 자연이더라."

"뼈는 마음의 근본이 되는 에너지 같았다. 뼈를 아이의 몸속으로 단계별로 맞추어 갈수록 아이의 얼굴이 점점 더 밝아지고, 점점 더 환하게 미소를 띠고, 눈물을 그치더라. 활기가 점점 더해 가고 힘없이 누워 있던 아이가 마침내 걸을 수 있게 되더라. 아이의 생명의 근원이 되는 에너지가 뼈 안에 있는 것 같더라. 뼈 자체가 생명과 연결되어 있다. 처음에는 뼈가 없어 움직이지 못하고 울면서 누워 있던 아이가 뼈를 되찾아 몸에 맞추어 넣자 뼈로 인해 재생되었다. 하나씩 뼈를 찾아 아이의 몸속에 맞추어 넣어갈 때마다 기계들이 손동작을 멈추었다. 아이 몸속에 뼈를 넣을 때 나와 아이의 눈 맞춤, 교감, 사랑의 느낌이 커져 가더라. 아이가 나를, 내가 아이를 사랑하는 느낌이 커져 가고, 따스한 온기가 커져 가고, 아이가 미소를 내게 보내고 아이의 얼굴이 점점 더 밝아지고 점점 더 평화로워지더라. '뼈' 그대로의 느낌이 생명수, 생명의 느낌이었다."

"입원 전 아플 때 내가 살던 집에서는 도저히 아기를 낳고 싶은 마음이 안 들었다. 그러나 이제 아기를 낳고 싶다. 나는 지금은 더 이상 마음이 아프지 않다. 치유되고 있다는 느낌이 든다. 잃었던 내 뼈를 찾아 내 몸으로 뼈들이 들어와 맞추어지고 있는 것 같다."

꿈을 체험하고 꿈에 대해 성찰하고 치료자와 대화하면서 N은 〈꿈 2〉에서 자신이 보고 느끼고 체험한 상황이 다름 아닌 치료 시작 전 자신의 고통스럽던 내면과 현실의 상황이기도 하였으며, 또한 치료 시작 후 현재의 그리고 미래에 있을 자신의 변화하고 있으며 변화하게 될 상황임을 자연스럽게 깨닫고 통찰하게 되었다.

12번째 분석 시간

N은 "잠은 잘 자고 예민하고 날카로운 것도 무뎌지고 화내는 것도 줄어들었다. 그런데 우울감이 엄습했다. 그리고 〈꿈 3〉을 꾸었다. 꿈을 보니 내가 왜 우울한지 알게 되었다."라고 말하며 12번째 분석 시간을 시작하였다.

> 〈꿈 3〉
> 벽과 철창으로 된 막힌 공간에 내가 우울하고 어두운 모습으로 M과 함께 갇혀 있다. 누가 가두었는지 모르겠다. 철창이 매우 높고 문이 없어서 밖에서 누가 꺼내 줄 수도 없다. 나는 M과 함께 나가려고 노력해 보았으나 나가지 못하고 울면서 갇혀 있다. 그런데 밝고 명랑한 M이 왜 나와 함께 갇힌 것인지 이상하고 궁금하다.

N은 꿈에 대해 "나는 17세의 우울하고 어두운 모습이다. M유명 연예인, 연기자은 이미지 관리를 잘한다. 너무너무 예쁘고 밝고 맑다. 감옥에 있어도 특유의 밝고 예쁜 모습 그대로다. 나의 예전 모습 같다. 나도 예전에는 밝고 맑고 명랑하고 이미지 관리를 잘해서 누구에게나 인정받았다."라고 연상하였다. 실제 인물이며 유명 연예

인인 연기자 M의 모습을 한 꿈속의 상像 M이 자신의 예전 모습이 기도 함을 스스로 인식하였다.

또한 N은 꿈의 내용을 최근 자신의 의식과 현실의 상황과 관련 지어 "요즘 사람들을 너무 많이 만나느라 바빴고 피곤에 절었다. 너무 많은 사람을 거절하지 못하고 많이 반가운 척, 많이 좋은 척 하며 몸이 힘들 정도로 다 만났다. 사람 많은 공간에 가면 당황스 럽고 갈팡질팡한다. 몸이 힘들고 지치니까 저녁에 음식을 많이 배 달시켜서 먹었다. 내 옆에 음식이 있으면 배가 불러도 멈추지 못하 고 다 먹어야 끝이 난다. 저녁에 폭식을 한다. 경고성의 꿈인 것 같 다."라고 말하며 꿈에 대해 이해한 바를 치료자에게 표현하였다.

"나는 타인에게 관심이 없다. 친해지기 싫다. 내가 어디까지 솔 직해질 수 있는지 모르겠다. 그럼에도 사람들이 꼬인다. 나는 혼 자 스스로 고립하는데도, 나는 다가가지 않는데도, 사람들이 온 다. 내가 싫은데도 싫다고 말을 안 하니 사람들은 더 꼬여든다. 난 어울리기 싫어서 책을 읽고 있는데도 사람들이 다가온다."라고 호소하며 속내를 드러냈으며 "남과 관계를 맺을 때 너무 좋게만 하려는 것이 나의 문제다. '아직은 기력이 회복되지 않았으니 나중 에 만나자.'라고 말해야 하는데 거절하지 못하고 다 만났다."라고 통찰하였다.

9번째 분석 시간에서 N이 〈꿈 2〉의 의미를 이해하고자 꿈의 내 용에 집중하는 과정에서도 관찰된 바와 같이 N이 자신의 꿈을 연상하고 꿈의 상像에 집중하는 과정에서 '객관 단계의 해석'에서 '주관 단계의 해석'으로[12] 스스로 자연스럽게 움직여 가며 꿈의 의미를 이해하고 통찰하고 있음을 치료자는 반복적으로 관찰할 수 있었다. 〈꿈 1Initial dream〉에서의 꿈 자아 N이 '개구리의 말을 알아듣고 개구리와 말이 통한다.'고 한 대목이 무엇을 의미하는 것인지를 볼 수 있었다.

N이 치료 시작 전에는 꿈에 대해 관심도 없었으며 꿈의 심리학에 대해서는 더더욱 문외한이었던 터라 자신의 무의식꿈에 대한 N의 이와 같은 이해와 통찰이 치료자에게 신기하고 놀랍게 느껴졌다. 치유되기를 간절히 소망하며 꿈의 상像과 꿈이 전달하는 메시지에 집중하고 경청하는 N의 모습이 치료자의 마음에 감동으로 다가왔다.

---

12) 융은 꿈의 해석을 두 가지 측면에서 실시하고자 하였다. 하나는 꿈의 내용을 바깥 현실이나 의식의 상황과의 관계에서 보고, 다른 하나는 꿈의 요소 자체가 갖는 의미를 중심으로 보는 것이다. 전자를 '객관 단계'에서의 해석이라고 하고, 후자를 '주관 단계'에서의 해석이라고 한다. 객관 단계의 해석이란 꿈이 현실적인 관계의 어떤 것을 수정하고 있는가, 밖의 대상에 대하여 의식에서 느끼고 판단하고 있는 것을 꿈이 어떻게 고쳐 나가고 있는가를 살펴보고 그것을 깨달음으로써 현실적인 의식의 태도를 바꾸어 나가는 것이다. 주관 단계의 해석은 여기서 한 걸음 더 나아가 꿈에 나오는 여러 대상이나 사건을, 비록 그것이 현실과 관계가 있다고 하더라도, 꿈꾼 사람의 마음속에 있는 심리적 요소들, 무의식적인 콤플렉스들, 즉 무의식적인 경향, 감정, 생각 등의 상징적 표현으로 보고 그것을 깨달아 의식에 동화시켜 의식의 시야를 넓히는 해석이다. 이 두 가지 해석은 어느 꿈에나 적용되지만 융은 후자를 더 강조하는 것이 특징이다. 만일 우리가 객관 단계의 해석만을 가한다면 밖의 대상을 향한 무의식의 투사를 충분히 되돌려 나의 것으로 삼을 수 없게 되고 언제나 현실에 투사를 통한 관계가 남아 있게 될 것이다. 그러므로 객관 단계의 해석은 흔히 주관 단계의 해석을 가하기 위한 예비 단계인 경우가 많다. 이부영(2011) : 앞의 책, pp215-216.

13번째 분석 시간

사람들과의 관계에서 좋은 인상과 평판을 유지하기 위해 타인의 기대에 부응하며 마치 연예인이 연기쇼를 하듯[13] 거절하지 못하고 싫은 소리 못하고 착하기만 한 여성으로 살아가던 동안, N은 반복적으로 거칠고 깡패 같은 남성적 인격에 의해 자주 사로잡혀 자신의 몸과 삶을 파괴하고 가족에게 큰 상처를 주곤 하였다.

N은 "착하게 살고 싶지 않다. 나에게 못되게 대하는 사람에게 나도 못되게 할 수 있었으면 좋겠다." "싫은데도 싫다고 말을 못하고 남과 관계를 맺을 때 너무 좋게만 하는 것이 내 문제다. 나는 죽었다 깨어나도 싸가지 없고 못되고 뻔뻔한 말이나 행동을 못하는데, 때로는 그렇게 말하고 행동하는 사람이 부러울 때가 있다. 싸가지 없는 것, 배은망덕한 것, 뻔뻔스러운 것, 거짓말하는 것, 못된 것⋯⋯ 그렇게 할 수 없는 내가 싫다. 왜 나만 착하게 살아야 하는 것일까. 부모의 영향을 받은 것도 같다. 착하게 하고 나서 기분이 좋았다기보다는 어리석고 바보 같았다는 느낌이 들었었다. 그런 나를 사람들이 고마워하기보다는 내게 점점 더 귀찮은 일이 많이 생기고 내게 계속 요구하고 부탁하더라."라고 진심을 표현하였다.

비슷한 시기에 다음 꿈을 꾸었다. 꿈에 자신의 생각과 느낌을

---

13) N 자신의 표현을 그대로 빌어 서술하였다.

솔직하게 표현하고 소신껏 당당하게 살아가는 여성이 등장한다.

〈꿈 4〉

나는 '한 여성자신의 생각과 느낌을 솔직하게 표현하고 필요에 따라서는 못
되게 굴기도 하며 소신껏 당당하게 살아가는 생기 있고 건강한 젊은 여성'과 대
화를 나누며 함께 길을 가다가 각자의 길을 가기 위해 그녀와 헤
어진다. 그러자 잠시 후 깡패처럼 보이는 거칠고 건장한 남자 몇
명이 나타나 방금 전 나와 헤어진 그녀를 납치해서 인질로 삼고는
매우 큰 액수의 몸값을 내게 요구한다. 그러자 비로소 나는 그녀
가 나에게 매우 소중한 존재임을 깨닫고는 나에게 매우 소중하고
값비싼 어떤 물건을 두목처럼 보이는 남자에게 그녀의 몸값으로
지불한다. 그러나 남자의 얼굴에는 기쁨과 고마움과 다행스러움이
번지며, 나를 쳐다보는 그의 시선이 따스하고 부드러워진다. 나는
다시 그녀와 나의 여정을 동반하게 되고, 나와 그 남자들과의 불
화와 알력은 눈 녹듯 사라진다.

'그 여성의 몸값'에 대한 N의 연상은 다음과 같았다. "내가 거친
남자들에게 그 여성의 가치에 대한 돈대가을 지불해야만 그 여성은
거친 남자들로부터 풀려나 나와 함께 동반할 수 있다. 만일 내가
그녀를 모른 체하고 혼자 길을 가 버리면 그녀는 남자들에게 볼모
로 잡혀 노예가 되거나 해코지를 당하고 남자들과 나 사이에는 불
화와 알력이 생기게 된다. 남자들은 내게 거친 말과 행동을 한다.

깡패처럼 내게 함부로 한다."

〈꿈 4〉를 꾼 후 N의 현실의 삶에서 중요한 사건이 있었다. N은 자신에게 많은 돈을 꾼 후 돈을 갚지 않고 미안한 기색도 없이 차일피일 뻔뻔하게 미루며 그녀 자신을 힘들게 하던 거래처 사장을 찾아가 처음으로 돈을 갚으라고 당당하게 요구하였다. N이 처음으로 남에게 싫은 소리를 하며 할 말도 다 하고 못되게 굴고 화도 내었다. 그러자 거래처 사장은 그녀에게 진심으로 사과를 하고 그녀를 정중히 대하며 돈을 갚으려는 노력을 보였다. N은 가슴이 뻥 뚫리는 것같이 후련했으며, 스스로가 대견하고 자랑스러웠다.

이 사건 후 N은 첫 꿈꿈 1에 나타난 황토색 개구리를 떠올리며 "황토색 개구리는 관심과 사랑을 받지 못해서 그런 모습인 것 같다. 원래는 나쁜 것이 아니었다. 관심과 사랑을 주면 황토 껍데기가 벗겨지고 황토 허물을 벗고 초록이 나올 것 같다."라고 말하였다.

치료자는 N의 의식과 현실 상황과 관련하여 〈꿈 4〉를 해석하고, 다음과 같은 치료자의 소견을 N에게 전달하고 대화하였다.

N이 호감 가는 여성, 착한 여성으로만 살아가던 동안 반복적으로 깡패 같기도 하고 야수헐크 같기도 한, 거칠고 잔인하고 폭력적인, 폭군과도 같은 남성적 인격이 N의 내면에서 폭발하듯 터져 나오곤 하였다. 호감 가는 착한 여성의 페르조나와 지나치게 동일시하며 살아가는 동안 N은 야수-폭군 같은 남성적 인격인 부정적

아니무스상像에 사로잡히게 되었다. N에게 의식화되지 않은 채 그림자로 남아 있던 〈꿈 4〉의 '그녀자신의 생각과 느낌을 솔직하게 표현하고 필요에 따라서는 못되게 굴기도 하며 소신껏 당당하게 살아가는 생기 있고 건강한 젊은 여성'를 이제부터는 의식적으로, 적극적으로 살리면서 함께 살아가야 할 것이다. 매우 소중한 그녀를 되찾기 위해 비싼 몸값을 지불해야 한다는 것은 '그녀그림자'를 의식화하는 것이 N의 생명과 삶에 매우 중요한 사건이며 또한 의식의 자아는 그것을 위해 의식적으로 많은 노력과 시간과 에너지를 쏟아야 한다는 것을 의미한다.

'그녀그림자'를 살리는 것은 다음과 같은 또 하나의 기쁜 결과를 가져온다. N 내면의 그림자 '그녀'의 소중함을 인식하고 '그녀'를 자신의 인격 속으로 통합하고자 하는 N의 기꺼운 노력에 의해 부정적이던 아니무스상이 긍정적으로 변환된다. N이 그동안 '누구에게나 호감을 주는 착한 여성'이라는 페르조나외적 인격와 지나치게 동일시하며 살아오는 동안 N의 생명을 이루는 중요한 한 부분인 '그림자 여인'과 분리되고 헤어져 지냄으로 인해, N이 자신의 본성과 전체로 살고 있지 않음으로 인해, 부정적인 모습을 띠고 있었던 내면의 남성아니무스들이 이제는 N의 평화롭고 조화로운 동반자 관계로 긍정적인 모습으로 변화하고 있다.

치료자와의 대화를 통해 N은 이제까지 그녀를 해칠 것 같은 존재로 부정적으로 경험해 왔던 내면의 남성아니무스상들이 본래는 N이 자신의 본성과 전체성을 회복할 수 있도록 길을 인도하고 빛을 비추어 주는 내면의 인도자psychopompos라는 것을 깨닫게 되었다.

20번째 분석 시간

치료 시작 후 3개월이 경과한 시점에서 N은 자신의 변화된 모습과 〈꿈 5〉를 치료자에게 보고하는 것으로 20번째 분석 시간을 시작하였다.

"삶의 활기가 느껴진다. 폭식을 하지 않고 잘 먹고 운동을 매일 조금씩 꾸준히 하고 있다. 아직도 남편이 나를 쳐다봐 주기를 바라고, 나와 눈 마주쳐 주기를 바라며, 남편이 내게 관심과 사랑을 주기를 바란다. 남편이 전지전능한 것 같았는데 지난 일요일에 남편이 아프다고 하니까 갑자기 겁이 덜컥 나고 큰일 난 것처럼 두렵더라. 요즘은 화가 별로 안 나고 예전처럼 화가 폭발하는 일도 없다. 이제는 삶이 부담스럽지 않다. 매출이 좀 저조해도 그렇게 조바심 나거나 불안하지 않고 그냥 흘러가는 대로 산다. 일의 실적에 대한 조바심이 줄어들고, 일할 때는 일하고 그 외의 시간에는 컴퓨터를 끈다. 예전에는 사소한 것에 목숨 걸어 싸움을 벌이곤 하였는데, 이제는 사소한 것을 사소한 대로 받아들이게 되었다. 아기를 낳아 키우고 싶다. 과거에는 아기 생각만 하면 어떻게 키우나 어떻게 돌보나 겁부터 났었다. 이제는 아기를 갖고 싶은 마음이 크다. 예전의 나는 매우 이상적이었고 목표 지향적이었고 전투적이었으며 치열했었다. 그러나 이제는 마인드가 바뀌어 '나도 이제는 평범한 삶을 살 수 있겠구나!'라는 느낌이 든다."

〈꿈 5〉

가족나, 남편, 딸아이과 함께 놀이동산에 간다. 도시락도 먹고 놀이기

구도 타고 즐겁게 논다. 점심시간에는 잔디밭을 찾아 김밥도 먹고

음료수도 마시고 한가롭게 도시락을 먹는다. 도시락을 먹고 나서

는 꽃구경도 하고 사진도 찍고 간식도 먹으면서 시간 가는 줄 모

르고 즐겁게 논다. 잔디는 초록이고 하늘은 청명하고 우리 주위에

는 빛이 환하였다.

꿈에 대한 N의 연상 및 꿈을 통한 N의 통찰은 다음과 같았다.

"결혼 후 우울증과 일 때문에 소풍을 가 본 적이 없다. 더구나

손수 도시락을 장만하여 온 가족이 소풍을 나가 여유롭게 휴식을

취하고 즐기고 논다는 것은 해 본 적도 없고 할 수 없었던 새롭고

도 새로운 상황이다. 꿈에서 도시락은 나와 남편이 직접 준비하고

장만했다. 예쁜 김밥, 깨 묻힌 주먹밥, 초록 푸성귀와 야채, 노란

참외…… 딸아이가 있으니 이제 진짜 완성된 가족이구나! 하고 깜

짝 놀랐다. 내 딸인 여자아이는 대여섯 살 정도 나이로, 참 예쁘고

잘 웃고 밝고 건강하고 잘 놀고 생기 있더라. 자꾸 딸아이를 쳐다

보니 그렇게 기쁨을 주더라! 딸아이가 있는 것만으로도 그렇게 기

쁘고 행복하였다! 초록 잔디 위에서 따스한 햇살을 받으며 남편과

딸아이와 도시락을 먹는데, 빛이 나는 것처럼 주위가 환했다!"

"꿈속의 딸아이는 인간이며 아직 보호와 관심과 사랑이 필요한 어린아이지만 그 존재 자체가 큰 기쁨이고 행복이다. 내게는 아직 자식이 없지만 내 안에 대여섯 살 된 딸이 있다. 아기일 수도 있지만 나 자신일 수도 있다." "생각이 바뀌었다! 삶의 태도가 달라졌다!" "요즘 마치 나의 아이가 집에서 살고 있는 것처럼 집 여기서는 아이가 무엇을 하고 집 저기서는 아이가 무엇을 하고…… 상상하는 버릇이 생겼다."

"꿈속의 남편이 잘 리드해 주어 온 가족이 마음이 편안해진다. 내 안에 남편이 있으며 내 안의 남편은 인간보다 큰 속성으로 전지전능한 느낌도 있고 사람이기도 하지만 사람이 못하는 어떤 일도 해낼 수 있고 가족을 평화롭게 뭉치게 하고 가족을 편안하게 리드한다."

"치료 시작 전 남편이 나에게 잘해 주었으나 그것으로는 성이 차지 않았으며, 내가 매우 의존하고 생떼를 부렸다. 남편도 힘들어하고 나도 힘들었다. 나 자신에게 걸었어야 할 기대를 남편에게 걸었던 것은 아닐까? 내 자신에게 걸었어야 할 기대를 남편에게 걸었던 탓에 남편에게 너무 의존하고 남편이 아무리 잘해 줘도 성에 안 차서 폭군처럼 굴었던 것 같다."

"꿈을 바라보는 시각이 달라지고 있다. 예전치료 시작 전에는 꿈속

에서 나 이외의 사람이 다 나랑 무관한 남이라고 생각했는데, 이제
는 내가 그들과 어떤 관계가 있다. 나랑 무관한 남이 아닐 수 있
다는 느낌이 든다."

치료자는 매우 중요한 통찰임을 N에게 표현하고 지지하고 격려
하였으며 함께 기뻐하였다. 다음과 같은 치료자의 소견을 N과 대
화하였다.

꿈속에 등장하는 사람들이 나와 무관한 남이 아니며 내가 꿈속
의 그들과 어떤 관계가 있다는 통찰을 가지게 됨으로써, 즉 꿈속의
그들은 본래 나의 전체성에 속해 있었으나 나의 무의식성으로 인해
나 자신으로부터 소외되어 있었던 나 자신의 한 부분이며, 다름 아
닌 나 자신임을 통찰하게 됨으로써, 우리는 기꺼이 무의식 속의 인
격들을 의식화하고 통합할 수 있게 된다. 동시에 외부 대상에로 향
한 투사와 무의식적 동일시 현상이 서서히 지양되고 외부 대상으로
향한 집착과 사로잡힘에서 차츰 해방될 수 있다. 진정한 의미의 분
리separation, detachment가 가능해진다.

N에게 '딸'로 상징되는 새로운 인격이 탄생하였으며, N은 새로
태어난 딸이 자신의 새로워진 모습임을 인식하게 되었다. 새로 태
어난 딸은 예전과 달라지고 변화된 새로워진 N의 모습을 반영하는
것이기도 하며, 이러한 변화는 N에게 매우 소중하며 치유적이다.
이상적이고 목표 지향적이며 전투적이고 치열하여 일중독에 빠진
듯 오로지 일에만 열중하고, 쉴 수 없고 즐길 수 없고 놀 수도 없었

으며, 여자임을 거부하고 여자로서의 자신을 포기했던 과거의 N이 이제 달라지고 새로워지고 있다. 과거 N이 스스로 거부하고 억압하였으며 분화되지 못하고 무의식 상태로 있던 N 내면의 여성적인 측면여성성과 모성적인 측면모성성이 살아나 N의 의식적 인격이 되고자 하며, N의 삶 속으로 참여하고 실현되고자 한다.

N은 이 꿈을 통해 이제껏 현실의 남편에게 내면의 부모-연인戀人-구원자-신神의 상像을 무의식적으로 투사하고 동일시해 왔음을 인식하게 된다. 남편의 모습으로 나타난 그녀 안의 남성 배우자는 인간보다 큰 속성이며 전지전능하며 개인을 넘어서는 초월적 존재다. N은 치료 시작 전 〈꿈 5〉에 등장한 모습과 같은 남성상을 현실의 실재 남편에게 투사하여 왔으며, 그로 인해 남편에게 바라고 기대하는 것이 너무 지나쳤다.[14] 따라서 현실의 남편이 N을 사랑하고 지극한 정성으로 대했음에도 N은 그 사랑을 아무리 받아도 부족하게 느끼고 좌절했던 것이다. N은 현실의 남편의 모습을 한 자신의 무의식 속의 원형상을 외부의 인간 남편과 구분하고 분리해야 할 것이며, 현실의 남편에게 그녀 내면의 원형상의 역할을 떠맡기고 짐 지워서는 안 될 것이다.

N은 오랫동안 고통받아 오던 '사랑받고 있지 못하다는 느낌'

---

14) N은 현실 속의 남편에게 이상적인 아버지, 이상적인 어머니, 이상적인 연인 그리고 구원자(神)를 기대했었다.

'받아도 받아도 부족하게만 느껴지는 사랑' '외롭고 허전함' '채워지지 않는 허기와 반복되는 폭식 증상' 등은 N 자신이 스스로가 누구인지 모르고 또한 자신의 본성으로 살고 있지 못한 데서 오는 '실존적 목마름'이며 '실존적 배고픔'이었음을 치료 과정에서 깨달았다. 치료가 진행됨에 따라 차츰 실존적 허기가 해소되고 오랜 시간 동안 고통받아 온 불규칙한 식습관과 폭식증이 호전되는 체험을 하게 되었다.

21번째 분석 시간

21번째 분석 시간에 즈음하여 N은 자신의 변화에 대해 다음과 같이 말하였다. "내가 너그러워졌다. 예민함과 곤두서는 것이 줄어들고 자연스레 웃음이 나온다. 거절할 것은 거절한다. 그러니 참 편안해졌다. 예전처럼 불안해하면서 남편을 따라다니는 것이 아니라 좋아서 편안해서 그냥 남편을 따라다닌다. 남편이 더 소중하게 느껴진다. 예전에 나를 생각하니 남편에게 너무 미안하고 남편에 대한 사랑이 더 크게 느껴진다. 마음의 여유가 생기고 몰랐던 것을 깨닫게 된다. 그동안 남편에게 화를 너무 많이 냈던 것 같다. 남편이 나를 많이 받아 주었는데도 안 받아 주고 못 받아 준다고 생각했었다. 남편이 내 안의 헐크거친 야수를 받아 주었다는 것이 인식되면서, 내가 왜 그렇게 좋은 사람에게 그런 행동을 했었는지 마음이 아팠다. 그때는 안 보였던 것들이 이제는 보인다. 내가 이제껏 남편에게 무슨 짓을 했던가가 이제야 보인다."

N의 의식의 상황과 현실에서 위와 같은 변화가 있을 즈음 다음과 같은 꿈을 꾸고 보고하였다.

〈꿈 6〉
남편이 빨갛고 빛깔 좋은 사과를 깨끗이 씻어 가져다주면서, "껍질에 영양분이 많으니 껍질째 먹어라."라고 말한다. 나는 모든 과일을 껍질을 벗겨서 먹어 왔기 때문에 사과를 껍질째 먹기가 싫었으나 남편의 성의가 고마워서 사과를 껍질째 먹어 보기로 한다. 그런데 막상 붉은 사과를 껍질째 한 입 베어 무니 달콤하고 싱그러운 풍부한 사과의 과즙이 입 안에 가득 고이는데 매우 맛있다. 입 안을 청소해 주는 것 같은 깨끗함과 싱그러움이 있다. '사과를 껍질째 먹어도 맛있구나!' 참 기분이 좋았다.

꿈에 대한 N의 연상은 다음과 같았으며, 꿈을 통해 스스로 깨달은 바에 대해 다음과 같이 말하였다.

"결국 남편의 권유대로 사과를 껍질째 먹었다. 빨갛고 빛깔 좋은 사과는 비싸서 사 먹지 못하던 최상품의 사과였다. 예전에는 내가 나를 사랑한 적이 없다. 이제는 내가 나를 아끼니 가장 좋은 값비싼 사과를 한번 스스로 사 먹어 보려 한다. 꿈에서 남편이 마치 엄마같이 사과를 손수 정성껏 씻어 내게 주면서 먹으라 한다. 꺼려졌으나 막상 껍질째 먹으니 진짜 맛있었고, 꼭 껍질을 까고 부드럽고 흰 속살만을 먹어야 한다는 편견을 버리게 되었다."

"내가 고집했던 생각만 다 맞는 것이 아님을 알게 되었다. 타인의 의견을 수용할 수 있어야 하겠으며, 수용해 볼 수 있을 것 같다. 과거의 나는 독불장군처럼 독선적이고 나의 고집과 주장을 고수하였다. 그동안 내가 너그럽지 못하고 예민하고 편견을 가지고 살았는데, 붉은 사과를 먹고 나는 변하고 있는 것 같다. 붉은 사과를 통째로 한 입 베어 물면서 싫었지만 적극적으로 수용하고, 그리고 참 좋았다."

"꿈속에서 그 사과는 내가 살아야 할 이정표 같은 것이었다."

사과는 의식consciousness을 실어 나르는 기능을 가지고 있으며, 우리를 보다 의식적이 되게 한다.[15] '사과'는 구珠형으로 영혼과 전체성의 상징이기도 하다.[16] 꿈속에서 N의 남편 모습으로 등장하는 남성상은 전체 정신의 중심인 자기Self의 의지를 의식의 자아에게 실

---

15) Von Franz ML(1999) : 《융 심리학과 고양이 : 여성적인 것의 구원에 관한 이야기(The Cat, A Tale of Feminine Redemption)》, 심상영 역, 한국심층심리연구소, pp91-92.
16) Jung CG(2002) : 《인격과 전이》, C. G. 융 기본저작집 3, 한국융연구원 역, 솔, 서울, p229, pp344-345.

어 나르는 긍정적 아니무스상혹은 부성적 아니무스상으로, N과 비슷한 나이 또래의 남성의 모습을 취하고 있으며, 동시에 섬세하고 부드럽고 따스하며 모성적인 속성을 함께 갖추고 있다. 그녀 내면의 남성의 인도와 안내를 처음에는 꺼렸으나 그것을 따르고 수용해 봄으로써 N의 의식의 자아에게 가치의 전도가 일어나고 새로운 관점과 넓어진 시야를 가질 수 있게 되고, 변하고 새로워질 수 있게 된다.

이 꿈은 객관 단계에서 볼 수도 있을 것 같다. 치료자는 N에게 "현실에서도 남편 혹은 타인들의 모습, 생각, 태도, 권유, 제안 등이 N의 기존의 가치관이나 관점과 다르더라도 경청해 보고 한번쯤 수용해 보는 것이 좋겠다."라고 말하며, 자신과 다른 타인의 의견을 수용해 보고자 하는 N의 변화를 지지하였다.

23번째 분석 시간

치료 시작 전 N에게는 '평범하게 살면 너무 무가치하다.'는 생각이 있었다. 원대한 포부가 있었으며 옆집 아줌마나 앞집 아줌마처럼 살아가는 보통 여자의 평범한 삶을 평가절하했었다.

〈꿈 7〉

김장철도 아닌데 김치를 담그기 위해 여러 집이 뭉쳐서 서로 도와주며 김치를 담근다. 한 집이 끝나면 다른 한 집을 찾아가서 순서를 맞추어 김치를 담근다. 김치 담기가 끝나면 돼지고기를 삶아서 김치 속과 함께 보쌈을 해 먹으며 즐거워한다.

꿈에 대해 N은 다음과 같이 연상하였다.

"어린 시절 엄마가 담가 주신 포기김치가 너무 맛있어서 나는 엄마에게 일 년 열두 달 포기김치가 떨어지지 않게 해 달라고 요구했었다. 꿈속에서 담근 포기김치는 고소하고 담백하고 매우 맛있었다. 통배추 잎들 사이사이에 좋은 재료와 갖은 양념이 푸짐하게 들어간 정성이 가득한 음식이었다."

"나는 여자들아줌마들과 같이 어울려 수다를 떨며 몰려다니고 함께 일하고 놀고 하는 것을 좋아하지 않는데, 이런 꿈이 나와서 깜짝 놀랐다!"

"꿈속의 모습은 평범한 여인네의 삶이며 나는 이제껏 이런 시시한 여자의 삶이 참 싫고 그렇게 살고 싶지 않았는데, 꿈속에서는 좋아 보여 이상하고 신기했다. 이제는 이렇게 살아 보고 싶은 마음이 든다. 그전에 몰랐던 마음이나 닫혔던 마음이 열리고 있는 것 같다. 어쩌면 꿈속의 모습처럼 그렇게 살고 싶었는지도 모른다. 삶의 변화가 많다. 나 자신의 변화가 많다. 나는 평범하면 큰일 나는 줄 알았는데, 평범한 일상이 소중하다는 것을 깨달았다."

부성 콤플렉스 여성의 치유 과정에서 저자가 공통적으로 보게 되는 것은 드러나지도 돋보이지도 않는 보통 사람의 평범한 삶을 살 수 있다는 것이 매우 소중하다는 것을 깨닫는 것이었다. 또한 그녀들이 하찮고 시시하고 지루하게 생각해 왔던 반복되는 일상의 과제를 행함에 있어서 하기 싫어서 미루어 두거나 마지못해 억지로 해치우듯이 하는 것이 아니라 그것을 기꺼이 즐겁게 할 수 있게 된다는 것이 얼마나 소중한 변화인지를 깨닫는 것이었다.

부성 콤플렉스 여성이 시시하게 생각하며 이제까지 평가절하해 왔던 보통 여인네의 평범한 삶의 내용[17]에는 부성 콤플렉스 여성에서 분화되지 못하고 결핍되어 있는 '모성성' '여성성' '에로스'[18]가 있다. 남편과 자식들과 가족에 대한 관심과 배려와 사랑이 녹아 있다.

삶에 뿌리내리고 꿋꿋하고 강인하게 살아가며 몸에서는 생명력과 활기가 느껴지는 소박하고 자연스러우며 평범한 여인. 생활인이며 우리가 흔히 '아줌마'라고 부르며 평가절하해 온 무의식 속의 그림자를 의식화하고 의식적 인격으로 통합하는 것은, 남성적 · 정신적 · 천상적 · 이상적인 것에 더 큰 가치를 두며 살아온 부성 콤플렉스 여성에게 생명과도 같이 소중한 치료 과제가 될 것이다.

---

17) 장 보기, 밥 짓기, 반찬 만들기, 설거지, 청소, 빨래, 다림질, 김장, 결혼, 임신, 출산, 육아…….
18) 인간관계(정서적인 관계)를 맺고 풀 수 있는…….

25번째 분석 시간

치료 시작 전 보였던 폭식 증상이 치료 시작 후 한동안 사라졌다가 치료 시작 후 4개월이 경과한 25번째 분석 시간에 즈음하여 과식이 다시 시작되었다. 이와 비슷한 시기에 대상포진으로 인한 허벅지, 허리의 통증으로 고통이 심하였다. N은 이 무렵 현실 및 의식의 상황에 대해 다음과 같이 표현하였다.

"몸이 아파서 잘 지내지 못했다. 대상포진으로 허벅지에서 허리까지 통증이 심했다. 아플 수는 있지만 나는 그런 아픔이 빨리 자주 온다. 예전에는 몸이 아픈 것쯤은 대수롭지 않게 생각하고 아파도 병원에 가지 않았는데 요즘은 몸에 대한 관심이 많아져서 안과, 피부과, 한의원 등 끝없이 병원을 열심히 다니고 있다. 끊임없이 잔병이 생기니 왜 이러나 하고 괴로워졌다."

"사람들과의 관계는 편해지고 남편과의 관계도 좋아졌다. 내 안의 헐크는 이제 사람으로 변한 것 같다."

"이곳에 와서 선생님을 만나고 나면 즐겁고 생기가 충전되는데, 며칠 흐르면 또 지금의 이 마음을 잊어버린다."

다시 과식이 시작되고 대상포진이 생길 무렵에 N은 다음과 같은 꿈을 꾸었음을 보고하였다.

〈꿈 8〉

아무도 없는 깜깜한 방에 내가 있다. 암흑. 나는 앉아서 고개를
숙이고 가만히 있다. 혼자 어두운 곳에 있다는 것이 매우 무섭고
쓸쓸하고 외로웠지만 이상하게도…… 나는 나갈 생각을 안 했다.

〈꿈 8〉에 대한 N의 개인 연상과 꿈에 대한 이해 및 통찰은 다
음과 같았다.

"암흑은 마음의 소강 상태라고 느껴졌다. 사실은 그리운데 받
아들이지 않는…… 암흑을 뚫고 밖으로 나갈 수도 있었는데, 이상
하게 나가지 않고 그냥 있기로 했다. 스스로 갇힌다. 쓸쓸하고 외
롭다. 누가 있었으면 좋겠다는 마음이 있었으나 나가지 않는다.
밖의 사람들을 찾아다니지 않는다. 이건 내 문제다! 밖의 사람들
을 찾아다니며 밖의 사람들을 통해 풀 문제가 아니다! 무섭다고
호들갑 떨지도 않고 나가지도 않는다. 내가 어떤 결심을 한 것 같
다. 누가 도와주어 해결할 문제가 아니라 내 스스로, 내 힘으로 어
둠과 외로움과 쓸쓸함을 견디며 내 문제를 풀겠다!"

N에게 소외되어 왔던 '몸'이 신체 증상과 몸의 통증을 통해 N에
게 말을 걸어오기 시작하였으며, N은 이제 적극적으로 몸의 호소

에 귀를 기울이고 몸을 돌보기 시작한다. 그럴 즈음에 출현한 꿈은 참으로 인상적이게도 N이 더 이상 밖에서 무언가를 찾아다니고 구하려 하지 않으며, 자신의 문제를 해결해 주고 치료해 줄 존재가 외부 대상으로 밖에 있는 것이 아니라는 것을 깨닫게 한다. '내향화Introversion' **상태로 접어들고 있음**을 알리고 있다. 이 모든 상황은 자신의 문제이고 자신의 책임이라는 것을 깨닫기 시작하며, 어둠과 외로움과 쓸쓸함을 견디며 자신의 힘으로 스스로 자신의 문제를 풀어 나가고자 한다. 매우 귀중한 인식통찰이며 변화로, 옛 자아의 죽음이며, 치료의 중요한 전환점이라고 볼 수 있다.

외부 대상으로 향하던 애착집착을 내려놓고 자기 자신의 내면으로 관심의 방향이 전환되는 내향화로 접어드는 전기轉機에 일시적인 과식 현상이 나타나곤 한다. 외부 대상으로 향하던 투사를 인식하고 미망에서 깨어나는 이 순간은 매우 중요한 깨달음의 순간이기도 하지만 반드시 기쁘기만 한 것은 아니며, 때로는 충격과 실망이 따르기도 한다. 외부 대상을 향한 투사를 포기하고 기존의 애착과 집착을 내려놓아야 한다는 사실을 깨닫는 데서 오는 실망이기도 하고, 어느 누구도 자신의 문제를 대신 해결해 줄 사람이 없으며 더 이상 의지할 사람이 없으며 자신의 문제를 해결할 사람은 오직 자기 자신뿐이라는 통찰에서 오는 외로움이기도 하다. 이 순간에 흔히 나타나곤 하는 배고픔과 과식 현상은 긍정적인 측면을 포함하고 있는데, 한편으로는 외부 대상으로 향하던 리비도를 다시 자신에게로 되돌리는 데서 오는 현상이기도 하며, 다른 한편으로는 이제껏 의식의 자아의 무관심으로 의식의 자아와 해리된 상태로 있었으므로 굶주린 채로 어둠 속에 있던 N 내면의 무의식의 존재의 배고픔과 갈망을 비로소 인식하고 공감하고 수용하는 데서 오는 현상으로 볼 수도 있다.

29번째 분석 시간

〈꿈 9〉

나 혼자이고, 내가 가꾼 밭이 있다! 흙이 검고 붉은색이다. 손으로 흙을 만져 본다. 기름지고 좋은 토양에 초록 새싹이 돋고 있어 잡초를 뽑아 주면서 싹을 바라보고 좋아하고 있었다. 자라나는 새싹을 보면서 그것들이 천천히 싹을 틔우고 맑고 깨끗한 공기를 마시면서 사는 것을 보고, 큰 기쁨과 위안과 만족을 느꼈다. 인생의 목표를 찾아 더 이상 방황하지 않으며 그 안에서 내 인생도 싹을 틔웠다. 나는 이렇게 사는 것이 좋았는데, 그때 누군가 친구처럼 다가와서 "세상으로 나가자."라며 나를 설득한다. 내게 험하게 대하거나 완력으로 거칠게 협박한 것도 아니고 강제성을 띤 것도 아니다. 그러나 나는 "나가지 않겠다."라고 내 의지로 거절한다. 세상으로 나가는 것을 싫어하는 도피성 거절이 아니라 밭에 돋아난 초록 싹과 초록 잎을 보며, 초록 싹이 돋아나 자라나는 것을 보고 느낀 바가 있어서, 밭에 돋아난 초록 싹과 초록 잎에 더 큰 가치를 느껴서, 나는 "나가지 않겠다."라고 말한다. 그 사람은 가고 나는 어떤 깨달음을 독백한다. "……" 매우 중요한 내용인데 기억이 나지 않는다.

이 꿈을 꾸었을 즈음 N은 공황발작이 거의 사라져 남편 없이 혼자 외출도 하고 병원과 약국도 혼자 다니고 마트에 들러 혼자 물건을 사 올 수 있게 되었으며, 무서움을 참고 횡단보도를 혼자서 건너기도 하였다. 혼자서 횡단보도를 건너면서 N은 자신을 '잃어버린 뼈들을 되찾아 몸속에 맞춘 후 차갑고 둔탁한 기계 나라에서 빠져나온 일고여덟 살의 여자아이'[19]처럼 느끼며 신기해하였다. N은 약을 조금씩 줄여 먹기도 하고 안 먹어 보기도 하며, 마음도 편해지고 푹 잘 수 있게 되었다. 거친 야수 남자와도 같이 폭발적으로 분노를 터뜨리던 것도 사라져 마음의 고요와 평온을 되찾았다. 멈추려 해도 멈출 수 없이 그녀를 침입해 오곤 하던 생각이 줄어들고 더 이상 그런 생각에 휘둘리지 않게 되고 자신을 비난하거나 학대하지 않으며 지나치게 일 욕심을 내지 않고 잘 자고 잘 먹고 건강을 챙기면서 차근차근 살 수 있게 되었다.

---

19) N은 〈꿈 9〉를 연상하는 과정에 9번째 분석 시간에 보고한 〈꿈 2〉를 자연스럽게 떠올렸다. "나는 아이와 함께 차가운 기계 나라에 볼모로 잡혀 있다. 나는 아이의 뼈들을 찾아 아이 몸에 맞추어 넣는다. 뼈를 다 찾아 아이 몸에 넣어 주자 아이는 7~8세가량의 밝고 활기 있는 건강한 여자아이의 모습이 되어 일어선다. 나는 여자아이와 함께 기계 나라를 탈출하여 걸어 나온다. 너무 기뻐 여자아이와 내가 서로 마주 보며 밝게 웃는다. 여자아이 주위로 환한 빛이 가득하고 앞을 보니 내가 나가는 세상은 초록, 봄, 자연(自然)이다."

〈꿈 9〉를 통해 N에게 다가오게 된 인식과 깨달음에 대해 N은 "두 마음을 가지고 살았었다. 예전에는 멋지게 살아 보고 싶어서 일을 열심히 했다. 남에게 드러나는 성과로 보이고, 눈에 보이는 결과물로 드러내고 싶은 야망이 컸다. 일을 더하고자 쫓기는 듯 일하던 시절이 있었다. 그러나 요즘은 그렇게 전투적으로 일하지 않는다. 내가 마음의 평화와 안정을 찾게 된 것 같다. 꿈은 잔잔하고 좋은 느낌이다. 꿈처럼 살고 싶다."라고 표현하였다.

N은 스스로의 기꺼운 선택에 의해 내향화 상태를 받아들임으로써 그녀 내면의 밭을 묵묵히 일구어 초록의 싹을 틔운다. 그녀 스스로의 자유의지로 기꺼이 내향화하여 그녀 내면의 자연무의식과 꾸준히 접촉하고 관계함으로써 그녀 내면의 밭에서 초록 싹이 돋아나고 있다. 밭을 가는 것은 땅을 일구는 작업으로, 의식의 자아의 꾸준하고 성실한 노력을 통하여 자신의 내면인 자연무의식과 관계를 맺음으로써 자연무의식의 풍요를 수확할 수 있는 작업이다.

내향화 상태를 받아들이고 자기 자신의 내면인 자연이며 무의식에 집중한다는 것은 현실의 삶이나 세상 사람들에게 무관심해진다거나 현실의 삶이나 세상 사람들을 중요하지 않게 생각한다는 의미가 결코 아니며, 속세를 떠나 은둔하거나 고립한다는 의미도 결코 아니다. 내향화함으로써 무의식 상태의 어둠 속에 있던 자기 자신을 알아가고 보다 온전한 전체로서의 자기 자신을 회복해 나가게 됨으로써 차츰 외부 대상으로 향한 투사와 무의식적 동일성이

지양될 수 있다. 외부 대상에 대한 집착과 강박적 의존과 사로잡힘과 휘둘림과도하게 영향 받음이 차츰 해소됨으로써 세상 사람들과 보다 의식적이며 자유로운 관계를 형성해 나갈 수 있게 되며, 자신의 본성에서 샘솟는 가능성을 현실의 세상 속에서 온전히 꽃피우며 현실의 삶을 향유할 수 있게 된다.

기존의 자아가 죽음으로써, 자아중심적인 편견과 아집을 내려놓음으로써, 내면에 집중하고 내향화함으로써 '어머니의 자궁 속'과도 같으며 '천지창조 이전의 태초의 상태'와도 같은 검은 어둠으로 회귀함으로써, 이 '검음'으로부터 '초록'이 싹트는 '천지창조' 혹은 '재탄생'의 모티프가 N의 치료 과정에서 보이고 있다. 여성이 '자신의 본성을 회복'하고 '진정한 자기 자신이 되어 가며' '여성 안으로부터 무의식성의 어리석음을 극복한 새로운 인격이 깨어나는' 이러한 모티프의 출현은 치유 과정에서 매우 중요한 사건이라고 말할 수 있다.

〈꿈 2〉에 이어 '초록색' 상징이 반복해서 등장한다. 초록색 상징에 대해 융은 다음과 같이 저술하였다.

기독교 심리학 영역에서 초록색은 '정액의, 생식의' '낳는, 만들어 내는, 생식력 있는' 특성을 가진다. 이런 이유로 초록색은 창조적인 원리로서의 성령의 속성에 해당되는 색이다. 또한 초록색은 출산생식의 색이며 부활의 색이다. 연금술에서 녹색은 '완전'을 의미한다. 따라서 연금술사 아르날두스 드 빌라노바Arnaldus de Villanova는 다음과 같이 말한다. "그런고로 녹색은 황금의 완전함을 의미하고 있으므로, 우리의 금은 보통의 금이 아니다. 녹색은 진짜의 금으로 곧 변환되기 때문이다." 초록색 상징은 연금술에서는 '은총 입은 축복받은 초록'으로, 그것은 정신의 변환의 상像들 사이를 헤매며 방황하던 누군가가 그와 그의 고독 사이를 화해시켜 줄 어떤 비밀스러운 행복과 조우한 것 같은 상태다. 그 자신과 친교함으로써 그는 내면의 동반자를 발견하게 되는데, 그것은 비밀스러운 사랑의 행복과도 같은 미래의 수확풍작의 약속을 손 내밀며 불모의 메마른 땅에서 씨앗의 초록의 싹을 틔우는 감추어진 봄Spring과도 같은 상태다. 초록색은 만물에 비밀스럽게 내재하고 계신 신성神性의 영Spirit이다.[20]

N이 내향화 상태에 이른 후, 치료 시작 후 약 7개월이 경과할 무렵 이어지는 꿈들에서 무의식으로부터 그녀 의식의 자아를 향해 그녀와 맺어지기를 소망하는 남성적 존재들이 다가온다. N 내면의 아니무스상이 변환하며 합일合一의 모티프가 등장한다.

---

20) Jung CG(1955) : *Mysterium coniunctionis*, C. W. 14, Routledge & Kegan Paul Ltd., London, pp432−433.

36번째 분석 시간

〈꿈 10〉

두려움에 떨며 도망쳐도 그 남자는 항상 내 주변 가까운 곳까지 따라와 나를 노려본다. 왜 날 쫓아오는지는 잘 모르겠지만 내가 어디를 가든 계속해서 나를 쫓아온다. 나는 그 낯선 남자를 의식하면서, 노려보는 눈빛을 피해 계속해서 정착을 하지 못하고 쫓기고 있다. 하지만 그 남자는 계속 나를 응시하며 쫓아오기만 할 뿐 나를 잡아가거나 해치거나 하지는 않는다.

〈꿈 10〉을 꾼 후 N은 12~13세 무렵에도 이와 비슷한 꿈을 꾸었음을 회상하며 "낯선 남자가 나를 잡으려 한다. 언니랑 나랑 함께 그 남자를 피해 다닌다. 이십 대 후반에서 삼십 대 초반의 아저씨. 모르는 사람. 아직도 그 얼굴이 기억이 난다! 너무 싫어서 그 꿈을 꾸고 나서 엄마에게 가서 울었다. 남자가 쫓아오는 것이 너무 싫었다. 그에게 잡히면 그가 나에게 성폭행 같은 나쁜 짓을 할 것 같았다. 그가 나를 계속 쫓아왔다. 그 꿈을 꾼 후 남자들이 진짜 싫어지더라. 그래서 더 여자 친구를 좋아한 것 같다. 그 남자 얼굴이 기억난다. 체격이 건장하고 긴 커트 머리에 검정색 양복 상의에 면바지를 입은 편한 옷차림이었다. 인상은 나쁘지 않고 잘생겼으며 여자에게 인기 있는 스타일이었다. 나는 그가 너무 무서웠는데, 날 때릴까 봐 두려운 게 아니라 남자로서 나에게 다가오는 것이 너무 싫었다. 그가 내 손이라도 잡으면 경기를 일으킬 정도로……. 학창 시절, 이십 대 초반까지 남편을 만나기 전에 나는 계속 '남자 같다.' '중성적이다.'라는 소리 많이 들었다."라고 어린 시절의 꿈에 대해 말하였다.

N은 〈꿈 10〉에서 자신을 쫓아오는 낯선 남자에 대해 "삼십 대 중반의 나이, 나를 여자로 보며 남자로 다가오는 남자, 그런 사실이 몸서리치게 싫었다. 관심조차 가지기 싫어 무조건 도망간다. 그가 나를 좋아하는 것 같았다. 그래서 계속 나를 쫓아오는데, 나는 그냥 무조건 도망간다. 어릴 때 꿈에서 쫓아오던 그 남자처럼 덩치도 있고 건강한 남자, 공부도 할 만큼은 한 것 같고 돈도 좀 있고, 다른 여자들이 이 남자의 남성적 매력에 끌린다. 온유하고 부드럽고 준수하게 생기고 남자답다. 괜찮은 남자인데 단지 남자의 눈빛으로 여자인 나를 따라오는 것이 너무 싫더라!"라고 연상하였으며 "현실에서 나는 남자들과도 잘 어울리고 친하게 잘 지낸다. 그러나 나를 여자로 보고 내게 남자의 느낌으로 다가오면 자른다. 내가 아마도 남자가 남자로 보이는 사춘기를 겪지 못한 것 같다. 남편은 내게 남자로 느껴지는 눈빛 부담을 주지 않아 맺어질 수 있었다. 형제 느낌이었다. 아직 내가 여자로서의 성인식을 치르지 못한 것일까? 느글느글한 남자의 눈빛이 아직 싫고 그런 눈빛이 조금이라도 느껴지면 가지치기한다. 남편이 남편이 아니고 친오빠였으면 좋겠다. 엄마보다 남편을 의지한다. 남편과 성관계를 거의

안 한다."라고 표현하였다.

47번째 분석 시간

N이 표현한 의식과 현실의 상황은 다음과 같았다.

"갑자기 눈물이 흐른다. 눈물이 나오고 또 나온다. 내가 뚱뚱해져 언니 임신복을 빌리러 간다. 화도 많이 나고 예민해진다."

"안전지대가 예전에는 남편이었다면 이제는 언니의 새로 태어난 딸2개월이다. 아기 생각만 해도 즐겁고…… 아기를 본다는 것은 나의 모든 것을 팽개친 상태다. 다른 할 일 다 팽개치고 아기하고만 있고 싶은 상태다. 아기를 보는 순간, 아기와 함께 있을 때 마음이 아주 기쁘고 행복하고 아무 생각 없이 평화롭다. 아기가 너무 예뻐 안아 주면 언니가 내게 아기를 너무 뚫어지게 본다고 한다. 아기와 떨어져 있을 때 몹시 불안하다. 언니 아기가 너무 보고 싶고 눈에 밟혀 자주 언니 집에 간다. 그래서 더 체력이 떨어지고 활기가 없어진다."

"언니는 나와 같은 환경, 같은 부모님 밑에서 자랐는데도 나와는 다르다. 내가 닮고 싶을 만큼 지혜롭고 현명하고, 맺고 끊음이 확실하다. 공무원이다. 결혼 후에도 일과 가정을 잘 병행한다. 주위 사람들이 보기에 가볍지 않은 밝은 이미지로 대인 관계가 조화롭다. 공격적이지 않게 자기표현을 잘한다. 스스로의 감정을 잘 컨트롤한다. 남편과 금슬이 좋다. 예쁘고 여성스럽다. 시댁과도 별 마찰 없이 조화를 이루며 잘 지낸다. 언니에게 배울 게 많다."

〈꿈 5〉에서도 고지된 바 있듯이 N의 내면에서 '딸'이 태어나는 자신의 인격 변환이 절박한 과제가 되고 있다. 그러나 이러한 상황을 N은 2개월 전에 태어난 '언니의 딸'인 외부 대상에게 또다시 투사하여 체험하고 있다. N은 언니의 딸인 아기에게 빠져들고 사로잡히고 아기와 떨어져 있으면 몹시 불안하고 너무 보고 싶어 눈에 밟힌다. 아기와 계속 있기 위해 그녀는 자신의 일과를 놓아버리고 체력과 활기가 떨어지고 기분이 찌뿌둥해진다.

모든 투사는 의식성의 결여무의식성를 의미하는 것으로 개체의 생명과 건강과 의식성에 역행하는 것이다. 외부 대상인 언니의 딸에게로 투사하여 체험하고 있는 매우 긍정적인 어떤 속성을 자신의 무의식 속의 어떤 속성으로 재인식하고 의식화할 것에 대해 치료자는 N과 대화하였다.

54번째 분석 시간

〈꿈 11〉
N은 자신을 필사적으로 쫓아오는 한 남자에게 쫓기다가 물속으

로 뛰어든다. 한참을 물살에 떠밀리며 떠다니다가 갖은 고생을 하며 천신만고의 노력 끝에 N은 마침내 물강을 건너 물강 저편 기슭에 닿는다. N은 안도한다.

71번째 분석 시간 〈꿈 12〉에서 N에게 어떤 큰 변화가 일어난다. N에게 남자의 느낌으로 다가오는 남자야성적인 남자, N을 여자로 느끼며 남자로서 다가오는 남자, 내면의 아니무스상에 대해 매우 놀랍고도 인상적인 태도의 변화가 N에게 일어난다.

71번째 분석 시간

〈꿈 12〉

바닷가 집이 원래 내 집인데, 세 사람이 침입하여 주인 행세를 하며, 나의 임신을 결사적으로 방해한다. 나를 가두어 놓고 내가 '수컷 남자'를 만나러 못 나가게 한다. 그러나 나는 일상적이고 자연스럽고 평범하게 행동하면서 나를 주의 깊게 보는 사람이 아무도 없을 때 살짝 집을 빠져나왔다. 그 수컷 남자가 집 근처까지 와서 나를 기다리고 있었으며, 그도 나를 만나기를 간절히 원하고 있다. 수컷 남자를 만나 임신을 하고 집으로 돌아오니, 내가 임신한 것을 그 세 사람이 눈치채고는 내 꼬리뼈 있는 곳을 툭 쳐서 삽입되어 있는 정자精子를 빠져나오게 하려 한다. 그러나 내게 함부로 하거나 나를 위협하지는 못하고 내가 눈치채지 못하게 몰래 하는 것이다. 단지 내가 민감해서 그들의 그런 행동을 알아차렸을 뿐이다. 나는 뱃속의 아이를 지키기 위해 그들을 경계하며 조심하고 긴장한다. 뱃속의 아이를 지키기 위하여 나는 갖은 고초를 겪으면서 아이를 힘들게 지켜냈다.

꿈에 대해 N은 "세 사람이 내가 임신하는 것을 매우 두려워하며 막고 있다. 세 사람은 삼십 대 중반의 남자 한 명과 그 남자의 엄마 같은 오십 대 후반 아줌마 한 명, 그리고 알 수 없는 오십 대 중반 아줌마 한 명이다. 남자의 엄마인 아줌마는 아들이 해 달라는 대로 다 해 주는 아들의 조력자로, 나쁜 일이라도 자식이 원하면 서슴없이 돕는다. 남자는 잘생기고 멋진 외모와 건장한 체격으로 남편의 친구 D와 비슷한 인상이다. 좋은 사람으로 아기를 예뻐하기는 하는데, 양육은 아내에게 다 맡겨 버리고, 아내와 자식을 돌봐 주지 않는다. 매우 진취적이고 리더십 있고 야망이 크고 개척 정신과 성취욕이 강하다. 두려움 없이 바깥일에 매진하며, 친구가 많고 연애 박사다. 가정을 돌보지 않으며, 가정은 아내 혼자서 굴러가게 한다."라고 연상하였다. 또한 치료자와의 대화를 통해 "나의 임신을 막는 것은 내 안의 D 같은 속성이다. 아프기 전의 나는 리더십 강하고 활발하고 정치에 관심 많고 야심이 원대하고 명예욕이 있었다."라고 자신의 꿈을 자연스럽게 주관 단계로 이해하고 통찰할 수 있었다.

"수컷 남자는 잘생긴 외모, 건장한 체격을 지녔다. 그분과 손만 닿아도 파르르 떨리고 전기가 오고, 너무 보고 싶더라. 손을 잡으니 따스하고 좋지만 성적性的으로도 교감이 와 사랑이 있는 육체적인 성관계로 자연스럽게 이어졌다. 수컷 남자는 아기를 예뻐하고 아기를 나와 함께 돌보고 키울 수 있는 속성을 함께 가진 야성적이며 남자다운 남자다."

예전의 N은 그녀의 임신을 방해하는 D와도 같은 내면의 남성상에 의해 사로잡힌 상태에서 영웅과도 같은 남성적 인격과 자신을 동일시하여 여성임에도 남자 같고 야망이 크고 성취욕이 강해서 밖으로 보이는 성취근사한 페르조나에 매진하고 과장되게 외향화함으로써 자신의 몸을 돌보지 않고 본성을 잃게 되었다. 이러한 상태에서 N은 현실에서 그녀에게 남자의 눈빛으로 다가오는 남자에 대해 심한 거부감이 있었다.

이렇게 D와 같은 영웅적인 남성적 페르조나와 지나치게 동일시하거나 D와 같은 내면의 아니무스상에 사로잡힌 남자 같은 상태에서 여성은 자신의 내면의 배우자영혼를 만날 수 없으며 사랑을 이룰 수 없고 잉태를 할 수 없는 불모의 메마른 상태가 된다. 이 꿈은 치료 시작 전 N에게 보였던 임신하고 아기를 낳는 것에 대한 거부감과 공포의 심리적 근원을 보여 주고 있기도 하다.

창조를 방해하는 방해꾼을 따돌리는 방법이 이 꿈에 제시된다. 그것은 N이 방해꾼들과 대결하는 것이 아니라 일상을 살며 자연스럽고 평범하게 지냄으로써 창조를 방해하는 방해꾼의 눈에 드러나지 않는 것이다.

참으로 신기하게도 이제 N은 그녀에게 다가오는 내면의 남자를 받아들일 수 있다. N의 의식의 태도가 변하고 달라져 내면의 남성과 사랑하는 연인으로서의 관계가 형성되며 사랑하는 마음이 자연스럽게 육체적인 사랑으로도 이어져 임신하게 된다. 해리되어 대립과 긴장과 불화 상태에 있던 의식과 무의식의 만남과 하나됨합성, synthesis이 시작되고 있다.

이 변환된 긍정적인 아니무스상을 N은 몸이 건강하고 건장하며 야성의 수컷야성적인 자연의 남성이 살아 있다는 의미에서 '수컷 남자'라고 부르고 있다. N과 사랑을 이루게 되는 그녀의 내면의 연인이며 신랑인 수컷 남자는 또한 자신의 아내N의 의식적 인격와 자식전체성에 가까워질 N의 미래의 인격을 사랑하고 돌보는 따스하고 섬세하며 모성적인 속성을 함께 가진 남성이라는 것이 매우 인상적이다.

이것은 한편으로는 이 내면의 남성이 긍정적인 아니무스상으로써 여성인 N을 자신의 본성이며 전체 정신인 자기Self에게로 인도하고 접촉하게 하는 무의식으로의 인도자psychopompos이기 때문에 그러할 것이다. 다른 한편으로는 여성을 전체 정신과 조응하게 하는 무의식으로의 인도자로서의 여성 안의 남성상아니무스상은 때로는 그 안에 자기Self의 속성을 함께 담고 있기도 한 때문일 것이다. 이것은 사랑하고 공감하고 수용하고 잉태하고 출산하고 양육하는 치유적인 여성적·모성적 속성이 N에게 생겨나 분화되기 시작하고 있다는 의미일 수도 있을 것이다.

'N과 사랑을 이루는 수컷 남성이 건강한 야성의 남성성과 더불어 따스하고 섬세하며 돌보는 여성적이며 모성적인 속성을 함께 가지고 있다.'[21]는 사실이 매우 중요함을 다시 한 번 강조하고 싶다.

부성 콤플렉스 여성이 인생의 중반부에 접어들면서 삶이 힘들어지고 고통을 겪기도 하는 주된 이유 중 하나는 그녀들의 어린 시절 성장 환경이나 그녀들이 살고 있는 사회와 문화권 및 시대사조가 유교적이거나 가부장적인 남성 중심의 분위기로, 여성 원리를 존중하지 않으며 여성과 모성의 가치를 평가절하하였기 때문이기도 하다. 여성들 또한 부성적남성적이고 정신적인 가치를 과대평가하고 본능을 포함하는 자신의 본성인 여성적이고 모성적인 속성을 억누르거나 소외시키고 발달시키지 못하였으며, 본성과 소외된 삶을 살아가게 됨으로써 다양한 신체 증상으로 표현되는 몸의 고통을 겪게 되었다. 삶을 살아 내는 것이 힘들었으며 삶을 향유하지 못하였다. 이제 그녀 내면으로부터 다가오는 수컷 남성은 젊어져 그녀 아버지 세대가 아닌 그녀와 같은 세대의 젊은 남성의 모습이며, 본래 그녀에게 속해 있었으나 이제껏 그녀에게 억압되고 소외되어 있던 생명과도 같은 몹시도 중요한 속성을 그 안에 담고 있다. 자연스럽고 건강한 야성, 타인의 마음을 공감하는 섬세함과 자연스럽고 따스한 정서적 관계를 맺을 수 있는 속성, 육체적이며 동물적

---

21) '양성적(兩性的)'이라는 말로 표현할 수도 있을 것이다.

인 사랑까지를 포함하는 사랑, 그리고 수용하고 돌보고 양육하는 모성적인 측면을 그 몸에 담고 있는 N 내면의 연인戀人은 N이 이제까지 잃어버린 채 살고 있다가 이제야 만난, 본래 자신이기도 한, 잃어버린 반쪽영혼, 무의식이며 긍정적인 아니무스상으로, N의 조각나고 흩어진 무의식 상태의 인격을 하나로 모으고 합쳐 전체로서, 본성으로서 살게 하는 자기실현과 개성화 과정을 인도해 줄 내면의 인도자가 될 것이다.

75번째 분석 시간

치료를 시작한 지 약 10개월 후인 75번째 분석 시간 즈음하여 N은 때때로 아침에 일어나면 공연히 불쾌하고 화나는 기분에 휩쓸려 다 무너져 버린 것 같은 느낌, 모든 것이 무의미해지는 느낌, 몸과 마음이 힘든 느낌이 들곤 하였다. 붓고 찌뿌듯하고 몸무게가 늘기도 하였다. 그럼에도 N의 일상은 보통 사람처럼 평범하고 규칙적이 되어 일 욕심이 줄고, 정해진 시간에 자고 정해진 시간에 일어나고, 몸에 상처를 내지 않고, 물건을 집어던지지 않으며, 술도 마시지 않고, 거의 매일 아침 헬스장에 가서 한 시간 반 가량 꾸준히 운동하고, 몸을 아끼고, 몸에 좋은 음식을 골고루 잘 챙겨 먹고 있었다. 이러한 상황에서 다음과 같은 꿈이 출현하였다.

〈꿈 13〉

많은 공룡과 모두 함께 갖은 고생 끝에 한 명도 누락되지 않고 마침내 유토피아에 도착하였다. 공룡이 사람처럼 친구처럼 느껴지고, 공룡과 말을 주고받으며 대화한다. 공룡은 나를 위협하거나 해치지 않고, 여정 내내 계속 나를 도와주고 내 템포에 맞추고 등에 나를 태워 준다. 유토피아로 출발하는 첫 순간은 흥분이 되어 즐겁다가 차츰 길이 힘들어져 고생을 하였으나, 천신만고 끝에 결국은 모두 함께 유토피아에 도착한다. 언제 고생했었냐는 듯 푸르른 녹음과 빛나는 햇살 아래 다들 얼굴이 상기되고, 마음까지도 넉넉하고 인자하게 변해 있다. 햇빛이 쏟아지며 초록의 푸름과 섞이고 반사된다.

N은 이제 자신 안의 어떤 한 부분도 소외시킴 없이 그녀 안의 전체를 이끌고 그녀 안의 전체와 더불어 개성화의 길을 간다. 과거에는 싫고 흉하고 기괴하고 이상하고 무섭고 혐오스러워 소외시키기도 하였던 그녀 안의 모든 측면[22]까지도 다 함께 아우르고 그 모두와 더불어 그 모두를 이끌며 '본래의 온전한 전체로서의 자기 자신'이 되는 자기실현의 길을 꾸준히 묵묵히 걷고 있다. 길이 힘들어져 우여곡절과 심한 고생은 있었지만, 공룡이 그녀에게는 사람처

---

22) 개인적 무의식뿐 아니라 집단적 무의식의 어떤 속성까지를 포함하는 그녀 안의 전체 정신이라고 볼 수 있을 것이다.

럼 느껴지고 그녀는 공룡의 말을 알아들을 수 있으며 공룡들도 그녀를 돕고 그녀의 템포에 맞춘다. N은 공룡들을 사람과 똑같이 대접하며 자신 안의, 무의식의, 몸속의 작은 속삭임과 호소까지도 소중히 귀하게 여기며 멈추어 귀를 기울인다. 마침내 한 마리의 공룡도 누락되지 않고 그녀와 공룡들은 모두 초록의 자연과 햇빛이 섞이고 반사되는 유토피아에 도착한다. 어느새 모두의 마음은 넉넉하고 인자하게 변해 있다. 이 꿈의 결말은 힘든 개성화 과정의 여정 끝에 후일 그녀가 도달할 치료적 전망을 보여 주는 듯하다.

N은 자신의 꿈을 지속적으로 적어 나감으로써 무의식의 상징적인 메시지를 이해하고 인식된 의미를 현실의 삶에서 실현하고자 성실한 노력을 꾸준히 해 나가게 되었으며, 꿈속에서 개구리, 공룡, 물고기의 말을 알아듣고 대화가 가능해지고 동물들을 사람과 똑같이 대접하고 존중하게 되어 자신 안의 동물들과 감정적으로 친밀한 관계를 형성하였다.

이러한 존재들을 어느 하나 소외시키지 않고 이제는 기꺼이 그 모두를 이끌고 더불어 길을 가게 됨으로써, 그들과 감정적으로 친밀한 관계를 형성하고 대화가 가능해짐으로써, 현실과 의식의 상황에서 N은 그녀를 압도하고 상하게 하던 몸과 마음의 증상과 고통에서 차츰 해방되고 자유로워졌으며 활기와 기쁨을 되찾아 가고 있다.

79번째 분석 시간

이어지는 79번째 분석 시간의 〈꿈 14〉에서는 바다 위에 국제도시를 세우느라 공사 중이며, N은 이국異國의 남자와 사랑을 하고 임신을 한다. 그의 부재중 어부와 '다시마 물고기' 한 마리가 그녀 옆에서 항상 그녀를 돌본다.

〈꿈 14〉

국제도시가 바다 위에 세워지느라 한창 공사 중이다. 세계 여러 나라 사람이 그 공사에 참여하기 위해 모여든다. 그 사람들 중 나는 이국의 어떤 잘생기고 훤칠한 남자를 만나 사랑에 빠지고, 임신을 한다. 그 남자에게 알리려고 했는데, 그 남자는 업무차 자국에 다녀와야 한다. 떠나기 전 나를 만나러 왔기에 나는 아무 말 없이 내 배를 만져 보게 한다. 그 남자가 없는 동안 나를 지켜 주는 아저씨가 있는데, '다시마 물고기'라고 불리는 순하고 큰 물고기를 이용해 어로漁撈 활동을 하는 사람이다. 그 아저씨는 '다시마 물고기' 한 마리를 내 옆에 붙여 주며 이국의 남자가 내 옆에 없는 동안 항상 나를 돌보게 한다.

꿈에 대한 N의 연상에서 잘생기고 훤칠한 이국의 남자는 바다 위에 건설되고 있는 신도시 공사의 총책임자로, 삼십 대 초중반의 나이에 몸이 건장하고 건강하며 성격이 다정다감하고 따스하며 동시에 카리스마도 있다. 그는 공부도 많이 한 사람으로 지성적이며, 실무 능력이 탁월하고 추진력 있다. 신비하게 느껴지는 그 남자가 N을 자꾸 찾아와 구애를 한다. 그가 N에게 강제로 그러는 것이 아니라 그녀를 존중하고 배려하며 자연스럽게 자꾸 그녀 옆에 앉아 N도 그를 자꾸 보게 되고, 자주 그와 함께 시간을 보내게 되고, 자연스럽게 그를 사랑하는 마음이 싹트게 되었다. 그 남자는 자국에 갔다가 다시 N에게로 돌아올 것인데, N의 배를 만져 보더니 자신의 아이를 임신한 사실을 알고 매우 기뻐하며 자국에 가기 싫어하였다. '어부 아저씨'는 N의 이국異國의 애인이 자국에 간 동안 그가 그녀 곁에 없는 동안 '다시마 물고기' 한 마리를 N 옆에 붙여 주어 그녀를 항상 돌보게 함으로써 N의 곁에서 늘 N을 지켜 준다. '다시마 물고기'는 순하고 커서 N은 처음에는 '고래'인 줄 알았다. '물고기'는 둥근 사각형 혹은 마름모 모양으로 은빛 몸에 큰 눈目을 가졌으며 해로운 세력이 N에게 범접하지 못하도록 늘 N을 지켜 준다. 참으로 신기하게도 물고기는 바다에 있으면서도있을 때도 동시에 늘 N 곁에 있다. N은 물고기와 바로 친해졌으며 물고기와 대화가 통한다.

'이국의 남성'으로 상징되는 그녀 안의 남성적 속성아니무스의 속성 중 인간적이고 개인적 속성이 N의 의식적 인격으로 N의 삶 속에 참여하고 실현되기를 진심으로 소망하고 있다. N 또한 이제는 자기 자신이기도 한 내면의 '그 남성'을 자기 자신으로, 삶 속으로 받아들이고 수용하고자 하는 마음의 준비가 되고 있다. 자신의 여성 파트너를 존중하며 원만하고 다정다감하고 따스한 동시에 리더십 있고 지성적이며 실무 능력이 탁월하고 추진력 있는 그녀 안의 남성적 측면을 기꺼이 그녀 자신의 삶 속으로 수용하고 의식적 인격으로 실현할 수 있도록 노력하고자 하며, 노력해야 한다는 소망과 당위성과 윤리적 책임을 느낀다. 이것이 N에게 '결혼식' '대극의 합일' 상징이 의미하는 바가 될 것이며, 〈꿈 14〉에서 이국의 남성과의 사랑으로 잉태한 뱃속의 아기는 후일 그의 속성이 의식적 인격과 삶 속으로 통합되고 실현된 미래의 N의 모습으로 드러날 것이다.

무의식으로부터 N에게 남성상아니무스상이 다가와 구애하며 그녀와 많은 시간을 보내기를 소망하며 그녀의 자유의지를 존중한다. 무의식의 상들은 이제 더 이상 그녀에게 침입하듯이 무례하고 거칠게 다가오지 않는다. N이 자신의 의지로, 자발적 결정으로 그 남성을 받아들일 수 있을 때까지 자주 많은 시간 N 곁에 머물며 기다린다. N은 자유의지로 그 남성을 거절할 수도 있고 받아들일 수도 있다. 그러나 N이 자주 그 남성을 보고 함께 오랜 시간을 보내다 보니 그녀 안에서 자연스럽게 그 남성을 사랑하는 마음이 생겨나 사랑을 나누고 아이를 잉태한다. 이제 그녀는 더 이상 무의식의 상들에 의해, 동시에따라서 세상 사람들에 의해 사로잡히거나 휘둘리지 않을 것이다.

의식과 무의식은 이제 서로의 입장을 존중하며 서로 간의 의사소통이 가능하며 함께 공존할 수 있는 대등하고 자유로운 관계, 즉 파트너십을 이루었다. 의식과 무의식 간에 의식적이고 인간적인 관계를 형성하는 것이 가능해졌다. N에게 생겨난 자신의 내면의 무의식과의 관계 변화는 동시에 N과 외부 세상과의 관계에서도 함께 일어날 것이다.

N의 연인신랑이 된 이국의 남자가 N과의 사랑을 이루고 잠시 자국으로 돌아가 부재하는 기간에 이곳에서 N을 항상 돌볼 어부와 '다시마 물고기'를 남겨 두고 간 것은, 부활하신 예수 그리스도께서 승천하여 이 세상에 부재하는 기간에도 이 세상 사람들 곁에 늘 머물러 있도록 '성령'을 남겨 놓고 간 상황을 떠오르게 하였다.

82번째 분석 시간

치료가 거의 끝나갈 무렵인 82번째 분석 시간에서 N은 다음의 꿈을 보고하였다.

〈꿈 15〉

도서관에서 밥을 먹고 화장실 가는 시간만 빼고 하루 종일 사법고시 준비에 집중하며 정말 열심히 공부하였다. 중학교 때 친했던 우리 반 1등 H와 함께 공부했다. 우리는 서로의 공부에 방해되지 않기 위해 서로가 보이는 약간 먼 거리에 떨어져 앉아서 정말 열심히 공부했다. 공부가 끝나고, 나를 아껴 주는 친정 엄마와도 같은 J 언니네 들러서 과일을 먹고 집으로 돌아간다. J 언니가 챙겨 주는 과일은 정말 과즙도 많고 크고 둥글고 붉은 과일, '자두'였다. 언니가 자두를 먹기 좋게 잘라서 주었는데, 정말 먹을 것이 많은 자두였고, 한 입 씹을 때마다 입 안에서 터지는 과즙이 환상적이었다.

N은 친구 H에 대해 "우리 반 1등 H는 말없이 공부 열심히 하는 스타일로 중학교 때 친구다. S대를 졸업하고, 일찍 진로를 정해 뜻대로 입사하여 준공무원이 되었다. 안정적인 것을 추구하며 의리와 동지애가 있다. 친구를 깊게 사귀지 않는다. 대학에 입학한 후 내게 '남자가 쳐다보는 것도 싫고, 이성의 느낌을 주는 눈길이 싫다.'라고 말하더라. 키가 작고 예쁜 얼굴에 포동포동하다. 공부와 일에만 매진한다. 내가 마음을 튼 유일한 친구였다. 그러더니 점점 외모에 관심이 많아지고 헬스장도 다니며 살을 빼려고 노력하고 점점 변하더라. 꿈에서는 서로 거리를 두고 앉아서 공부하였다. 서로의 평행선을 두고 유지하였다."라고 연상하였다.

'나를 아껴 주는 J 언니'와 'J 언니가 챙겨 주는 과즙 많은 크고 둥글고 붉은 과일자두'에 대한 N의 개인 연상은 다음과 같았다.

"단순하고 긍정적이고 밝다. 편안하고 따스하고 포용력 있다.

별 고민도 않고 고민스러운 일도 가볍게 지나간다. 자신의 일을 사랑하며 세련되고 독창적인 감각을 발휘하여 매출을 올리기도 하는 등 자신의 전문 분야에서의 자질과 업무 수완이 뛰어나다. 결혼 전 외국의 명문 대학교에서 공부했으며 유학 시절에는 남자와 자유연애를 했다. 성性과 사랑에 대해, 자신의 감정에 대해 개방적이고 솔직하며 당당하다. 함께 있으면 통쾌하고 뻥 뚫리는 기분이다. 때로는 싫은 사람들에게 쌀쌀하게 대하기도 했으나 나에게는 항상 호의적이고 다정했으며 여성스럽고 모성적이다. 내가 귀하게 여기는 언니다. 인생을 참 즐겁게 산다. 안 만난 지 몇 년 되었다. 이 언니에 비하면 나는 아직 여자로서는 어리고 소녀와 같다."

"J 언니가 큰 자두를 먹기 좋게 잘라 나에게 준다. 자두가 신 과일이라고 생각했었는데, 꿈속에서는 알도 배만큼 크고, 베어 무니 과즙이 많고 달콤하고 너무 맛있더라! 자두의 겉은 윤이 나고 연둣빛과 붉은빛이 혼합되어 있고, 자두 속은 노르스름한 벌꿀 색깔이다. 자두가 신 과일인 줄 알았는데, 자두에 대한 편견이 사라졌다. 베어 무니 과즙이 너무 좋아 부자가 되고 꽉 찬 느낌, 몸과 마음이 풍요로워지는 느낌이었다. 공부하다가 지쳐 J 언니네 집에 들러 먹게 된 과일이다. 스트레스와 피로도 풀리고 내가 충전되고 새로워지는 기분이었다."

사법고시 공부를 열심히 하는 학생과도 같은 모습으로 묘사된 기존의 N의 인격 속으로 아직은 그림자 상태로 무의식에 자리하는 'J 언니'로 상징되는 속성이 다가와 N의 의식적 인격으로 통합될 준비를 하고 있다. 'J 언니'의 상像은 N을 사랑하고 아껴 주며, 여성성, 모성성 및 에로스가 잘 분화되어 있으며, 공부를 많이 한 지성인으로, 현실 감각이 뛰어나고 자신의 일을 사랑하며 자신의 전문 분야에서의 자질과 업무 수완이 뛰어난, 남편과 자식이 있는 성숙한 여성으로서의 속성을 품고 있다. 자기Self의 상징과도 맞닿아 있는 'J 언니'의 속성을 의식화하고 그녀의 인격과 삶 속으로 통합하고 실현함으로써 N의 몸과 마음은 부자가 된 듯 풍요로워지고 새로 태어난 듯 생기 가득해질 것이다.

꿈에 대한 N의 개인 연상을 토대로 하여 〈꿈 15〉에 대한 치료자의 소견과 해석을 N에게 전달하고 N과 대화하였다.

85번째 분석 시간

N의 치료 종결 직전인 마지막 분석 시간에서 N의 변화는 다음과 같았다.

1. 마음과 몸과 삶에서 편안함과 활기와 생명력을 느낄 수 있었다.
2. 치료 시작 첫 만남 때 거칠고 중성적이며 톰보이Tomboy 같은 인상이었던 N은 예뻐지고 온화해진 모습으로 여성적인 매력이 느껴졌다. 어둡고 황폐해 보이고 주저주저하던 옛 모습이

사라지고 씩씩하고 당당하고 밝고 생기 있는 모습이었다.

3. 약을 먹지 않게 되었으며, 약을 먹지 않는 상태에서도 치료 전에 보이던 고통스럽던 몸과 마음의 증상이 거의 사라졌다. 제때 잘 먹고 잘 자고 폭식과 폭음을 하지 않게 되었다. 헐크 야수처럼 변하곤 하던 거칠고 폭발적인 분노 폭발도 없어지고, 공황장애 증상도 사라져 남편 없이도 혼자 외출도 하고 볼일도 보며, 남편에 대한 의존이 줄어들고 차츰 독립적이 되어 가고 있다.

4. 과거 그녀에게 심한 압박감을 주었던 일이 이제는 재미있게 느껴지고, 일을 하다가도 밥 때가 되면 밥을 먹고, 몸이 피곤해지면 일을 놓고 쉬고, 잘 시간이 되면 계획했던 것보다 일이 덜 끝나도 자러 갈 수 있게 되었다.

5. 일 혹은 무엇을 함에 있어서, 사람을 대함에 있어서, 덜 빠져들고 덜 사로잡히게 되었으며, 본능이 무시되고 몸이 고통스러울 정도의 극한 상황까지 치닫지 않고 적정선에서 경계를 긋는 것이 가능해졌다. 자신과 자신의 몸을 혹사하지 않고 스스로를 아끼고 돌보고 사랑하게 되었다.

6. 삶에서 그녀에게 다가오는 어쩔 수 없는 스트레스 상황에 대해서도 무조건 피하려고 몸부림치거나 도망가지 않고, 담담하게 대면하고 자연스럽게 반응하고 솔직하고 용기 있게 표현하고 대처할 수 있게 되었다.

7. 집에서 인터넷으로 경영하던 사업 매장을 실제 세상 속의 장

소로 옮기고 집과 일터를 구분하고 분리하여 개업을 며칠 앞
두고 있었다.

8. 매장 계약에 대해 어찌할까 고민도 많았고 생각도 많았고 그
러다가 행동을 시작했는데, 계약을 하고 바닥 공사와 인테리
어 공사에 들어가는 자신을 보면서, 자신도 몰랐던 결단력과
추진력이 자신에게 있음을 발견했다.

9. 아기를 낳고 싶은 간절한 소망이 가슴속에 물처럼 차오르며
아이를 낳고 키우며 엄마가 되고 아내가 되는 것을 기꺼이 소
망하게 되었다.

N은 긴 시간 동안 그녀를 고통스럽게 해 온 슬픔과 상처를 훌
훌 털어버리고 이제는 일어설 수 있게 되었으며, 새로운 삶을 시작
할 수 있게 되었다. 치료자는 〈꿈 12〉와 〈꿈 14〉에 등장한 긍정적
인 아니무스의 속성과 〈꿈 15〉에서 등장한 'J 언니'의 모습으로 그
려진 긍정적인 그림자 속성이 N의 의식적 인격과 현실의 삶 속으로
수용되어 실현되고 있는 것으로 이해하였으며, 치료자의 이와 같은
소견에 대해 N과 대화하였다. 치료자와 함께 해 온 치료 과정을
토대로 이제는 N 혼자의 힘으로도 그녀 자신의 개성화자기실현의 길
을 계속 갈 수 있을 것으로 판단하고, N과 상의를 거쳐 치료 과정
을 잠정적으로 종결하기로 합의하였다.

치료 후기

N과의 첫 만남에서 필자는 N의 모습에 충격을 느꼈다. 피할 수도 떨쳐 버릴 수도 없는 고통스러운 증상에 휩싸여 고통을 겪고 있으면서 동시에 그 고통을 극복하고 치유하기를 간절히 소망하고 있는 N의 모습이 슬프고 처절해 보였으며 동시에 신성神聖해 보였다. N의 의식과 현실의 상황, 내면의 무의식을 함께 살펴보고 성찰해 나가기로 하였다. N은 자신의 꿈을 성실하게 적어 왔고, 때로는 스스로의 힘으로 때로는 치료자와 더불어 통찰하고 이해하게 된 무의식의 내용을 참으로 진지하게 받아들였으며, 이해하고 깨달은 바를 자신의 의식적 인격과 현실의 삶 속에서 통합하고 실현하고자 성실하게 노력하였다. N이 무의식의 메시지를 이해하고 변화하고 치유되어 가는 것을 보면서 필자는 한 개인인간의 치유와 자기실현 과정을 계획하고 주재해 나가는, 전체 정신의 중심인 자기Self의 현존과 작용을 N과 함께 체험해 나가게 되었다. '자연의 빛lumen naturae'이라고도 부르는 무의식의 창조적이며 치유적인 기능을 함께 체험해 나가게 되었다.

N은 인터넷 공간이 아닌 세상과 열려 있는 세상의 한 장소에 남편과 함께 사업체를 개장하여 경영하고 있다. 아들과 딸을 낳았으며, 두 아이의 엄마가 되었다.

사례 O[23)

　　치료 시작 당시 O의 나이는 47세, 학력은 대졸, 이혼 후 딸과
함께 살고 있는 상태로, 무직無職이었으며, 모 대학원 문예창작과
에 입학 원서를 내 놓은 상태였다. O는 키가 크고 늘씬하며 멋있
게 차려 입은 깔끔하고 단정하고 세련되고 지적인 미인이었다. 실
제 나이보다 훨씬 젊어 보였으며, 무언가에 쫓기고 있는 사람처럼
불안하고 긴장되어 보였다. 고통을 겪고 있는 자신의 상태를 말하
기 부끄러운 듯 치료자의 반응을 살피며 주저주저하면서 어렵게 말
을 이어 갔다. 치료자가 자신을 이상한미친 사람, 추한 사람, 천박
한 사람으로 생각하는 것이 아닐까 걱정하는 마음을 표현하기도
하였다. '더러운 것에 오염되는 것에 대한 두려움'과 '강박적 손 씻
기' '피부병과 나병에 대한 공포' 및 '우울증'이 O의 주된 호소였다.
의식과 현실의 상황과 내면의 무의식 상황을 함께 살펴 나가며 주
1회 지속적인 정신치료를 시작하게 되었다. **개인사 및 병력**은 다음

---

23) 피분석자의 프라이버시를 보호하기 위해, 이름 대신 'O'라는 가칭을 사용하였으
　　며, 개인사에 관련된 부분은 간단하게 요약하고 일부 생략하였다.

과 같다.

O의 어머니는 O를 임신한 상태에서 O의 친아버지와 헤어졌으며, O는 친아버지를 한 번도 본 적이 없다. O는 세상에 태어난 지 얼마 되지 않아 양아버지를 두게 되었으며, 이미 결혼하여 아내본부인가 있는 O의 양아버지는 일주일에 한 번 정도 O의 어머니와 O를 만나러 집에 들르곤 하였다. O의 어머니는 O의 어린 시절 바깥일로 집을 비우는 때가 많아 O는 외할머니 손에서 자랐다. O의 어머니는 항상 그녀를 공주처럼 예쁘게 꾸미고 치장하고 입혔으며, 양아버지는 일주일에 한 번씩 그녀의 집을 방문할 때면 예쁜 초콜릿과 호두와 잣 등 각종 견과류가 듬뿍 들어 있는 맛있는 빵을 선물로 사다 주곤 하였다.

동화책을 읽을 때와 극장에 가서 우리나라 사극을 관람할 때가 가장 행복하였다. O가 읽은 첫 동화는 《착한 왕자》와 《파랑새》다. 《착한 왕자》는 착한 왕자가 친어머니가 죽은 후 계모의 박해를 받으며 갖은 고생을 겪은 끝에 마침내 계모의 박해를 이겨 내고 훌륭한 왕이 된다는 내용이다. 《파랑새》에서는 플로린느 공주의 친어머니가 죽고 마녀같이 못생긴 계모가 딸을 데리고 들어와 왕비가 된다. 계모는 예쁜 플로린느를 질투하여 탑에 가두고 낮에는 파랑새로 변하게 마법을 건다. 플로린느 공주는 결국 위기를 극복하고, 샤르망 왕자의 구애로 마법이 풀려 사람이 되고 샤르망 왕자와 결혼하여 행복하게 산다는 내용이다.

O가 열 살 때 어머니와 함께 구둣방에 갔는데, 구둣방 아저씨

가 어머니 몰래 O의 다리를 만졌다. 큰 소리로 부르면 들릴 만큼 가까이 어머니가 있었는데도 O는 자신의 상황을 알리거나 도움을 청하지 못했으며, 자신을 만지는 구둣방 아저씨에게도 아무 말도 하지 못하고 불쾌하고 두려운 그 상황을 감수했다. 그 사건 이후 O는 자신이 더러워진 것 같았다.

양아버지가 무척 잘해 주었음에도 O는 늘 '친아버지가 아니다.'라는 것을 가슴이 아리도록 느끼고 있었으며, 양아버지와 함께 있는 것이 너무나 어렵고 불편하여 양아버지가 가고 나면 편안하고 후련했다. 조금씩 철이 들기 시작하면서 O는 자신이 처해 있는 상황을 있는 그대로 받아들일 수 없었으며, 자신의 상황이 창피하였다. O는 태어나기 전부터 자신은 이미 친아버지에게 버림받은 존재이고, 어머니가 자신을 유산시키지 않고 이렇게 낳아 키워 준 것만도 감사하며, 자신의 존재 자체가 어머니와 양아버지를 힘들게 하고 큰 짐이 된다는 생각을 하게 되었다. 어느 날 어머니가 자신을 버려 두고 집을 나가 버리는 것은 아닐까 하는 생각이 문득 들곤 하였다. 부모를 실망시키지 않기 위해 스스로 더욱 훌륭한 사람이 되고자 노력하였으며, 부모의 마음에 드는 착하고 순종적인 아이로 자랐다. O의 어머니는 가부장적인 남성 중심의 유교적 여성관을 가지고 있었으며, O 역시 그것에 영향을 받았다. 양아버지의 인정을 받는 훌륭한 사람이 되고자 공부를 열심히 하였으며 단정한 모범생으로 학창 시절을 보냈다.

13~14세경부터는 양아버지와 단둘이 함께 있는 시간이 몹시 불

편하고 어색하여 바늘방석 위에 앉아 있는 것같이 힘들었다. O는 양아버지를 훌륭한 분으로 존경하고 있었으며 양아버지도 O를 아끼고 매우 잘해 주셨음에도 '의붓아버지에게 강간당하는 딸'에 대한 공상이 저절로 생겨나 머릿속을 침입하곤 하였다. 자신의 의지와 상관없이 떠오르곤 하는 이러한 공상이 O는 몹시 당혹스러웠다. '혼자 낮잠을 자고 있을 때 누군가남자 들어와 나를 강간하고 가 버리지는 않을까?' 하는 생각이 들기도 하였다.

O가 20세 되던 무렵부터 어머니를 찾는 양아버지의 발길이 뜸해졌다. 대학에 입학하고 새로운 직장에 취직하는 등의 크고 작은 성취를 이룰 때마다 O는 양아버지 생각이 났다. 양아버지가 자신의 성취를 가장 기뻐해 주실 것 같은 생각이 들어 양아버지에게 기쁜 소식을 전하고 양아버지를 만나기도 하였다. 양아버지가 돌아가신 후 O는 어릴 때 양아버지가 그녀에게 사다 주던 맛있고 예쁜 그 빵을 찾아 시내의 빵집들을 찾아다니곤 하였다. 그러나 어디서도 그런 빵을 찾을 수 없었다. O의 어머니는 O를 과잉보호하고 지나치게 간섭하였으며, O는 과년한 나이가 지나도록 어머니에게 의존하고 어머니에게 통제받고 휘둘렸다.

O에게는 '대학 졸업하고 놀면 안 된다.' '대학 나와 직장 못 다니면 폐인이다.'라는 생각이 늘 있었다. 더러운 것과 더러워지는 것에 대한 심한 혐오감과 함께 손을 자주 씻는 습관이 생겼다. 이십대 중반의 나이부터 피부병과 나병에 대한 공포가 생겨났다.

O는 열심히 공부하고 정도正道를 걸으며 타인의 모범이 되는 삶

을 살고자 노력하였다. 이십 대에는 영어 교사 및 영어 통역과 번역 등을 하였으며, 모 방송국 신인 드라마작가 부문에 공채로 합격되기도 하는 등 글 쓰는 것에 대한 욕구와 소질이 있었다. 30세 이후에는 소규모의 수출 의류 사업체를 경영하였다. 한편으로 O는 지적으로 우수하고 자신의 일에서 유능하며 성공한 사업가가 되었으며, 우아하고 고고하고 교양 있고 절도 있으며, 세련되고 단정하고 깔끔한 여성적인 면모를 갖추었다. 다른 한편으로 O는 인정을 받고자, 잘하고자 최선을 다하고자 노력하였으며, 그러다 보니 어느새 타인의 비난에 쉽게 상처받고 타격을 입는 성향으로 변했다. 겸손하고 예의 바르며 타인에게 폐를 끼치지 않으려고 조심하고 배려하는 면모와 동시에 타인의 결례와 무례함을 참지 못하며 내심 비판적인 성향을 지니게 되었다.

이십 대 초반에 여러 남성이 구애를 하였으나 마음에 들지 않고 시시하게 느껴져 거절하였으며, O가 마음속으로 좋아하는 남성이 한두 명 있기는 하였으나 마음속으로만 좋아했을 뿐 상대에게 표현하지 못하였다. 26세 때 어머니의 강요로 원치 않는 결혼을 하고 6개월 만에 이혼하였다. 29세 때 한 시인과 편지를 주고받게 되었는데 그가 보낸 편지의 문장이 너무도 섬세하고 수려하고 감동적이어서 사랑에 빠져 결혼하였다. 막상 딸을 낳고 함께 살아 보니 남편이 편지로 사랑에 빠졌을 때 상상했던 사람이 아닌 것을 알고는 크게 실망하였으며 이혼하였다.

O는 이혼 후 딸을 키우며 어머니와 함께 살게 되었다. 딸의 양

육과 집안일은 어머니가 맡아서 하고, O는 삼십 대와 사십 대에 소규모 수출 의류 사업체의 경영자대표이며 소유주로 바쁘고 활기 있게 살아가게 되었다. 사업에서 꽤 성공을 거두고 경제적으로도 풍요로워졌다. O의 어머니는 수시로 전화를 걸어 O의 사생활을 일일이 감독하고 간섭하고 통제하려 하였다. O는 당신의 가치관[24]을 딸인 O에게 강요하며 구속하려 하는 어머니와 마찰이 잦았고, 어머니에게 휘둘렸다. O는 마흔이 갓 넘은 나이에 어머니의 집을 나와 어린 딸과 단둘이 살아가게 되었다. 딸은 엄마인 O에게 매우 의존적이었고, 엄마인 O가 늘 자신과 함께 있어 주기를 요구하였으며, 떨어져 있으면 불안해하였다.

O 자신의 표현을 그대로 옮기면 O 스스로가 말하는 그녀의 사십 대는 인생의 전성기였으며 유토피아였고 천상에 있었던 시절이었으며, 노이로제와 강박증 등은 있었으나[25] 극복해 가며 열심히 일을 해서 성취감을 느끼고 인정받으며, 남자 못지않은 역할을 했으며 남자 부럽지 않게 살았다. 마흔이 갓 넘은 늦은 나이에 어머니의 집을 나온 후 O는 두 번의 열정적인 사랑을 하게 되었다. 사

---

24) 가부장적 남성 본위의 유교적 여성관으로 "여성은 일부종사해야 하며, 그렇지 못한 여성의 삶은 실패한 삶이다. 이혼하여 혼자가 되었으니 다른 남자 사귀지 말고, 재혼하지 말고, 딸아이의 좋은 엄마로서만 살아가야 한다. 남녀 간의 사랑에 연연하는 것은 어리석은 짓이며 저속한 것이다." 등등.

25) 더러운 것과 더러워지는 것에 대한 심한 혐오감과 함께 손을 자주 씻는 습관이 지속되고 있었고, 얼굴이 붉고 반점이 있거나 인상이 추하게 느껴지는 사람을 보면 그들에게서 피부병과 문둥병이 옮을 것 같아 불안해하였으며, 그런 사람과 몸이 닿지 않도록 조심하였다.

랑이 O의 삶에 생기를 불어넣고 O로 하여금 진정으로 살아 있는 느낌이 들게 해 주었으며, 일을 하는 데에도 활력을 불어넣어 때로는 잠까지 줄여 가면서 열심히 일을 하였다.

그러나 O는 연인과 헤어지는 과정에 있었던 갈등과 고통 등으로 인해 시간과 에너지가 심하게 소모되면서 결국 경영하던 사업체가 문을 닫았으며, 부동산 수입으로 살아가게 되었다. 돈 문제로 무례하고 경우 없이 구는 세입자들과 자주 얼굴을 붉히고 아웅다웅하는 달라진 자신의 삶에 대해 '내가 남편이 없고 버젓한 직장이 없으니 이렇게까지 추락하여 교양 없는 속물들에게까지 무시당하며 험한 꼴을 보는구나.'라는 생각이 들며 서글퍼졌다. '이제껏 애써 이룬 모든 것을 다 잃었다. 너무나 불행하고 초라하다. 살고 싶지 않다.'라는 생각이 들며, 삶의 의미를 잃고 우울에 빠졌다. 개인분석정신치료을 시작하려고 결심함과 동시에 O는 자신의 내적인 충동에 따라 모 대학원 문예창작과에 입학원서를 제출하였다.

치료 시작 전 O의 **의식의 상황과 현실에서의 고통**심리적 문제을 다음과 같이 요약해 볼 수 있었다.

1. 더러운 것에 닿는 것에 대한 공포와 피부병과 나병에 전염되는 것에 대한 공포가 있으며, 결벽증과 손 씻기 등의 강박 증상이 있다.
2. 개인분석을 결심할 무렵까지 O는 자기 자신으로 살고 있지 못하며 또한 여성으로서도 살고 있지 못하다는 느낌 속에 있

었다. 자신이 실패한 초라한 존재라는 느낌과 자신은 평범하게 살아서는 안 되는 특별한 존재라는 느낌의 양극단 사이를 오가고 있었다.

3. 지적인 측면과 일과 관련된 업무 수행에서 잘하고자, 뛰어나고자, 특별하고자, 완벽하고자 노력해 왔다. 그러나 한편으로는 마지막 순간까지 미루고 미루다가 마감 시간에 임박하여 쫓기듯이 과제를 수행하는 습관으로 인해 먹는 것과 자는 것과 일상적인 삶의 과제들을 소홀히 하게 되고 자주 몸을 혹사하곤 하였다.

4. 정신적인 것, 이상적인ideal 것, 깨끗하고 순수한 것, 정돈되고 깔끔한 것, 완벽한 것 등에 높은 가치를 두는 반면, 몸, 운동, 수면, 식사, 감정, 본능, 매일 반복되는 일상의 실생활과 집안일 등을 소홀히 하고 무시하고 돌보지 않고 있었다.

5. 분리separation의 문제가 있었다. O는 자신의 어머니 그리고 자신의 딸과 분리되지 않은 상태로 서로 간에 무의식적으로 투사하고 동일시하여 유사한 문제와 비극이 '외할머니-어머니-O-딸'의 여성 4대[26]로 이어지며 반복되고 있었다.

6. 내면의 부성상과 남성상부성적 아니무스상을 외부로 투사하고 무의식적으로 동일시함으로써 빠져들고 사로잡히는 관계 양상

---

26) O의 외할머니, 어머니 그리고 딸과 관련하여 치료 시간 중 다룬 내용에 대해서는 이 책에서 구체적인 기술을 생략하였다.

이 반복되고 있었으며, 그로 인해 만남, 사랑, 결혼, 가족 등
중요한 인간관계에서 혼란과 좌절과 고통을 겪고 있었다.

7. 창조성과 관련된 문제를 안고 있는 것으로 추측되었다.

첫 번째 분석 시간

O에게는 **어린 시절 혹은 치료 시작 전부터 반복되어 오던 꿈들**이
있다.

1. 보이지 않는 어떤 존재가 쫓아오고 있다. 한 번도 본 적이 없
   으며 만난 적도 없어 그것이 무엇인지는 모른다. 그러나 잡히
   면 죽는다는 생각이 들어 필사적으로 도망간다. 빨리 도망가
   기 위해 몸을 숙여 엎드리고 양팔을 날개처럼 양 옆으로 펼치
   면 정말 하늘을 난다. 그래서 한 번도 잡힌 적이 없다. 어른
   이 되어서는 더욱 많이 날아다녔다.
2. 엄마가 돌아가실까 봐 매우 걱정한다.
3. 구두를 잃어버려 찾으려 애쓴다. 간혹 찾기도 한다. 치료 시작
   2~3개월 전 꿈에서는 구두가 물에 잠겨 있다.
4. 매우 춥다. 무섭게, 아플 정도로 고통스럽게 춥다. 잠에서 깨
   어나도 몸이 춥고 아픈 것이 한참 동안 지속된다.
5. 높은 곳에 있다. 아래로 내려가야 하는데, 계단이 너무 가파
   르고 마치 절벽과 같이 아찔하고 무섭다. 내려가면 죽을 것

만 같아 내려가지 못하고 망설이고 있다치료 시작 1년 전부터 반복되
어 온 꿈.

6. 몸속에서 바늘과 못이 계속 나오며 몸의 통증과 고통이 매우
심하다치료 시작 1년 전부터 반복되어 온 꿈.

7. 화장실을 찾으러 안타깝게 돌아다닌다치료 시작 2개월 전부터 더욱
자주 반복되어 온 꿈.

O가 치료자에게 보고한 **첫 꿈**[27)]을 통해 O의 주된 문제, 향후
치료 과제, 치료의 예후 등을 예상해 볼 수 있다.

〈꿈 1〉

탁자 위에 앨범이 펼쳐져 있다. 내 앨범이다. 그러나 내 사진은 없
고 세 남자의 사진이 있다. 세 남자 중 가운데 큰 사진이 이혼한
전 남편詩人의 사진이며, 그의 사진은 종이로 덮여 가려져 있다.
'얼굴이 왜 가려져 있을까?'라는 느낌이 절실하다. / 그곳에 함께
있던 사람 중 한 명인 나이 든 남자의 손을 잡고 그곳에서 나오려
하는데, '키 작은 이상한 여자'가 우리를 따라 나오려고 한다. 나는
그 작고 이상한 여자가 우리와 함께 나오려고 하는 것이 싫었다.

---

27) '치료 초기의 꿈'이 무의식의 전체 계획을 의사에게 밝히는 경우가 흔히 있다. 꿈
의 전체 계획에 대한 통찰은 진단을 내리고 예후를 미리 살펴보는 데 큰 가치가
있다고 할 수 있다. 첫 꿈이란 무의식(꿈)을 보기로 한 후 가져온 첫 꿈으로, 흔
히 환자의 심리적 문제, 진단, 예후를 드러내곤 한다.

그 나이 많은 남자는 어디서 본 듯도 하고 여러 사람을 합성한 듯도 한 모호한 모습이다. 그 사람이 S라고 한다. / 넓은 방에서 내가 아버지 연세의 피부과 의사 선생님에게 피부병을 치료받고 있다. 나는 피부과 의사 선생님의 팔베개에 누우려 하는데 어머니가 들어와서 방해한다. 어머니가 방으로 들어오자 의사 선생님은 방에서 나가고 나는 의사 선생님을 따라 나가려고 한다. 나는 여학생 모습을 하고 있다. / 내가 어머니의 집을 나와 독립했다고 하며 변한 모습의 여자가 '나'라고 한다. 의사 선생님을 보내고 나는 의사 선생님을 추억하는 붉은 꽃 화분을 창가에 두고 간수하는데, 한 여자가 들어와 흰 꽃 화분을 창가의 그 자리에 놓고 붉은 꽃 화분을 저 아래로 치워 버린다. / 변한 모습의 여자가 '나'라고 한다. 나는 내 나이 또래의 젊은 남자를 만나 결혼을 하고 아이 둘을 낳았다. 의사 선생님과의 좋은 추억을 가슴속에 아끼며 현재에 충실하게 적응하고 살아가고 있다고 한다.

꿈의 각 장면에 대한 O의 개인 연상[28]을 필요한 만큼 충분히 말하도록 하였으며, 그것을 토대로 하여 O와 치료자 상호 간에 질문하고 대답하는 과정을 거쳐 꿈에 대한 다음과 같은 이해에 도달하였다.

---

28) 꿈의 각각의 장면에 대한 O의 개인 연상 그리고 치료 시간에 필자가 O와 함께 체험해 나간 대화 및 치료 내용에 대해 이 책에는 간단하게 요약하고 선택적으로 서술하였다.

앨범은 과거에 대한 추억과 회상을 담고 있는 것으로, 과거로부터 O가 무엇을 살려야 할 것인가를 나타내는 것이기도 하다. 그것은 이혼한 전 남편의 모습을 하고 있는 O 내면의 '시인詩人 아니무스'의 재발견과 만남인 듯하다. 시인의 사진은 종이로 덮여 가려져 있으며, 그것은 가려져 있어 아직 발휘되고 있지 않은 O 내면의 창조적인 기운을 의미하는 것으로 볼 수 있다. O는 내면의 시인 아니무스를 외부 대상에게 투사하여 현실 속의 ○○와 펜팔을 통해 사랑에 빠지고 결혼하고 환멸을 느끼고 이혼하였다. O는 사진이 가려져 있는 것을 이상하게 생각하면서도 가려져 있어 보지 않게 된 것을 다행으로 생각한다. 대면을 괴로워하며 보지 않으려고 한다. 그러나 한편으로는 '왜 사진의 얼굴이 가려져 있느냐.'라는 물음이 절실하게 다가온다.

O가 개인분석을 시작하기로 결심하게 된 이유[29]로 손상된 체면 페르조나을 복구하고 예전 전성기 때의 자신의 모습을 회복하고 싶은 바람이 큰 부분을 차지하고 있기도 한데, 그러나 그것은 진정한 치료가 아닐 수도 있다.

O의 앨범에는 세 남자의 사진만 있을 뿐 여성인 자신의 사진이 없다. O가 여성임에도 여성으로서 살고 있지 못한 것은 아닌지, O가 타고난 본성대로 자기 자신으로 살지 못하고 앨범 속의 세 남자로 표현되고 있는 남성상에 의해 무의식적으로 사로잡힌 채

---

29) 의식의 자아가 원하는 치료 동기.

살고 있는 것은 아닌지 숙고해 보도록 하였다.

'우리를 따라오려고 하는 키 작은 이상한 여자'에 대한 O의 개인 연상은 다음과 같다. "첫인상이 촌스럽고 유치하고 천박해 보였다. 알고 보니 좋은 여자인데, 처음에는 이상해 보이고 나병 환자가 아닌데도 왠지 나병이 떠오르는 기형스러운 주관적인 느낌이 들었다."

O는 작고 이상한 한 여자를 소외시키려 하고 있으며, 이 작고 이상한 여자는 O가 아버지를 환기시키는 나이 든 남성과 무의식적으로 동일시할 때 소외되어 그녀 안의 무의식에 억압되어 열등해진 여성적 측면그림자일 것이며 혹은 자기의 상Self image일 수도 있다.

'여자가 들어와 붉은 꽃 화분을 치워 버리고 흰 꽃 화분을 놓는다.'에 대한 O의 개인 연상은 다음과 같다. "내 방으로 들어온 여자는 나의 의사를 무시하고 나를 안타깝게 만드는 두 번째 방해꾼이다. 첫 번째 방해꾼은 방에 들어와 아버지 연배의 피부과 의사 선생님을 내쫓은 어머니다. 못마땅하고 기가 막힌데 저항할 수는 없다. 그저 안타까웠다. 두 번째 방해꾼 여자는 소녀같이 예쁘고 순수하고 여리여리하여 보호 본능을 자극하는 신비한 예전의 모습이 남아 있기는 하지만 다소 뻔뻔해지고 자기 잇속도 챙기고 자기 할 말 다 하고 주책맞고 푼수 끼도 있으면서 생활력 강하고 악착같이 사는 아줌마의 모습이 더해진 변한 모습이다. 다소 교양 없어 보이고 세련되지 못하고 촌스럽고 그러나 씩씩하게 살아가는 모습이다. 삶의 질곡과 힘든 일을 겪으며 현명해지고 지혜로워진 모습이며 자신의 길을 꿋꿋이 살아가고 있는 여전히 아름다운 모습이다. 자신의 경험과 깨달음을 많은 사람과 함께 나누는 그런 모습의 여인이다."

첫 꿈의 여성들은 모두 무의식 속의 여성성으로 이제까지 의식의 자아로부터 소외되어 온 O의 본성 혹은 자기Self와 관련이 있는 것으로 볼 수 있다. 꿈의 상이 드러내는 바에 의하면 O는 피부병으로 상징되는 어떤 내적 상황을 앓고 있으며, 현실에서 O는 오래전인 이십 대 초중반의 나이부터 더러운 것에 닿는 것에 대한 공포, 피부병과 나병에 전염되는 것에 대한 공포가 있으며, 결벽증과 손 씻기 등의 강박 증상을 앓고 있다. O는 현실에서 늘 바쁘고 쫓기며 더러운 것에 대해 지나치게 민감하고 심한 혐오감이 지속되고 있었는데, 그것은 더러운 것이 자신을 망가뜨린다는 생각이 있기 때문이다. O의 치료 시작 후 첫 꿈은 O의 상징적 의미로서의 피부병을 치료해야 하는 것이 치료 목표 중 하나가 될 것이며, 부성상을 투사한 피부과 의사에 대한 무의식적 동일시 및 의존과 동경을 포기하고 분리해야 함을 시사하고 있다.

'피부'는 한 개인의 몸의 안과 밖 경계를 구분 짓는 테두리이고, 안과 밖이 만나는 곳이며, 타인과 나를 구분하고 경계 짓는 영역이다. 따라서 피부병이 있다는 것은 한 개인의 내면 세계와 외부현실 세계가 만나고 부딪치는 곳인 경계에 문제가 있을 수 있으며, 타인과 나를 구분하고 경계 짓는 것에 문제가 있을 수 있으며, 나라는 존재가 어디서부터 시작해서 어디에서 끝나는 것인지에 대해 한계를 긋고 한계를 받아들이는 개인성에 문제가 있을 수 있음을 드러내는 것일 수 있다. 자신의 내면의 상황을 외부 대상으로 투사하고 무의식적으로 동일시하는 문제가 있을 것임을 추측해 볼 수 있다. 피부병은 개인의 몸을 '몸 있음'을 부대끼도록 느껴야 하는 상태이기도 하다. 부성 콤플렉스에 사로잡혀 몸보다는 정신적인 측면을 강조하고 몸을 소홀히 하며 살아온 여성이 자신의 몸에 관심을 가지고 몸을 돌보도록 하는 소중한 기회가 될 수도 있을 것이다. 피부에 드러나는 징후를 통해 몸의 상태와 건강을 추측하고 진단할 수 있듯이 피부병을 통해 몸속의 상황이 드러나 그동안 보지 않으려 했던 자신의 문제를 인식할 수 있는 계기가 될 수도 있다. 몸은 개인성의 기초가 되는 영역이고 여성과 모성의 영역으로, 부성 콤플렉스 여성의 의식의 자아에 의해 소외되고 억압된 것들, 즉 그림자의 측면을 담고 있다고 볼 수도 있다. 소외된 몸속에는 치유를 위해서 꼭 의식화하고 살려 내어 여성의 삶 속으로 받아들이고 실현해야 하는 여성의 본성과 정수精髓를 흔히 담고 있다. 그러나 O는 자아를 침범해 들어오려고 하는 무의식의 영향력으로부터 자신을 지키려고 전전긍긍해한다. 이것이 의식의 상황에서는 피부병과 나병의 감염에 대한 공포로 나타남으로써 O는 증상의 의미를 알지 못한 채 고통을 겪고 있다. 이러한 증상과 고통의 의미는, 결함 없이 완벽하고 훌륭하게 가꾸고 포장해 온 가상 인격페르조나에 흠집이 생기지 않도록 전전긍긍해하고 불안해하는 O를 무너뜨리고 해체함으로써 잃어버린 본성을 O에게 되돌려주고 O를 자신의 전체로 회복시키고자 하는 무의식의 의도인 것은 아닐까?

O에게 '아버지-오빠-연인-구원자'의 의미를 내포하고 있는 '부성상'인 피부과 의사와 무의식적으로 동일시하려 할 때 어머니가 들어오며, 어머니의 이런 모습이 긍정적일 수도 있다. 아버지혹은 피부과 의사가 방에서 나가도록, 방을 비우도록 어머니가 간섭한다. 아버지혹은 피부과 의사는 방에서 나갈 수도 있고 방을 점유할 가능성도 있다. 실제로 O 안에는 아직 자라지 못한 여학생 혹은 어린 소녀와 같은 인격의 측면과 일 잘하고 유능하고 똑똑하고 대단한 인격의 측면 양극단이 공존하고 있다. 양 측면을 함께 현실의 삶에 참여시키고 경험하는 것이 필요하다. 그녀 자신에게 양 측면이 함께 있음을 현실에서 생생하게 경험하고 양 측면을 함께 현실의 삶 속에서 체험하면서 인격의 변환 과정을 겪어 갈 것이다.

O는 어머니의 집을 나와 독립한다. 그러나 아직은 어머니로부터의 진정한 분리와 독립이 아니고 아버지혹은 피부과 의사를 따라가기 위한 것이다. O는 강한 정동성을 가지고 부성과의 유대를 유지하려 하고, 그러자 한 여성이 나타나 정서를 순화detachment시키려고 한다. 부성 콤플렉스에 사로잡힌 여성은 방해꾼처럼 느껴지기

도 하는 어머니 혹은 여성적 존재의 목소리에 귀 기울일 필요가 있다. O는 그 남성피부과 의사, 아버지-오빠-연인을 계속 잊지 못하고 애착을 유지하고자 하나, 아버지부성상가 아닌 자기 나이 또래의 자신과 대등한 파트너 남성아니무스상과 만나서 결혼융합을 하고 아이를 낳게 됨으로써 치유와 연결되는 창조적인 인격의 변환을 이룰 수 있게 된다.

꿈의 마지막 장면에서 마침내 부성상과 분리되며, 현재현실, 일상의 삶에 충실하며 살아가게 된다. 부모상으로부터의 분리와 독립이 이루어져야 여성은 자신의 내면의 배우자로서의 아니무스를 만나 의식적인 관계를 맺을 수 있게 되며 의식과 무의식의 합성이 가능해진다. 꿈의 마지막 부분을 통해 O의 치료적 미래와 예후에 대해 예측할 수 있다.

부성 콤플렉스를 해소하려는 무의식의 여성적 요소의 작용을 꿈을 통해 볼 수 있다. 치료 과정에 있을 전이transference로 인해 어려운 문제가 있을 수 있겠으나 무의식의 여성성의 도움으로 아니무스가 건강하게 분화될 가능성이 보이는 꿈이다. 꿈은 또한 부성 콤플렉스가 해결되어 가는 과정을 그리고 있기도 한데, 다음과 같이 요약해 볼 수 있다.

1. O 내면의 '시인詩人 아니무스' 발견
2. 부성과의 유대에 대한 무의식의 비판적 시각과 여성성의 합류

3. 부성적 피부과 의사에 대한 전이, 의사와 아버지의 혼돈, 개인 분석정신치료보다는 치료자에게 의존하려는 경향, 모성에 의한 부성과의 분리

4. 소녀로 퇴행하여 부성과의 유대를 유지하려 함

5. 모성으로부터의 독립은 아직 진정한 독립이 아니라 모성 대신 부성에 의지하려는 것인 듯하며, 부성에 대한 뜨거운 감정을 유지하고자 하나 무의식의 여성성이 이를 다른 감정으로 대치

6. 대등한 남성상인 아니무스와의 결합

O는 치료 시작 전부터 바늘과 못이 몸속에서 계속 나오는 꿈에 시달려 왔으며, 이러한 꿈을 꾸는 동안 내내 그리고 꿈을 깬 후에도 꽤 긴 시간 동안 극심한 몸의 통증을 겪었다. 첫 번째 분석 시간에 O는 다음의 꿈을 함께 보고하였다.

〈꿈 2〉

몸속에 바늘이 있다. 온몸에서 실처럼 가는 바늘을 수없이 뽑아내야 하는데, 여기저기 너무 아프고, 어떤 것을 먼저 빼내야 할지 모를 정도로 몹시 아프다. 얼굴과 머리만 빼고 온몸에 바늘들이 감추어져 있다가 누르면 나온다. 살 속에서 바늘이 한도 끝도 없이 계속 나온다. 바늘이 살 속에서 계속 나오기 때문에 계속 뽑아내지 않으면 안 된다. 바늘을 뽑아내면 시원하다.

'바늘'에 대해 O는 "어릴 때 이불을 시침질하고 있던 이웃집 여자가 딸을 야단치며 때리다가 손에 들고 있던 바늘이 여자의 몸을 찌르고 몸속으로 들어가 난리가 난 적이 있었다. 다행히 여자는 살았다. 바늘에 찔리면 바늘이 몸으로 들어와 혈관을 타고 심장으로 들어가 죽는다. 바늘을 보면 공포스럽다." "해도 해도 끝없는 걱정. 불편함. 바늘이 제일 무섭다. 어릴 때 양아버지와 단둘이 있을 때 몹시 불편하며 바늘방석에 앉아 있는 것 같았다. 심한 통증을 느끼게 하는 바늘은 내 아버지가 친아버지가 아니라는 사실이다. 양아버지의 첩妾으로 살아가는, 세상에서 인정받지 못하는 어머니의 삶이 너무나 수치스럽고 싫었으면서도, 그런 어머니가 나를 버릴까 봐 전전긍긍하며 나를 버리지 않는 것만도 다행으로 생각하며 감사하는, 너무나 모순된 아픔을 느꼈다. 두 차례의 결혼 실패가 나에게는 몸을 찌르고 아프게 하는 바늘이다."라고 연상하였다.

현실에서는 이틀 뒤로 예정된 재판이 다가오고 있었으며, 고소 취하서 발송 여부로 갈등하고 있을 때 이 꿈을 꾸었다. 이 꿈을 꾸고 나서 O는 고소 취하서를 발송하고 고소를 취하하였다.

O의 몸속에 많은 바늘이 있다. 몸에 가지고 있으면 안 되며 목숨과 공존할 수 없으며 자연과 이질적인 이물질, 본래는 바느질할 때 쓰는 인공적인 금속 바늘이 몸속에 들어 있다. 너무 많은 인공적인 것을 몸속에서 빼내고 자연스러워져야 한다. 바늘은 찌른

다. 바늘은 부정적 아니무스negative animus에 의한 자학과 관련이 있다. 감정과 공감이 없이 냉혹하게 찌르는 비난과 비평이 잔뜩 있어 자기 비난과 자기 비하적인 생각으로 O 자신을 찌르고 밖으로 향하면 남을 찌른다. 자신의 마음을 콕콕 찌르며 괴롭히는 고통을 O는 몸으로 느낀다. '투사' 현상과도 관계될 수 있을 것이다.

치료는 수술로 몸속의 바늘을 빼내는 것이 될 것이다. 바늘의 원래 용도는 잇고 합치고 연결시키고 꿰매고 꿰는 것이다. 긍정적 아니무스positive animus의 역할이 여성의 흩어지고 조각난 인격을 하나로 모아 잇고 합치고 연결하고 꿰맴으로써 여성을 하나인 전체가 되게 하는 인격의 창조적 변환으로 인도하는 것이듯이, 지금 O의 몸을 찌르고 있는 바늘은 본래는 창조하는 도구다. 부정적 아니무스 문제, 아니무스의 긍정적인 변환, 인격의 창조적 변환 그리고 창조성의 실현과 관련된 문제 등이 이 꿈을 통해 미리 내다볼 수 있는 O의 치료 과제가 될 것이다. 몸에서 바늘을 뽑아내는 데서 오는 고통에는 치유와 인격의 변환의 의미가 있다.

16번째 분석 시간

〈꿈 3〉

나를 받아 주는 데는 없었다. 나는 여자였다. 야만적이며 천박하게 생긴 조그만 여자가 나를 받아 준다. 그녀와 성관계를 한 후 바늘 비슷한 무수한 조각이 내 몸에서 빠져나온다. 치료라고 한다.

'야만적이고 천박하게 생긴 조그만 여자가 나를 받아 준다.'에 대해 O는 "나를 위한 자리라는 느낌. 오갈 데 없는 마지막 선택"이라고 연상하였으며, '야만적이고 천박하다.'에 대해 "촌스럽다. 원시적이다. 원초적이다. 세련되지 못하다. 우아하지 못하다. 교양 없어 보인다. 너무 솔직하고 직선적이며 노골적이다. 육감적sexy이다."라고 연상하였다.

O와의 대화를 통해 도달한 치료자의 꿈에 대한 이해 및 해석은 다음과 같다.

O 안의 '야만적이고 천박한 조그만 여자'를 받아들일 수 있게 되는 것이 O를 치료로 인도한다. 어린 시절부터 고상하고 훌륭한 여성이 되기 노력해 온 O가 자신 안의 '가꾸지 않은 자연스러운 야성'과 '속물적인 천박함'과 '작고 보잘것없음'을 받아들이고 인정할 수 있을 때, O는 신경증에서 해방되고 건강해질 수 있으며 치료될 수 있을 것이다. 오히려 O가 경계하고 삼가야 할 것은 자신을 아름답고 근사하게만 가꾸려고 하는 기존의 마음 자세일 것이다. 부성 콤플렉스에 사로잡혀 여성임에도 남성적 가치를 과대평가하고 영웅적인 남성적 인격과 동일시하며 남자와 같이 살아온 여성들에게서 치료 과정 중 여성과 성관계를 하는 모티프[30]가 등장하곤 하

---

30) 치료 시간 중 O는 실재의 현실에서는 여성과 동성애적 사랑을 나누거나 성관계를 한 적이 없다고 말하였으며, 이 꿈의 상황에 대해 당혹스러워하였다. 꿈 자아 여성 A가 다른 여성 B와 성관계를 하는 모티프는 아직은 그림자 상태로 남아 있는 여성 B로 상징되는 그녀 안의 속성을 여성 A가 의식화하고 자신의 인격으로 통합한다는 상징적 의미를 지니고 있는 것으로 볼 수 있다.

는데, 이것은 많은 경우 치유적이며 긍정적인 상징일 수 있다. 이러한 상징 체험을 통해 여성은 남성적 인격에 사로잡혀 있는 동안 소외시켜 왔던 그녀 안의 본성인 여성성을 의식화하고 인격으로 통합할 수 있는 소중한 기회를 가질 것이다.

거대한 정신적 에너지가 O의 몸으로, O의 실존 속으로 밀려들어 왔다가 썰물처럼 빠져나가기를 반복한다. 신기神氣가 있으며, 샤먼Shaman의 기질을 타고났다고 볼 수도 있다. 이와 같은 기질이나 재능이 꽃을 피우려면 개인성의 토대가 마련되어야 한다. 개인성의 토대 없이는 우리가 신기라고 부르는 이러한 재능 때문에 그 개인이 위험해질 수 있으며, 한 개인의 삶이 파괴될 수도 있다. 피부의 문제는 개인성 혹은 경계의 문제이기도 하다. 개인적 무의식층에 속하는 그림자를 의식화함으로써 우리는 비교적 견고한 개인성의 토대를 확보할 수 있게 된다.

O는 앞 꿈에서 등장한 작고 야만적인 여성의 치유적 의미에 대해 2년 정도의 치료 기간이 흐른 후 80번째 분석 시간에서 다음과 같이 스스로 통찰할 수 있게 되었다.

"자연의 여성, 야성적이고 야만적인 인디오 여성만이 나를 받아주고 나를 치유하여 살게 해 주었다. 나에게는 어머니의 도덕관[31]

---

31) 남성 본위의 가부장적인 유교적 도덕관(여성관).

과 다르며 책 속의 도덕관과 모순되는 깊은 내 안의 도덕관이 있어 모든 역경에도 나를 죽지 않고 살게 해 주었다. 이 여성은 나를 죽이지 않고 지켜 주었던 내 깊은 내면의 도덕관이다. 요즘은 많이 편안하다. 미치면 어쩌나 하는 걱정도 언제부턴가 하지 않게 되었고, 이제는 안분지족한다. 일인다역—人多役이 되려 하지 않고, 최고가 되려 하지 않고, 너무 잘하려고 아등바등하지 않고, 남들이 부러워하는 모든 것을 다 가지려고 하지 않고…… 예전에 그렇게도 집착하고 매달려 왔던 것들이 이제는 부질없고 허망하게 느껴진다."

32번째 분석 시간

〈꿈 4〉

나는 쫓기고 있다. 남녀 무리가 나를 잡아 죽이려고 왔다. 내가 명성왕후인 듯도 하고, 내가 명성왕후에게 쫓기는 느낌이기도 하다. Y 언니도 명성왕후 복장을 하고 있다. / 쫓기다 보니 내 앞에 바구니가 놓여 있다. 폭발물인 줄 알았는데 알고 보니 세 줄기 물줄기가 나오는 수도관이다.

대학원 문예창작과의 작품 평가를 하루 앞두고 꾼 꿈이다. O는 훌륭한 작품을 완성해야 한다는 부담감으로 시작을 못하고 걱정 또 걱정하고 미루고 미루며 며칠간 잠만 자다가 마감 시간을 하루 앞두고 하루 세 끼를 굶으면서 잠도 자지 않고 24시간 꼬박 작업하여 작품을 완성하였다.

"늘 미루고 미루다가 마감 시간에 임박하여 에너지가 다할 때까지 자지도 않고 먹지도 않으며 과제를 완성한다."

"내가 좀 무리해서 살고 있는 것 같다. 시간은 적고 할 것은 많다. 너무너무 쫓기면서 산다. 돈 때문에…… 시간 때문에…… 과제물 때문에…… 잠잘 시간과 밥 먹을 시간도 부족하여 늘 쫓기며 허둥댄다. 더러운 것에 대한 기피 때문에 시간이 더 부족해진다. 몸이 못 견디겠다. 이러다가 병나겠다. 그러다 보니 걸레질을 안 한 지 한 달이 되었다. 청소까지 하면 힘들어서 아무것도 못한다."

〈꿈 4〉에 대해 O는 "명성왕후는 무리하게 욕심을 내어 그렇게 되었다. 자신이 가지고 있지 않은 힘을 외부에서 끌어들이고자 욕심내었다. 일본 낭인들의 거칠게 휘두르는 칼에 삶을 불행하게 마감하였다." "다시 태어나면 Y 언니처럼 살고 싶다. 내가 제일 부러워하고 존경하는 완벽하고 이상적인 롤모델이다. 모든 것을 다 갖추었다. 사회적으로도 일로서도 성공하고, 남편도 성공한 의사다. 일하면서도 아들딸 남매를 명문 대학교에 보냈다. 몸이 열 개라도 모자랄 정도로 바쁘게 뛰어다니며 산다. 우아하고 멋있고 귀티 난다."라고 연상하고 표현하였다.

꿈은 치료 시작 전 그리고 현재의 O의 삶이 명성왕후 혹은 Y 언니와도 같은 모습이라는 것을 상징으로 보여 주고 있는 것 같다. O는 이 꿈을 꾼 직후 오래도록 소식이 없던 Y 언니의 소식을 우연히 듣게 되었으며, Y 언니가 현재 폐암으로 투병 중임을 알게 되고는 큰 충격을 받았다. O는 되뇌듯 치료자에게 반문하였다. "이상하다! Y 언니가 모든 것을 다 갖추고 완벽하게 이상적으로 산다고 생각했는데, 아니었나? Y 언니가 잘못 산 것일까? 너무도 혼란스럽다. Y 언니는 싫은 감정을 잘 드러내지 않고, 나빠도 싫어도 좋은 듯 웃는 낯으로 대하고, 미운 사람과도 마찰이나 충돌을 일으키지 않고, 열심히 일하고 승승장구하여 임원까지 승진했다. 그렇게 열심히 뛰어다니며 24시간을 시계같이 완벽에 가깝게 빈틈없이 살았다. 매우 깔끔했다. 내가 이상적인 여성이라고 느꼈었던 그런 특별한 부분이 언니에게 병을 일으킨 것일까?"

O가 이 꿈을 꾼 지 2개월 후 Y 언니는 폐암 투병 끝에 사망했다.

〈꿈 4〉에 대한 O의 개인 연상과 성찰을 토대로 치료자는 O와 다음과 같이 대화하였다. O의 의식과 현실의 상황을 되돌아보는 동시에 꿈의 의미와 메시지를 이해하고자 하였다. 〈꿈 4〉에 의하면 자신을 죽이는 폭발물이라고 생각하며 피하던 것이 사실은 세 줄기 물이 나오는 수도관이다. O가 삶 속에서 두려워하며 피하고 도망가려 하는 것들이 사실은 그녀를 적시고 씻어 줄 치유의 물,

생명수일 수도 있다. O가 이상적인 여성으로 흠모하던 Y 언니가 O처럼 명성왕후 복장을 하고 있으며, 명성왕후가 삶을 다 살지 못하고 비극적인 최후를 맞이했던 것처럼 Y 언니도 얼마 후 폐암으로 죽는다. O에게도 명성왕후나 Y 언니와 같은 측면이 있는 것은 아닌가? O의 그런 측면이 O를 병들게 한 것은 아닌가? 그러한 측면이 반성 없이 O에게서 계속된다면 그것은 O의 삶을 위험에 빠뜨리고 죽음에 이르게 할 수도 있는 것은 아닐까?

O가 이제까지 자기 자신과 세상 사람들을 보아 온 관점과 시각에 대해 좀 더 면밀히 검토할 필요가 있다. 기존의 관점과는 다른 새로운 관점과 시각으로 자기 자신과 세상을 응시할 필요가 있다.

38번째 분석 시간

〈꿈 5〉

1층에 있는 미친 여자가 2층에 있는 세 여자나, 어머니, 외할머니에게로 검고 둥근 바윗돌을 던진다. 미친 여자가 던진 바윗돌이 2층 유리창을 때려 유리창이 박살 났다. / 내가 잠든 사이에 어떤 남자가 내 몸에 수백 개의 바늘못을 박아 놓았다. 옷 시침하듯이 온몸에 바늘못이 뒤덮여 있다.

〈꿈 5〉에 대한 O의 개인 연상은 다음과 같다. "1층의 미친 여자가 검고 둥근 큰 바윗돌을 던져 우리를 해치려 한다. 1층의 미

친 여자는 딸의 모습이 아님에도 영락없는 딸이라 느껴진다. 우리
가 그녀 옆에 있지 않고 2층으로 피해 도망가자 유리창을 통해 바
윗돌을 던진 것이다. 그녀에게서 엄마인 나에 대한 딸의 분노를 느
낀다. 외할머니, 어머니, 나로 이어지는 여성 3대가 그렇게 못 살고
못 지킨 유교적 도덕관여성관을 내 딸에게 기대하고 은근히 강요했
으나, 딸아이는 그 기대를 저버리고 깨버렸다. 나는 딸에게 실망하
고 적대감을 느껴 왔으며 비록 딸이지만 무시했다."

O의 개인 연상을 토대로 치료자는 다음과 같은 치료자의 소견
을 O에게 말하고 대화하였다.

아래층의 미친 여자를 위층의 세 여자외할머니, 어머니, O는 대면해
야 할 것이다. 위층의 세 여자는 현재 O를 이루고 있는 여성성
의 세 측면으로, O가 자신의 어머니, 외할머니와 무의식적 동일성
unconscious identification 상태에 있기도 하며, 내면의 모성상이나 외할
머니상에 많은 영향을 받고 있음을 추측할 수 있다. O인 세 여자
가 미친 여자를 피해 달아나니 미친 여자는 화가 나 검은 돌바위
을 던진다. O가 딸이기도 한 네 번째 여자를 피하고 소외시키므로
그 여자는 미친 듯 화를 내는 것이다. 딸은 후일 새로워질 미래의
O의 변환된 인격으로서의 여성성을 상징하기도 하며, 자기Self의 상
징일 수도 있다. 미친 여자가 던지는 검고 둥근 바윗돌 역시 자기
의 상징을 품고 있다. 소외된 지상의 네 번째 여자를 위층의 세 여
자인 O가 받아들임으로써 O는 자신의 본성을 회복하고 자신의 전

체로 살 수 있을 것이며 치유될 수 있을 것이다. 아래층의 여자는 여성에 대한 잘못된 가치관가부장적인 남성 중심의 유교적 가치관을 동일시 하며 살아온 O의 의식으로부터 '이상한' 존재, '미친' 존재, '열등한' 존재, '더러운' 존재로 부당하게 경멸당하고 소외되고 버려졌으므로 분노하고 있는 O 안의 그림자. O가 반드시 대면하고 받아들여 야 하는 그녀 안의 소외된 여성성인 자기 자신이다.

O는 현재 자신과 불화하고 자신으로부터 도망치고 있으며 지 상에 발을 딛지 못하고 있는 심리적 현실에 놓여 있음을 꿈은 O에 게 상징으로 말하고 있다.

〈꿈 5〉의 두 번째 장면에 등장하는 바늘못에 대해 O는 "더 굵 고 길고 단단한 대바늘이나 못처럼 생겼다. 못은 요지부동이며 고 통이 더 크다."라고 연상하였다. O는 과제나 일을 수행함에 있어 서 잘해야 하며 훌륭한 결과물을 만들어야 한다는 생각이 늘 있어 왔다. 해야 할 과제나 일을 앞두고 차근차근 조금씩 해 나가기보 다는 심한 부담감을 느끼면서 미루고 걱정하며 계속 잠만 자고 있 다가 마감 시간이 임박해서야 뭔가에 사로잡힌 듯 그녀 자신의 것 이 아닌 듯한 어떤 기운을 빌어 정신적으로 고양된 상태에서 24시 간 쉬지도 않고 먹지도 않고 잠도 안 자며 과제나 일을 완성해 내 곤 하였다. 〈꿈 5〉는 그러한 현실 상황에서 출현하였다.

치료자는 O와의 대화를 통해 다음과 같은 견해와 해석에 도달 했으며, 이것을 O에게 전달하였다.

O가 잠을 자고 있을 때 남성적인 인격이 등장하여 O의 몸에 바늘못을 넣는다. 〈꿈 5〉에서의 잠든 상태는 무의식성을 의미한다고 볼 수 있다. O가 과제물을 완성해 낼 때 무의식중에 아니무스에 사로잡혀 아니무스가 O를 차지하고, 아니무스가 그녀를 도구로 하여, 아니무스가 행하고 과제물을 만든다고 볼 수 있다. O는 대부분의 경우 꽤 훌륭한 결과물을 만들어 내고 좋은 평가를 받곤 하였으며, '이것을 과연 내가 한 것인가?'라고 느끼며 신기해하였다.

많은 예술가가 O와 같은 방식으로 창조적 영감을 받아 창작을 하기도 한다. 그러나 이러한 상황에 놓일 때 O는 자신의 몸본능적 측면을 거의 돌보지 않게 되며, 이러한 상황이 되풀이되는 것은 O에게 해로울 수도 있다. 누가 그 글을 쓰고 누가 그 과제물을 만들어 내었으며 누가 그 일을 수행한 것인가? O가 깨어 있는 의식 상태로 이와 같은 상황을 의식하면서 창작하는 것이 필요할 것이다.

〈꿈 5〉의 마지막 장면을 보면 시침질하듯이 O의 온몸에 바늘못이 뒤덮여 있다. O의 몸이 후일 어떤 옷작품으로 창조되고 완성될 옷감원재료인 것처럼 O는 어떤 존재에 의해 마름질되고 빚어지고 있다. O의 몸을 통해[32] 어떤 창조의 과정이 진행되고 있는 듯하다. 현재 O가 겪고 있는 신경중의 고통이 후일 인격의 창조적 변환이라

---

32) 몸의 고통을 통해…….

는 열매를 맺게 될 수 있는 긍정적인 가능성을 함께 시사하고 있는 것으로 추측해 본다.

40번째 분석 시간

O의 근황을 보고하는 것으로 40번째 분석 시간이 시작되었으며, 〈꿈 6〉을 보고하였다.

"초조하고 시간에 쫓긴다. 시간이 너무 빨리 간다. 대학원 과제물 때문에 바쁘다. 사는 것이 힘들다. 사는 것이 힘든 이유는 과제물을 너무 완벽하게 잘해 내려고 하고, 손을 씻어야 하고 깨끗한 수저를 찾아다녀야 하고, 그러다 보면 밥 먹을 시간이 없어 굶고, 밥을 먹고 이 닦을 장소가 없어서 굶고, 음식을 너무 대충 먹고, 밤늦게까지 깨어 있고, 오전 내내 잔다. 몸이 힘들어서 자지 않으면 죽을 것 같아서 오전 내내 자다 보니 늘 시간에 쫓긴다. 신나는 일이 없고 무기력하여 좌절하게 된다. 체력이 달리고 활기가 없다. 신바람 나는 일이 없다. 그나마 강아지 코코와 놀 때, TV 드라마 볼 때, 신문 볼 때는 행복하다."

〈꿈 6〉
'바다 건너 이웃 나라 왕'이라는 젊은 남자가 나에게 둥근 꽃다발을 건네준다. 꽃다발은 중앙의 장미꽃을 중심으로 갖가지 색의 갖가지 꽃들로 이루어진 하나의 구球 형상이다. / 어머니가 나에게 음식상을 장만해 주셨다. 길러 주신 양아버지와 함께 먹을 음식상이다. 어머니가 나에게 '짙고 붉은 땅색 빛깔의 쇠고기 육포'를 집어 주신다. 정말 맛있다! 그러고 보니 6~7세 나이의 웬 남자아이가 있다. 밥상 앞에서 문득 깨닫는다. '아! 아버지가 돌아가셨구나!' / 딸아이가 레이스 뜨기를 하여 테이블보 두 개를 만들었다. 정말 멋지고 아름답다. 내가 하나 달라고 하니 사십만 원을 내라고 한다. 너무 비싸지만 테이블보가 너무 예뻐서 하나 갖고 싶다.

〈꿈 6〉에 대한 O의 연상은 다음과 같았다.

"레이스 뜨기나 테이블보 만들기는 할 일 없어 한가한 여자들이나 하는 것이며 나는 레이스 뜨기를 싫어한다."

O는 이제까지 여자들이 하는 레이스 뜨기, 바느질, 요리, 청소, 설거지 등을 시시하게 생각해 왔으며, 학창 시절에는 가정·가사 시간이 싫고 시시하여 가정·가사 시간에 영어 공부를 하였다. 집안일가사를 시시하게 생각하고 소홀히 해 왔다. 집에서 손수 밥을 짓거나 음식을 만들어 본 적이 거의 없으며, 음식을 사다 먹거나 외식하거나 굶고 먹는 것이 불규칙하고 소홀하였다. 분망한 스케줄로 잠도 불규칙하거나 부족하기 일쑤였으며, 대학을 졸업한 후에는 운동을 해 본 적이 없다. O는 자신의 몸과 건강을 돌보지 않았

으며 소홀히 하였다.

〈꿈 6〉에서 어머니가 O에게 땅색 빛깔의 쇠고기 육포를 건네준다. 맛있다. O가 그토록 시시하게 생각하고 부대껴하던 '지상地上의 삶'[33)]을, 일상의 평범한 삶 속에서 꿈틀거리며 생동하는 구체적인 삶의 내용을 피하거나 뱉지 않고 기꺼이 먹고 음미한다면 이 지상의 삶은 사실은 참 맛있고 의미 깊다.

일련의 꿈을 통해 O는 자신의 문제를 인식하기 시작하였으며, 어떻게 변해야 하며 무엇을 노력해야 할지 차츰 깨달아 가기 시작하였다. O가 이제까지 불필요한 것으로 무시해 왔던 레이스로 테이블보를 뜨는 것과 같은, 가족을 위해 정성껏 음식상을 장만하는 것과 같은, 섬세하고 따스한 정서가 담긴 여성적 과제에 좀 더 많은 에너지와 시간과 노력을 투자할 필요가 있음을 인식하기 시작하였다. 보통 여자들이 살아가는 평범한 일상의 삶의 가치를 느낄수 있고 받아들일 수 있어야 할 것 같다고 독백과도 같이 표현하였다.

〈꿈 6〉에서 '바다 건너 이웃 나라 젊은 왕' 모습의 남성이 새롭

---

33) O는 '지상의 삶'이 아닌 '천상의 삶'을 이상적인 것으로 동경해 왔으며 그렇게 살고자 노력해 왔다. 아름답고 순수하고 정신적이고 고고하며 특별하고 훌륭한 삶, 보통 사람은 도달하기 어려우며 소수의 아주 특별하고 뛰어난 사람만이 도달할 수 있는, 그러한 선택된 삶을 이상적인 것으로 동경해 왔다.

게 출현하고 '아버지'가 죽고 '아들'의 모습을 띠는 6~7세의 어린 남자아이가 등장한다. 꿈속에서 어떤 존재의 죽음은 그 존재에 대한 착각에서 깨어남disillusionment, 중요한 발달development, 애도, 변화, 그 존재의 변환transformation, 그 존재와의 분리separation, detachment, 새로워짐renewal, 재탄생rebirth, 통과의례initiation 등을 의미한다.

〈꿈 6〉의 맥락에 의하면 O가 지상의 삶인 일상의 평범한 삶 속에서 꿈틀거리며 생동하는 구체적인 삶의 내용을 대면하고 받아들이고 소화해 나가고 그 의미를 깨달아 가는 과정을 통해 이제까지 O의 삶을 지배해 오던 내면의 부성상과의 분리 및 부성상의 변환이 있을 것이며, 긍정적인 아니무스상이 새롭게 등장할 것임을 꿈은 상징을 통해 드러내고 있다.

O의 연상에 의하면, O에게 중앙의 장미꽃을 중심으로 갖가지 색의 갖가지 꽃들로 이루어진 구형의 꽃다발을 선물한 이웃 나라 왕은 소박하고 평범한 차림이며, 과거의 그녀 안의 아버지내면의 부성상와는 달리 고집스럽게 독선적으로 몰아붙이는 독재자가 아닌 합리적·개방적·진보적이며 변화와 대화에 열려 있는 수용성을 갖춘 젊은 왕이다. 젊은 왕이 선물한 둥근구형 꽃다발에서 O는 그녀가 키우고 있는 강아지 코코를 연상하기도 했다.

둥근 형상, '구'의 상징은 다음 의미를 내포하고 있기도 하다.

'구球'는 모든 내용을 담고 있는 하나의 전체성이다. 헛된 투쟁으로 무기력해진 삶이 '구'를 통해 다시금 가능해진다. '구형'은 의식과 무의식으로 구성된 전체인 '자기Self'의 상징이다. 영혼과 세계 혼은 구 형태일 것이다. 그는 태초의 그리고 최후의 시간의 등근구형의, 즉 완전한 인간, 인류의 시작이요, 목표다. 그는 성性의 분리 너머에 있는 혹은 오직 남성적인 것과 여성적인 것이 합성되어 합일됨으로써 도달할 수 있는 인간의 전체성이다. 안트로포스Anthropos의 상징이다. 자기의 자발적인 발현, 즉 자기의 상징의 출현은 무의식의 무시간성과 같은 것을 필연적으로 동반하며 영원성이나 불멸성의 감정으로 표현된다는 사실을 자주 보게 된다. 자기의 체험은 강한 인각印刻 효력이 있으며, 집단적 무의식의 현상 안에 속하는 것이다. 자기가 작업에 나타나고자 한다. 그러므로 작업은 개성화 또는 자기실현의 과정이다. 무시간성 속에 존재하는 전체로서의 자기는 완전히 둥근, 양성적인 hermaphroditic, 원초적 존재original being로, 의식과 무의식의 상호간 통합의식과 무의식의 합성을 나타낸다. [34]

O 내면의 변환된 남성상인 긍정적인 아니무스상은 O에게 귀하고 값진 전체성을 선물하고자 하며, O의 본성이며 개성인 O의 전체성은 중앙의 장미꽃을 중심으로 갖가지 색의 갖가지 꽃들로 이루어진 둥근 꽃다발 형상을 취하고 있다.

---

34) Jung CG(2002) : 앞의 책, p229, pp344-345.

59번째 분석 시간

〈꿈 7〉

몸에서 굵은 바늘못이 빠져나가면서 모든 바늘못의 끝에 짙은 보라색의 큼직한 구형의 돌보석이 맺힌다. 매우 귀중한 보석돌이다. 그러자 사람들은 모두 나를 부러워한다. 그러나 바늘못이 빠져나갈 때의 고통이 너무나 크다. / 내 몸에서 못이 자꾸 나온다. 매우 아프다. 마침 그때 도둑들이 나를 공격해 온다. 거무스름한 형상의 남자 모습을 한 도둑들이 나의 소중한 것을 훔치고 빼앗으려고 한다. 내 몸에서 나오고 있는 못을 도둑들에게 던지니 도둑들이 맞고 쓰러져 도둑들을 퇴치할 수 있다. 내가 공주임을 알게 된다.[35]

〈꿈 7〉이 있을 무렵 O의 현실 상황은 다음과 같았다.

"이 일 저 일에 늘 바쁘게 쫓겨 다니느라고 밥을 제대로 못 챙겨 먹는다. 먹는 것을 너무나 소홀히 하고 있다. 하루 종일 굶을 때도 많고 주로 커피와 빵, 단것으로 때우곤 한다. 그동안 몸을 너무도 돌보지 않았다. 운동은 거의 못한다. 좌측 머리에 두통이 자주 있다. 몸이 여기저기 아파 병원 여러 곳을 갔었다. 십이지장궤양, 역류성 식도염, 척추관 협착증 진단을 받고 운동 처방도 받았

---

35) 꿈속의 O는 이십 대 초반의 모습.

다. 아파서 나도 모르게 몸도 흔들게 되고 이리저리 걸어 다니게 된다. 운동을 시작하면 다리가 덜 아프다."

이러한 현실 상황은 O의 몸의 고통의 원인 중 하나이기도 하다. O는 자신의 몸을 너무나 소홀히 해 왔으므로 몸의 고통을 얻었다.

O에게 현재 심한 고통을 느끼게 하는 몸속의 못과 바늘은 그것이 몸에서 빠져나가게 됨으로써 '짙은 보라색[36] 큼직한 구형의 돌보석'로 상징되는 매우 값지고 귀중한 열매를 맺을 것이라고 꿈은 말하고 있다. 이것은 못과 바늘이 몸에서 뽑혀 나가는 순간, 즉 자기비난에서 해방되는 순간 얻는 보배라고도 볼 수 있을 것이다. 바늘과 못이 뽑혀 나갈 때의 고통은 매우 심각하다. 그러나 몸속에서 못과 바늘을 뽑아내어 던져 버림으로써 O는 부정적 아니무스가 더 이상 그녀를 사로잡지 못하도록 자신을 지키고 보호할 수 있게 될 것이며, 투사와 자기 비난자학에서 자유로워질 것이다. O가 부

---

36) '보라색'은 빨강색과 파랑색이 비슷한 비율로 섞이면 나타나는 색으로, '천상적'인 것과 '지상적'인 것 사이의 균형, '감각적'인 것과 '영적'인 것의 사이의 균형, '열정적'인 것과 '이성적'인 것 사이의 균형, '사랑'과 '지혜' 사이의 균형 등 '대극의 합일'의 상징을 내포하고 있다. 예수 그리스도의 고난이 보라색으로 상징되기도 한다. 보라색은 죽음과 재생의 상징을 함께 품고 있으며, 한 차원에서 다른 차원에로 의식성이 성장하고 발전되어 가는 '변환'의 상징을 내포하고 있기도 하다. Chevalier J, & Gheerbrant A(translated by Buchanan−Brown)(1996) : *The Penguin Dictionary of Symbols*, Penguin Books, London, pp1068−1069. / Ami Ronnberg(editor−in−Chief)(2014) : *The Book of Symbols*, The Archive for Research in Archetypal Symbolism, Taschen, pp654−655.

정적 아니무스에 사로잡히는 것은 곧 그녀 자신의 귀중한 보물을 도둑맞는 것임을 꿈은 보여 준다.

62번째 분석 시간

O는 건강과 몸의 중요성을 실감하게 되었다. 요가를 시작하였으며, 식사를 거르거나 소홀히 하지 않고 끼니를 챙기고 몸에 좋은 음식을 먹고자 노력하기 시작하였다. 대학원 과제로 영화를 본 후 그 영화를 시나리오로 만들어 제출하였는데, 그 과정이 참으로 재미있었으며 완성된 시나리오를 보니 매우 뿌듯하고 기뻤다. 자신이 만든 시나리오의 지문이 살아서 움직이며 행동과 연기로 변하는 듯한 신기한 느낌을 가지게 되었다. '어! 나에게 소질이 있네!'라는 어떤 발견을 하게 되었으며 스스로도 깜짝 놀라고 감탄하였다. 자신이 그 시나리오의 여주인공이 된 듯 심취하였다.

이 무렵 〈꿈 8〉을 꾸었다. 〈꿈 8〉은 O가 겪어 온 바늘과 못으로 인한 몸의 고통의 의미를 드러내고 있기도 하다.

〈꿈 8〉

여자들이 나를 붙잡아 내 몸에 두꺼운 바늘못들을 꽂는다. 나는 몸에 심한 통증을 느낀다. 그런데 여자들이 강제로 내 몸속으로 밀어 넣은 그 고통의 바늘못이 나를 아름다워지게 하고 여왕왕비이 되게 한다. / 7세가량 된 남자아이 귀신이 나를 계속 쫓아온다. 아침에 잠에서 깬 후에도 한참 동안 꿈속에서 바늘못이 꽂힌 부분의 통증이 지속되었다.

O는 이 꿈을 꾼 후 "꿈이 어쩜 이런 메시지를 주는지! 이런 깨달음을 주는지! 너무 감사하다! 고통이 내게 뭔가 값진 것을 주는구나! 내가 감내하면 앞으로도 보람 있는 일이 있겠구나! 고통에 감사한다!"라는 통찰과 깨달음을 스스로 얻게 되었다.

〈꿈 8〉의 두 번째 장면에 등장하는 '7세 남자아이'에 대해 O는 "TV 드라마 〈왕꽃 선녀님〉의 색동옷 입은 아이 귀신 느낌…… 크기는 남자아이인데 얼굴은 꼭 어린아이도 아니고, 아이 크기인데, 아이도 아니고 어른도 아닌…… 여러 명이면서 한 명 같은…… 사람이 아니면서 사람 같기도 한……."이라고 연상하였으며 '7년' 혹은 '7세가량 된'에 대해서는 "7년 전 두 번의 아름다운 사랑을 하였다. 뜨거운 사랑에 빠져 그 전에는 상상도 할 수 없었던 말로는 표현할 수 없는 큰 기쁨과 행복을 체험하였으며 힘겨운 고통을 겪기도 하였다. 사랑의 기쁨으로 먹지 않아도 배고픈 줄 몰랐으며 잠도 안 자고 밤새워 열정적으로 일을 하였으며, 사랑의 고통으로 헤매다가 사업체를 문 닫고 일을 그만두게 되었다."라고 연상하였다.

'여자들이 O의 몸속으로 강제로 밀어 넣은 두꺼운 바늘못'에 대해 '딸과의 갈등, 세입자들로 인한 부대낌과 다툼, 경제적 어려움······ 피하고만 싶은 일상과 현실의 삶에서의 부대낌과 고통' '십자가에 못 박히신 예수님'을 연상하였다.

여성적인 존재들이 O의 몸에 바늘못을 박음으로써 어떤 의식ritual을 치르는 것 같으며, 몸의 고통을 통해 여성이라는 그녀의 존재를 빚어 창조하고자 하는 것 같다. 여자들이 O의 몸에 밀어 넣은 두꺼운 바늘못의 고통은 과거 하늘을 날아다니며 그녀를 추적하는 존재를 피해 달아나던[37] O로 하여금 몸의 무게를 느끼게 하며 아래로 내려가게[38] 하는 무거운 몸의 고통이기도 하다.

〈꿈 8〉에서 O의 몸에 바늘못을 박는 여자들은 O의 무의식 속에 그림자 상태로 남아 있는 여성성으로, 자기Self의 의도를 실현하고자 함인 듯하다. 이러한 과정을 통해 O는 진정으로 아름다워지고 여왕왕비이 되며, 왕과 대등한 자격을 가지거나 왕의 신부로서 존중받게 된다. '여왕왕비이 된다.'는 것은 여성의 자아의 삶에 여성성이 회복되었음을 나타내며, 더 이상 부성상의 원형적인 힘에 이끌리지 않고 자신의 위치에서 고유한 가치를 발휘하게 됨을 의미한다. 여왕왕비이 된다는 것은 여성성여성 원리 전체를 아우르고 대표하며 동시에 남성 원리를 수용하며 포괄함으로써 전체 정신을 수용하고 하나로 아우를 수 있는 준비를 갖춘 어떤 상태에 이른다는

---

37) 개인분석 시작 전에 반복되던 O의 꿈들 중 하나.
38) '아래로 내려가야 한다.'라는 주제의 꿈이 개인분석 시작 전부터 시작되어 반복되어 나타나고 있다.

의미로 볼 수 있을 것이다. '아름답다.'는 것은 여성성여성 원리을 대표하며 여성성의 최고 가치를 나타내는 상像이라고 볼 수 있으며, 자연스럽게 남성 원리를 다가오게 하여 남성과 여성을 합일에 이르게 한다. 의식과 무의식의 합성에 이르게 하여 전체성에 도달하게 한다.

과거에 O는 일상에서 겪는 부대낌을 피할 수만 있으면 피하려고 생각해 왔으며, 자신이 그런 것까지 직접 겪어야 하는 이유는 자신이 결혼에 실패해 남편도 없고 일까지 그만두어 처지가 한없이 초라해지고 추락했기 때문이라는 관점을 가지고 있었다. 그러나 사실은 이러한 삶 속의 상황을 대면하고 받아들이고 삶의 무게를 견디고 그 고통을 껴안음으로써만이 O는 치유될 수 있을 것임을 꿈은 보여 주고 있다.

예수님은 십자가에 못 박혀 돌아가셨다. 하느님이 아들이 되어 천상에서 지상으로 내려오셨으며 십자가 위에서 못이 몸을 찌르는 고통을 겪으며 돌아가셨고 부활하여 다시 승천하였다.

마치 몸이 없는 천상의 정신적인 존재인 것처럼 몸과 구체적 현실의 삶을 소홀히 여기며 살아왔던 '아버지의 딸'들에게 몸을 찌르는 못의 고통은 그녀들로 하여금 몸과 구체적 삶을 의식화하게 하는 고통이며, 대극의 고통을 하나로 끌어안고 전체성에 도달하고자 하는 십자가 위의 고통이기도 하다. '아버지의 딸'들이 치유되고 새롭게 태어나기 위해서는 어쩌면 죽을 지경에 이르기까지 자신과 이 삶을 속속들이 체험하며 성찰하고 깨달아 가는 과정이 필요하다고 말할 수 있을 것이다.

　7세쯤 되는 남자아이 귀신은 O의 본질적인 아니무스 측면, 때 묻지 않은 원형적 특질을 잘 반영하는 아니무스의 정수精髓일 수 있으며, O가 도망가지 말고 만나야 하는 O의 창조성의 정수일 수 있다. O가 이 무렵 현실에서 대학원 과제로 수행했던 창작 과정 중 체험과 관련이 있을 것이다. 무속에서 어린 남자아이 귀신[39]은 소아귀小兒鬼 혹은 태자귀太子鬼로 불리며 '흩어지지 않은 그것'으로 자기Self의 상징이기도 하다. 남자아이 귀신은 계속 그녀를 쫓아온다.
　치료자는 O에게 무의식으로부터 혹은 외부 현실로부터 그녀에게 다가오는, 그녀가 두려워하거나 꺼려하는 어떤 상황, 어떤 대

---

39) 〈……요컨대, 小兒鬼란 어려서 죽은 아이의 魂魄이며 의지할 곳을 찾아 방황하는데, 이름을 부를 때 응답하는 자에게 붙어 떠나지 않는다……. 또한 小兒鬼를 사로잡으면 남이 하는 말을 다 들을 수 있고 小兒鬼는 吉凶과 먼 곳의 事情을 알려 준다……. 이러한 鬼神은 Jung의 自己原型 그 자체가 우리의 의식세계에 주는 영향과 같은 점을 지니고 있다. 鬼는 生者를 부르고 응답하는 자에 붙는다. 生者와 鬼와의 관계는 언제나 하나가 되고자 하는 희구 속에 이루어진다. 鬼는 무의식이며 生者는 자아의식이다. 무의식은 언제나 의식과 관계를 맺고자 하며 하나가 되고자 한다. 그러나 자아에 그것을 받아들일 만한 상황이 이루어졌을 때(자아의식의 일방성과 같은) 무의식의 내용이 의식을 사로잡는다. 즉, 鬼接이 생긴다. 또한 자아의 상황 여하에 따라 무의식의 내용은 配定(constellation)되어 의식화되기를 기다리게 된다. 우리의 마음속의 創造的 機能은 오직 誠의 자세로 임해야만 비로소 感應을 준다. 同氣相求는 또한 投射와 被投射의 상호관계와 연관된다……〉 이부영(1981) : "傳統的 鬼神論의 分析心理學的 考察", 《精神醫學報》 第6卷 第1號, 이부영 교수 논문집, Vol. I, p48,49,56,57,58.

상들로부터 무조건 도망갈 것이 아니라 대면하고 귀 기울여 볼 것을 조언하였다. O의 몸에 못과 바늘을 박는 존재는 이 꿈꿈 8에서와 같이 여자인 경우도 있고 앞의 꿈꿈 5에서와 같이 남자인 경우도 있다.

63번째 분석 시간

32번째 분석 시간의 〈꿈 4〉에서 등장했던 Y 언니가 등장하는 꿈을 다시 꾸었다.

〈꿈 9〉

Y 언니가 왔다. 머리는 노인의 머리처럼 눈을 뒤집어쓴 것처럼 전체가 흰 빛이며, 황색 상의와 짙은 보라색 하의를 입고 있다. 언니의 얼굴은 생전의 그것과 다른데도 언니. 언니와 함께 온 그들은 모두 죽은 사람이다. 언니가 나에게 "함께 갈까?"라고 묻다가 "아니야, 내가 다시 올게."라고 말한다. 언니는 또 "너는 뭐든 할 수 있어."라고 나에게 말한다. 언니의 말을 듣고 나니 정말 나는 뭐든 할 수 있을 것 같다. '뭐든 할 수 있다.'라는 언니의 말뜻은 '내가 하는 무슨 일이든지'와 '좋은 배우자를 만난다는' 것이었다. 언니의 말처럼 이젠 정말 그 말이 맞는 것 같다.

꿈속의 Y 언니에 대해 O는 "이집트 여인의 느낌. 이상하고도 온

전한 흰빛 머리, 불가사의하고 영원한 신비의 느낌이며 '절대자'처럼 느껴졌다. 모든 것을 포용하는 그녀의 말이 한 치의 의심도 없는 절대 진실로 내 가슴에 스며들었다. Y 언니의 황색 상의는 따뜻하고 풍성하고 편안하고 푸근했으며, 상의의 황색은 노랑, 곡식의 황색, 땅의 황토색, 금색의 모든 뉘앙스를 품고 있었다."라고 연상하였다.

이 꿈을 통해 O는 어떤 통찰과 깨달음에 이르렀으며 의식의 태도와 현실의 삶에서 변화가 일어나기 시작하였다.

"예전의 나는 결코 죽지 않을 사람처럼 살았다. 그래서 맹목적이고 사소한 일에 매달려 낭비하는 시간이 많았다. 중요한 것과 중요하지 않은 것을 구별하지 못한 채 섞여 엉망진창이 되었다. 영원히 살 것 같으니 별것 아닌 일에 부질없이 맹목적으로 매달리고 집착하였다. Y 언니의 죽음이 큰 깨우침을 주었다. 삶을 낭비하지 말아야 함을 느끼며, 매순간의 삶이 소중하며 매순간이 감사하다."

"여기저기 몸이 안 좋은 것이 발견되었는데, 오히려 이 정도에 그친 것이 감사하다. 삶을 더 소중히 느끼게 되었다. 삶의 전기를 맞았으며 삶에 대한 새로운 관점을 가지게 되었다. 삶의 활기가 증가하였다."

"딸이 여전히 속을 썩이지만 이제 더는 나를 불행하게 만들지 못할 것 같다. 몸이 아파도 불행하지 않다. 요즘은 누구를 꼭 만나 결혼해야 한다는 생각에 연연하거나 집착하지 않는다. 나 스스로도 별 부족함이 없다고 느껴진다. 방황이 정리되고 안정이 된다. 과거의 내 모토는 일과 사랑이었으며, 야심이 많아 일과 사랑에 집착했다. 사람에게 얻는 만족감은 한계가 있다. 이젠 지금의 이 상태로도 만족한다. 모든 것이 다 뿌듯하고 행복하다."

"요가를 하면서 다리도 덜 아프고 허리선이 생겼다. 요가는 점점 더 재미있어지고 즐겁다. 라틴 댄스를 시작하였다. 몸무게도 조금 줄고 날씬해져서 행복하다. 강아지 코코와 같이 운동을 한다. 끔찍하게 싫었던 운동도 코코와 함께 하니 즐겁다. 코코를 사랑하게 되니 코코의 대소변 치우는 것도 더럽지 않다. 코코 덕분에 더러움에 대한 공포가 극복되고 있다."

"요즘 집에서 내가 밥을 해 먹는다. 외식하고 빵만 사서 먹다가 직접 만들어 먹으니 밥 먹는 것이 즐겁다. 내가 손수 밥을 지으니 딸아이도 즐거워한다. 검은 쌀과 검은콩을 섞은 밥에 김치와 김만 곁들여 먹어도 그렇게 맛있다."

"도서관에서 책들을 접하면서 몹시 행복하다. 모든 것을 얻은 것 같다. 읽을 게 많아 행복하다. 몸이 아파도 불행하게 느껴지지 않는다. 대학원을 다니기 너무 잘한 것 같다. 책에서 얻는 기쁨이

다시 태어난 기쁨과도 같다. 돈이 좀 부족한 것이 흠인데, 이대로
도 좋다."

66번째 분석 시간

〈꿈 10〉

병약한 엄마가 사라지고죽고 건강한 야생의 검은 고양이가 남는다.
엄마의 죽음을 예고하는 듯한 이 상황에 하늘이 무너져 내리는 듯
무섭고 섬뜩하였다.

〈꿈 11〉

한대 지방 눈 덮인 곳에 내가 있다. 야생 늑대들이 내 몸을 터치하
며 내 몸 주위를 친근하게 맴돌고 있다. 잠에서 깨어나 꿈은 현실보다
더 리얼한 또 하나의 현실임을 절실하게 느끼게 되었다.

〈꿈 10〉에 대한 O의 개인 연상은 다음과 같았다.

"병약한 엄마가 사라진다죽는다. 치명적으로 슬프고 무기력해진
다. 엄마를 많이 미워하지만 엄마가 돌아가시는 것은 상상만 해도
두렵다. 얼마 동안 아무것도 할 수 없을 것 같다. 엄마와 외할머니
는 나에게 너무도 크디큰 존재다."

"엄마는 엄마가 이루지 못한 한恨을 내게 강요하며 내가 원치 않는 남자와 결혼하도록 강요하였다. 엄마로부터 주입된 잘못된 여성관으로, 사랑에 대한 잘못된 가치관으로, 나는 귀신에 썬 듯 멍하게 사로잡혀 끌려가듯 결혼했다. 꿈속의 '검은 고양이'는 가장 동물적이고 야성적이며, 엄마가 가장 혐오스러워하고 가장 경멸하고 가장 더럽게 생각하는, 여성의 몸 한가운데 있는 여성 성기, 검은 털, 남녀 간의 육체적 사랑을 떠오르게 한다. 병약한 엄마가 사라지고 배 중앙에 있는 건강한 검은 고양이만 남아 있다. 꿈속에서 엄마가 사라지고 없어지자 눈앞이 캄캄해지고 하늘이 무너지는 것 같았다."

O와 충분한 대화 후 치료자는 다음과 같은 소견을 O에게 말하였다. 병약한 엄마가 사라지고 건강한 야생의 검은 고양이가 중앙의 자리에 남는다. 야생 늑대들이 O의 몸을 터치하며 그녀 몸 주위를 친근하게 맴돌고 있다. 가부장적인 남성 중심의 유교적 여성관을 딸에게 강요했던 O 안의 어머니내면의 모성상가 사라지고 죽어 변환되려 하고 있다. 병든 기존의 모성상이 사라짐과 동시에 고양이와 야생 늑대개로 상징되는 건강한 야생의 '동물 심혼animal soul' 혹은 '동물적 본능animal instinct'이 새로운 여성적 기초로 모습을 드러내고 O에게로 통합되기 위해 다가오고 있다.

치료자의 해석이 있은 후 O는 "꿈속에 나온 검은 야생 고양이처

럼 내가 그렇게 살 수 있었다면…… 엄마의 말이라면 무조건 따르
는 착한 딸로 살지 않고 못되게 내 주장도 하고 내가 살고 싶은 대
로 살았더라면 아마도 병이 나지 않았을 것이다."라고 되뇌듯 말하
였다.

고양이 모티프는 이후의 꿈에서도 반복적으로 등장한다. 이제
까지 O는 고양이를 싫어했으나 이 꿈을 꾼 후 고양이에게 끌리고
고양이가 사랑스럽기도 하는 심경의 변화를 겪었으며, 얼마 후 새
끼 고양이를 입양하여 '옹이'라는 이름을 지어 주고 키우게 된다.
치료자는 더불어 O의 고양이 상징에 대한 확충amplification을 좀
더 시도하였으며, O가 살리고 의식화할 필요가 있는 O 내면의 고
양이 상징은 다음 속성을 내포하고 있는 것으로 이해하였다. 이에
대해 O와 대화하였다.

'고양이'는 누구에게도 종속되지 않고 연연하지 않는다. 가고 싶
을 때 가고, 오고 싶을 때 온다. 독립적이고 자유롭고 도도하고 아
름답다. 몸놀림이 유연하고 날쌔다. 한없이 사랑스럽고 부드럽고
포근하다가도 화가 나면 발톱을 드러내고 사납게 할퀸다. 길들이
기 어렵고 쉽게 야생으로 되돌아간다. 게으르게 늘어져 있기도 하
고, 잘 놀기도 하지만, 먹잇감을 포착하여 사냥을 할 때는 용의주
도하고 매우 집중하며 고도로 숙련된 기술로 사냥하는 훌륭한 사
냥꾼이다. 암컷 고양이는 매우 모성적인 동물이다. 자유의 여신상

의 발치에 고양이 조각이 자리하고 있다. 고양이는 모든 구속으로 부터의 거부를 상징한다. 누군가가 고양이를 사랑하고자 한다면 고양이의 있는 모습 그대로를 사랑해야 하며 고양이를 길들이려고 하지 말아야 한다. 고양이는 매우 독립적인 동물로, 자신의 영혼을 다른 존재의 손에 맡기지 않으며, 자신이 원하는 것을 알고, 자신의 길을 간다. 고양이는 북유럽 신화에 등장하는 사랑의 여신이며, 사랑과 정열과 다산풍요을 상징하고, 밤어둠을 다스리는, 프레이야 Freyja 여신의 또 다른 모습으로서, 프레이야 여신의 마차를 고양이들이 끌고 있다. 고양이는 '여성적인 것의 독립적인 개인성independent individuality of the feminine'과 많은 관련이 있다. 고양이는 동정녀 마리아성모 마리아의 그림자라고 볼 수 있으며, 동정녀 마리아 자신이 고양이 그림자를 가지고 있다고 말할 수도 있다. 고양이는 '새로운 형식의 여성성'이다. 여성의 고양이 측면, 즉 여성적 원리의 고양이 측면은 '잠재적 전체성'이며, 그런 점에서 고양이는 그 어떤 것보다 중요하다. 여성적 원리의 고양이 측면이 해방됨으로써 남성적 원리와 여성적 원리 사이의 커다란 적대감이 극복되며, 남성과 여성의 평화롭고 사랑스러운 결합이 이루어진다. 그것은 개성화가 이루어진 것이며 의식화된 것이다. 여성적인 것의 구원은 육체의 신성함, 즉 육체의 신성하고 원형적이고 존엄한 측면의 구원을 의미한다. [40] [41]

---

40) Von Franz ML(1999) : 앞의 책, pp103-104, 107-110, 111-113, 168-170, 183-184.
41) Hannah B(1992) : *The Cat, Dog, and Horse Lectures*, Chiron Publication, pp65-82.

72번째 분석 시간

O는 2주 동안에 걸쳐 다음의 꿈을 수차례 반복하여 꾸었음을 치료자에게 보고하였다.

〈꿈 12〉

삼십 대 초반의 젊고 예쁜 엄마가 나를 집에 혼자 내버려 두고 집을 나가 남자와 연애를 한다. 나는 엄마가 야속하고 얄밉고 배신감이 든다. '무책임하고 자신만 좋으면 되는 못된 엄마구나.'라고 생각한다. / 나는 아래로 떨어져 내릴까 봐 무섭다. 나는 아래로 떨어지고 있다.

O는 꿈에 대해 다음과 같이 연상하였다.

"엄마가 나를 내버려 두고 집을 나가 남자와 연애를 하는 꿈과 내가 아래로 떨어져 내리는 꿈은 늘 함께 꾸는 것 같다. 나는 어릴 때 엄마가 나를 버릴까 봐 노심초사했었다. 내 딸은 내가 자기를 버릴까 봐 노심초사한다. 실제로는 엄마가 양아버지 아닌 남자와 연애를 하거나 나를 혼자 버려두고 집을 나가신 적은 없다."

"꿈에서 나는 너무 높은 곳에 있다. 나무로 된 강단 같은 곳에 서 있다. 나는 내려가야 한다. 내려가야 하는 절박한 상황이다. 그러나 내려가는 길이 천 길 낭떠러지같이 까마득하고 거의 수직으로 가파른 경사라서 내려가면 떨어질 것 같고, 마치 자살하는 것 같아서 내려가지 못했다."

꿈의 의미에 대해 이해하고자 스스로 노력하였으며, 치료자와 대화를 해 나가며 O는 다음과 같은 통찰과 의식의 태도의 변화에 이르렀다.

"내려간다는 것은 피할 수 없는 현실이라면 기꺼이 받아들이는 것을 의미하는 것 같다! 세입자 관리를 하며 이런저런 일로 부대끼며 '내가 이런 세속적인 것까지 하며 시달려야 하나?' '내 자신이 이런 사람들과 얼굴 붉힐 정도로 이렇게까지 쪼그라들었나?' 생각하니 비참하여 해야 하는데도 피하고 잠자고 미루고 자포자기하며 질질 끌려가듯 억지로 했다. 그러다 보니 늘 시간에 쫓기고 시간에 쫓기며 급하게 하다 보니 사고도 나고 실수도 많았다. 그런데 어제 세입자 관리 통장과 임대료 통장을 만들어 파악하고 정리하고 체계적으로 관리하니 재미있더라. 계속 미루고 피하던 일을 마음먹고 달려들어 제대로 하니 의외로 재미있더라."

이 꿈을 꾼 며칠 후 O의 딸이 엄마인 O와 함께 살던 집을 떠나며 엄마인 O로부터의 독립을 선언하는 사건이 현실에서 발생하였으며, O는 이에 대해 다음과 같이 심정을 토로하였다.

"딸아이와 함께 살면서 딸아이가 나에게 너무 의존하고 나를 감시하고 간섭하고 자유를 구속하는 것이 힘들었다. 그런데 얼마 전 딸아이가 자신의 힘으로 살아 보겠다며 집을 나가더니 오랜만에 집으로 돌아와서 엄마인 나에게 자신의 '사랑 이야기'를 길고 길게 하였다. 딸아이가 집을 떠나 엄마인 나를 떠나 공부도 하고 연애도 한다. 얼마 전 꿈꿈 12에서 나를 집에 두고 집을 나가 남자와 연애를 하는 나의 엄마에게 느끼던 복잡한 감정을 현실에서는 내가 딸에게 느끼고 있다. 이상하고 신기하다. 내 엄마가 아닌 내 딸이 나를 두고 집을 나가 사랑을 한다. 딸아이가 얄밉고 배신감이 든다. 그렇게 내게 의존하고 집착하며 나를 구속하더니 결국은 나를 떠나가고 있다."

74번째 분석 시간

〈꿈 13〉

돌아가신 Y 언니가 왔다. 언니의 머리카락이 오렌지주홍빛으로 물들어 있다! 언니는 나를 보며 화사하게 웃는다.

〈꿈 4〉에서 명성왕후 복장으로 나타났던 Y 언니의 상이 〈꿈 9〉와 〈꿈 13〉에서 변화된 모습으로 반복해서 나타난다. O가 이상적인 여성으로 존경하며 흠모했던 Y 언니가 O가 〈꿈 4〉를 꾼 후 얼마 지나지 않아 사십 대 후반의 젊은 나이에 폐암으로 사망하여

O는 큰 충격을 받았으며, 동시에 자신에 대한 새로운 인식과 통찰을 갖기 시작하였다. 이러한 통찰과 의식의 태도의 변화와 함께 O 내면의 Y 언니 같은 측면에 변환이 진행되고 있다.

Y 언니의 상이 변환하며 꿈속에서 반복해서 나타나자 O는 그 의미를 숙고하며 성찰하였으며 다음과 같은 깊은 이해에 도달하였다.

"나와 Y 언니가 명성왕후의 모습이었다. Y 언니는 현세에서 좋은 것, 가시적인 것은 다 가지고 있었으며 그걸 보유하기 위해 늘 뛰어다녔고 일인다역一人多役을 해내었다. 스스로를 골병들게 하였으며 몸이 견뎌 내지 못했을 거다. 그래서 폐암으로 일찍 간 것 같다. 명성왕후는 굉장한 사람이나, 뭔가가 이상하다! 욕심이 너무 많다. 모든 걸 자신의 손아귀에 넣고 중심에 있으려 했다. 여자가 아니다. 위대한 영웅이기도 하고 지도자의 역량을 발휘하였으나 너무 잘나고 똑똑한 사람이라 죽음을 자초한 것 같다. 사고가 경직되고 융통성이 없으며 완고하였다. 시아버지와도 맞서고 적이 되었으며, 지아비인 고종의 사랑을 받지 못하여 여자로서는 늘 외로웠다. Y 언니처럼, 명성왕후처럼 사는 것은 죽음을 자초하는 길임을 이제야 절실하게 느낀다."

O는 〈꿈 4〉에 나타난 명성왕후의 모습과 Y 언니의 모습은 다

름 아닌 자신의 모습이기도 함을 통찰하고 깨달았다. 〈꿈 13〉에서 Y 언니는 오렌지주홍빛으로 머리를 물들이고 O를 보며 화사하게 웃고 있다. 〈꿈 13〉을 체험함으로써 O는 스스로[42] 다음과 같은 인식과 통찰에 이르게 되었다.

"내 안의 Y 언니의 변화를 받아들이는 것은 내가 아래로 내려가는 것과 관계있는 것 같다! 굉장히 중요한 꿈이다! 내가 모르던 부분을 깨달았다. 언니가 변했다! 보수적인 사람이 어떻게 이렇게 변할 수 있는가! 그럴 언니가 아닌데, 머리를 오렌지주홍빛으로 물들였다. 예전의 나는 그런 머리를 한 사람을 보면 '퇴폐적이다.' '문제 있다.' '천박하다.'라고 생각하며 혐오스러워하고 수용하지 못했다. 내 생각에는 견고하고 깨뜨릴 수 없는 부분이 많고 보수적이고 구식이고 고리타분하다. 변해야 할 것 같다! 변하고 싶다!"

"딸의 사랑과 결혼 문제에서 나는 보수적이었고, 딸아이로 인해 내가 상처받았으며 나 또한 딸에게 상처를 주었다. 그런데 나를 그렇게도 괴롭히고 내게서 떨어지려 하지 않던 딸아이가 지금은 엄마인 나를 떠나 공부도 하고 연애도 하며 잘 지내고 있다. 복잡한 양가적 감정을 느낀다. 딸이 남자를 만나 사랑을 하고 있는 것에 대해 한편으론 신기하고 놀랍기도 하면서 한편은 잘못될까 봐 걱

---

42) 치료자의 개입(도움)과 해석 없이도.

정도 되고 천박하다는 생각이 들 때도 있다."

　"'사랑'에 대해, 여성성에 대해 나는 지극히 구식이며 보수적이
었다. 과거 내가 수용할 수 없던 것들에 대해 이제는 융통성을 가
지고 수용하는 마음을 가지고 받아들이고 싶다. Y 언니의 오렌지
빛 머리가 생기 있고 신선해 보인다……. 나는 사랑에 대해 폐쇄적
이었다. 41세가 되어서야 처음으로 사랑을 하게 되었으며, 서로 많
이 좋아하였다. 그런데 '결혼해야 남들에게 손가락질 안 받는다.'
'유부남하고의 사랑은 수치스럽고 더럽다.' '그가 날 속이고 이혼을
하지 않고 날 계속 만나고 있었던 것이니 날 무시하고 사기친 것이
다.' 등등 보수적이고 독선적인 경직된 틀 속에서 사랑 중인 나 자
신을 스스로 깎아내렸으며, 사랑 속에 있는 나 자신을 부끄럽고 수
치스럽게 생각했다. 그와 그렇게도 아름다운 사랑을 하면서도 스
스로 '퇴폐적이다.' '천박하다.' 라는 죄책감을 떨쳐 버릴 수 없었다.
나 자신과 그 남성을 비판하고 정죄하였다. 지금이라면 그렇게 하
지 않았을 텐데……."

　이 분석 시간을 통해 치료자는 꿈을 통해 나타나는 무의식의
상징 속에는 의식의 자아가 그것에 집중함으로써 스스로 인식하
고 통찰하게 하고 스스로 변화하게 하는 치유의 메시지와 치유력
을 담고 있음을 또다시 느끼고 체험했다. 개성화자기실현 과정을 주
재하고 있으며 일방적이고 완고했던 의식의 자아의 태도에 변화를

일으키는, 무의식 심층에서 떠오르고 샘솟는 상징, 상像, 자연의 빛 lumen naturae의 창조적 기능과 신비한 치유 작용을 O와 더불어 체험하게 되었다.

'오렌지색'[43]은 인식, 통찰, 깨달음 등을 상징하는 '노란색'과 구체적이고 대지적인 삶, 몸, 본능, 열정, 사랑 등을 상징하는 '붉은색'이 만나 하나된 합일의 색으로, 현실의 삶을 생생하게 살고 체험해 나가는 가운데 얻게 되는 통찰과 깨달음이라고 볼 수 있을 것이다.

76번째 분석 시간

O는 TV 드라마 〈굳세어라 금순아〉의 '금순'을 떠올리며 금순의 촌스럽지만 천진난만하고 당당한 자연스러움이 몹시 끌린다고 말하였으며, 금순에 대해 다음과 같이 묘사하였다.

---

43) '오렌지색'은 '노랑'과 '붉음'의 중도(中道)에 있다. 천상적인 황금과 대지적인 붉음 사이에 자리하고 있으며, 영(spirit)과 리비도(libido) 사이의 균형과 조화를 상징하기도 한다. 오렌지색은 아시아 지역 상당 부분에서 불교 승려의 법복(가사, 袈裟) 색이며, 십자군 기사(Knights of Holy Ghost)의 문양은 벨벳에 수놓은 오렌지색 십자가다. 로마의 신부(新婦)들은 결혼식날 영원한 사랑과 결혼을 상징하는 오렌지색 베일을 쓰기도 한다. 그러나 영과 리비도 사이의 균형과 조화를 유지하는 것은 어려운 과제이며 한쪽 방향으로 치우치는 경향이 있어, 오렌지색은 신적인 사랑(divine love)의 계시가 되기도 하며 때로는 욕망(갈망)의 상징이 되기도 한다. 대지의 모신(母神, Earth Mother)을 숭배하는 전승 문화에서는 제의적인 Orgy를 통해서 이러한 균형을 찾고자 하였으며, 제의적인 Orgy를 통해 승화(sublimation)와 계시(revelation)에 입문하고자 하였다. 디오니소스(Dionysos) 神은 오렌지색 옷을 입었다고 전해진다. Chevalier J, & Gheerbrant A(translated by Buchanan-Brown)(1996) : 앞의 책, p723.

"금순의 아버지는 일찍 돌아가시고 어머니는 금순을 버리고 재혼한다. 할머니 손에서 자라며 학교도 제대로 다니지 못하고 미용기술을 배워 미용사가 된다. 사회적으로 저리도 열악한데 당당하고 자연스럽고 천진난만하다. 배추머리에 알록달록한 고무줄이 촌스럽고 튀어평범하지 않고 두드러져 얄밉게 느껴지고 거부 반응이 일어난다. 그동안의 나는 튀는 옷차림의 여성을 보면 천박하다고 생각하며 혐오스러워했다. 금순은 사회적으로 열악한 상황에서 처해 있음에도 자연스럽게 당당하고, 못 배우고 무식한 것 같은데 할 말은 다하고, 어수룩해 보이나 분명하고 똑똑하다. 남편이 죽고 혼자 아들을 키우며 사는데 뭐가 그렇게 즐거운지 하나라도 더 자기 것을 챙기면서 악착같고 활기 있다. 우아하게 예쁘지는 않지만 순진하면서 촌스럽고 생기발랄하다. 시어머니도 처음에는 금순을 '아들 잡아먹은 년'이라고 싫어하였으나 금순을 좋아하게 된다. 결국은 모두 금순을 좋아한다. 금순은 내가 키우는 강아지 '티피'를 닮았다."

치료자는 금순에게 몹시 끌리고 있는 O의 현재 상황에 대해 "동성同性의 누군가가 몹시 끌릴 때 우리는 끌리는 상대에게 우리가 아직 모르고 있으나 우리에게 몹시도 중요한 우리 자신의 무의식적 인격의 어떤 부분그림자, 자기을 투사하고 있는 것이 아닌지 한 번쯤 숙고해 볼 필요가 있다. 그렇게 함으로써 우리는 본래 자신의 한 부분이었으나 우리가 알지 못하고 소외시켜 온 자신 안의 매우 중요한 어떤 측면을 의식화할 수 있는 기회를 갖게 된다."라고 해석하였다.

O가 금순의 특히 어떤 측면에 끌리고 있는지, 금순의 어떤 속성들이 O가 현실의 삶에서 자신의 의식적 인격으로 살리고 의식화해야 할 O 자신의 그림자인지에 대해 치료자는 O와 대화하였다.

O는 "일을 안 하고 너무 오랫동안 쉬고 있어서 속상하고, 일을 하고 싶지만 시시한 일은 자존심 때문에 할 수가 없다."라고 마음 속의 갈등을 말하였다. 치료자는 O의 이러한 고민에 대해 O가 보기에 보잘것없고 시시해 보이는 일이라고 해도 그 일에 마음이 끌리고 기회가 닿으면 한번 해 보는 것도 좋을 것 같다고 생각을 표현하였다.

78번째 분석 시간

O는 자신의 현실 생활과 의식의 상황에 대해 보고하면서 치료시간을 시작하였다.

"요즘 들어 꿈에서, 일상에서, TV 드라마에서 많은 것이 느껴지고 예전에 없었던 깨달음이 온다. 기쁘다. 깨달으니 마음이 치유되는 것 같다. TV에서 정신과 신의진 교수의 소아발달 강의를 듣고 있으며, 이무석 교수가 쓴 《정신분석에로의 초대》를 읽고 있다. 강박 증상이 조금씩 편해지는 것 같다. 예전에는 강박 증상이 있다는 것에 대해 열등감이 많았으며 증상을 숨기느라고 삶이 더 고달팠다. 요즘은 증상을 가지고도 예전보다 당당하게 의연하게 사는 것 같다……. 신기한 꿈을 꾸었다……."

〈꿈 14〉

내 몸속의 바늘못의 고통 때문에 나는 몸이 많이 아팠으며, 이 아픔으로 인해 나는 아름다운 여자로 변신되고…… 여신화女神化되고…… 불사不死의 존재가 된다……. 멋진 남자교수, 의사가 나에게 끌리고 나에게 다가와 나를 흠모한다. 나는 또한 위험에 처한다. 그러나 나의 몸이 분명히 있음에도 자유롭게 내 몸을 위험으로부터 가릴 수 있게 되고, 인형으로, 꽃으로, 새로 변신할 수 있게 됨으로써 위험으로부터 나 자신을 지킬 수 있게 된다……. 바늘의 고통 덕분에 나는 작가作家가 된다.

O는 꿈의 장면에 대한 연상 및 꿈을 통한 체험과 통찰에 대해 다음과 같이 표현하였다.

"몸속의 바늘못이 큰 고통인데도 그 때문에 내가 아름다워진다. 바늘못의 고통이 내게 필요하고 의미 있는 고통이었음을 느낀다. 예전에는 빼내도 빼내도 바늘이 계속 나왔고 계속 아팠으며, 내가 어찌할 수 없이 굵은 쇠바늘과 심한 통증이 요지부동이었다. 이제는 바늘을 일부 빼내고 고통을 덜 수 있었으며, 빼 버릴 수도 있고, 남길 수도 있고, 빼 버릴 것과 남길 것이 구별되고 분리가 되더라. 바늘과 못의 고통이 내 존재실존의 중심임을 느끼게 되었으며 이제 나는 떳떳하고 의연할 수 있다……. 나는 아름다운 여자로 변신했다. 누구와도 견줄 수 없는 아름다움이며, 너무나 이상하고 신비로운…… 이 세상에 존재하지 않았을 것 같았던 아름다움이다. 외모가 아름다우며, 외모를 초월하는 정신세계까지 포함하는, 전반적이고 포괄적인 빠져드는 듯한 아름다움이다. 소원을 이루고 너무나 기뻤다. 나는 아름다운 여자가 되는 것이 소원이었다.”

“내가 아름다우니까 멋있는 남자들, 의사와 교수들이 내게 매료되어 다가온다. 의사는 낫게 해 주고, 교수는 가르쳐 주고 깨달음을 준다. 꿈속에서의 의사는 의사로서 신뢰감이 가고 학문적 깊이도 훌륭하며 인상이 부드럽고 섬세하고 언어 선택이 탁월하다. 의사가 아니어도 될 만큼 남자로서도 매우 멋있다. 남자답고 체격과 동선이 크고 거침없고 스포츠맨 혹은 머슴 같기도 한, 원초적인 야성이 살아 있는, 매우 남자다운 남자다.”

“지금도 믿기지는 않지만 꿈속에서는 생생하게 체험했던 나의 여신화는 진짜 어떤 경지로, 나는 어떤 고난이 있어도 살아남는 불사의 신적 존재가 된다. 비록 꿈속에서지만 그러한 생생한 체험을 겪고 나니 꿈에서 깨고 나서도 이제는 어떤 고난과 역경이 있어도 버텨 낼 수 있을 것 같다. 끝까지 오래오래 살아남을 것이다."

"바늘못 때문에 위험으로부터 내 몸을 가릴 수 있고 내 몸을 지킬 수 있게 된다. 내 존재, 내 몸이 확실히 있음에도 바늘못 덕분에 내 몸을 안 보이게 할 수 있다. 위험에 처할 때 나는 인형, 꽃, 새로 변해 내 몸을 지킬 수 있게 된다. 예쁜 인형, 꽃, 새는 여자아이들이 좋아하는 것들, 남자들은 도저히 생각할 수 없다. 인간이 아닌, 인간으로서는 닿기 어려운 저 세상. 내가 강아지 코코, 티피와 함께 있을 때 느끼는 그 행복감, 편안함. 가식 모르는 자연. 천진난만. 따스하고 포근함이다."

"바늘못의 고통 때문에 나는 작가가 된다. 꿈속에서는 내가 정말 작가가 될 수 있다고 느껴졌다. 바늘못의 기적이다."

꿈에 대한 O의 개인 연상과 의식의 상황에 대해 듣고 충분한 대화의 과정을 거친 후 치료자는 다음과 같이 해석하였다.

이 꿈은 O가 개인분석을 통해 개성화자기실현의 길을 꾸준히 걸을 경우 이를 수 있는 인격의 변환과 치유에 관해 미리 보여 주는 듯하며, 이 꿈을 통해 자신의 치료 가능성에 대해 미리 볼 수 있게 됨으로써 O는 큰 위로와 지지를 받은 것 같다. O가 자신의 본성을 회복하고 자기 자신이 됨으로써 그녀 안의 '교수이며 의사'로 표현되는, 진리를 탐구하고 가르치고 치유하는, 매우 긍정적인 아니무스 속성이 무의식으로부터 그녀에게 다가와 그녀의 의식적 인격으로 합일될 수 있을 것이다.

몸속의 바늘못의 고통으로 인해 O가 작가作家가 된다. O에게 몸속의 바늘못의 고통은 창조적 문제를 다루고 있다. 원형적 꿈의 체험을 통해 의미가 드러나기도 하는 창조적 충동은 전체 정신의 중심에서 오는 것으로, 신神의 의지와 같은 의미를 가질 수 있으며, 창조주 혹은 신이 주재하는 창조의 과정은 자기 원형이 주재하는 자기실현 과정이나 개성화 과정과 같은 의미를 지닐 수 있다. 개인에게서 보이는 창조적 충동은 내향화 과정을 통해 개인의 인격의 창조적 변환을 가져오기도 하며, 환상적 창작 혹은 외향화 과정을 통해 작품으로 출산되기도 한다. 때로는 두 방향의 귀결이 함께 일어나기도 한다. 창조적 글쓰기에 의한 작품의 출산이 의식과 무의식의 합성에 의한 인격의 창조적 변환과 동시에 일어날 수 있게 되는 것에는 도래한 창조의 내적 필연성을 절실하게 느끼며 자유의지로 기꺼이 참여하고자 하는 자아의 진지한 자세와 성실한 노력이 무엇보다도 중요하다. 당면한 인격의 창조적 변환, 즉 창조의 내적 필연성은 그것이 개인에게 처음 체험되고 개인에게 그 의미가 드러나기 전에는 그리움 같은 간절히 찾아 헤매는 마음의 상태나 우울, 불안, 공황 상태 등의 정서적 고통이나 신경증 증상으로 체험되기도 하며, 채워지지 않는 배고픔이나 성적 충동과 같은 본능적 충동에 사로잡히는 것으로 체험되기도 한다.[44]

〈꿈 14〉의 맥락에 의하면 O가 작가가 되는 것은 O의 '여신화'

와 연관이 있어 보이며, 〈꿈 14〉에서 말하고 있는 O의 여신화란 전체 정신의 중심인 자기의 의도가 O의 삶에서 얼마나 구체적으로 실현될 수 있는지와 관련이 있어 보인다. [45] 한편으로는 걱정이 되기도 하는 꿈이다. O가 집단적 무의식의 원형상과 자신을 동일시하여 자아의 팽창이 일어날 수 있는 위험성이 있기 때문이다. 꾸준하고 성실한 치료 작업이 필요할 것이다. 다른 한편으로는 치유 과정인 자기실현 과정에서 집단적 무의식의 원형상과 접촉함으로써 누미노줌을 체험하는 것은 매우 중요한 순간이기도 하다. [46] 그로 인해 왕왕 발생하기도 하는 일시적인 팽창을 인식하고 그 위험을 깨닫고 소박한 한 개인이며 인간으로서의 자세를 회복하는 체험 또한 정신치료 및 자기실현의 과정에서 매우 소중한 순간이 될 것이다.

83번째 분석 시간

O는 자신의 근황에 대해 "딸이 집에서 나가 독립한 후 딸도 나

---

44) 김계희, 김기원(2013) : "창조적 글쓰기가 개인 및 시대에 미치는 치유적 작용 - 어둠의 남자(Vampire) 상징을 중심으로", 《심성연구》 제28권 제1호 통권 제46호. 한국분석심리학회, 서울, p2, pp44-45.
45) 1955년 어떤 프랑스인에게 보낸 편지에서 융은 "우리는 자기의 상징들을 경험한다. 그것은 신의 상징들과 구별할 수 없다."라고 말하고 있다. C. G. Jung. Briefe, III, p503. 〈자아와 무의식과의 관계〉에서 융은 자기를 우리 속의 신이라고 할 수 있다고 했다. C. G. Jung, *Die Beziehungen zwischen dem Ich und dem Unbewusten*, p134.
46) 누미노스한 것과 관계를 맺을 수 없다면 진정한 치유는 불가능하다. Von Franz ML(1993) : "The Religious Dimension of Analysis", *Psychotherapy*, Shambhala, Boston & London, pp178-200.

도 마음 편하고 활기 있게 잘 지내고 있다. 나 자신을 위해 살고 있으며 나 자신을 위해 돈과 에너지를 쓰고 있다. 엄마로서도 나의 전성기 같다. 딸이 조금 멀리 떨어져 있으니 오히려 엄격하게 해야 할 때는 엄격하게 하고 잘해 줄 때는 잘해 주고 제대로 엄마 노릇을 하게 되는 것 같다."라고 말하였으며, 〈꿈 15〉를 보고하였다.

〈꿈 15〉

어릴 적 살던 집이다. 외할머니, 양아버지, 어머니…… 모두 다 이 집에서 떠난다고 한다. 모두 떠나면 이제 나는 이 집에서 혼자 아무 간섭도 받지 않으며 마음 편하고 자유롭게 살 수 있다고 한다. 나는 그들이 내 집을 떠난 후 다시 내 집에 함부로 들어오지 못하도록 그들이 집을 떠나기 전에 집의 열쇠 꾸러미를 미리 받아 두려고 안간힘을 쓴다. / 모두 떠났다. 혼자 내팽개쳐진 느낌이다. 한편으로는 마음 편하고 자유롭고 후련하면서도 한편으로는 이 집에서 혼자 사는 것이 왠지 섬뜩하고 무섭다. 벼랑 끝에 선 느낌이며 막다른 골목에 부딪친 듯한 두려움이다. 매우 강렬한 느낌이다.

〈꿈 15〉에서 O의 내면의 집을 차지하고 있던 부모가 집을 떠난다. 다시 부모가 자신의 집으로 함부로 침입해 들어오지 못하도록 안간힘을 쓰고 있으며, 그러나 막상 부모가 다 떠나고 혼자 남으니 벼랑 끝에 홀로 던져진 느낌으로 두렵다. 내면의 부모상과의 분리가 시작되고 있으며, 이제 O는 유아기를 벗어나 홀로 설 독립의 준비가 갖추어진 듯하다.

　O의 내면에서 부모상과의 분리separation, detachment가 있고 유아인 상태를 벗어나 홀로 설 준비가 됨과 동시에 외부 현실에서는 O의 딸이 집을 떠나 엄마인 O로부터 독립하여 잘 지내고 있으며 O 역시 딸과 마음에서 분리가 일어나고 O 자신을 위한 삶을 살수 있게 되었으며 딸의 엄마로서도 더 자연스럽게 제대로 하게 되었다는 점이 매우 인상적이다. 개인이 내면의 부모상으로부터 분리되어 유아幼兒 상태를 벗어남으로써 동시에 현실의 외부 대상들과의 관계 또한 의존과 집착과 구속과 휘둘림에서 벗어나 자유롭고 편안하며 안정되고 독립적인 관계 형성이 가능해진다. 개인의 내면의 상황의 변화는 외부 현실의 상황의 변화로 이어진다.

84번째 분석 시간

　〈꿈 16〉

　매우 높은 곳에서 떠밀리듯 뛰어내려야 했다. 온몸이 박살 나 죽는 줄만 알았는데 무사히 땅에 착지한다. / 나는 피부병나병이 오기 전, 나병이 잠재한에 걸린 사십 대 남자의 팔에 세 번 키스한다. / 스무 살 여자 식모가 물에 씻어 주었더니 5~6세 남자아이의 심한 피부병이 말끔히 낫고 치유된다.

　치료 시작 2년 전부터 반복되어 오던 '매우 높은 곳에 있으며,

아래로 내려가야만 하는 절박한 상황인데도 아래로 내려갈 수 없다.'는 주제의 꿈들이 치료 시작 후에도 계속 이어지고 있다. 72번째 분석 시간의 아래로 떨어져 내리는 〈꿈 12〉에 이어서 〈꿈 16〉에서는 매우 높은 곳에 있던 O가 누군가에 의해 떠밀리듯 아래로 뛰어내리게 되며 온몸이 부서져 죽는 줄 알았으나 무사히 땅에 착지한다. 아래로 내려가는 주제의 꿈이 반복되고 있으며 변화가 진행되고 있다.

〈꿈 16〉에 대한 O의 개인 연상은 다음과 같았으며, 꿈을 통하여 다음과 같은 통찰에 이르게 되었다.

"꿈속에서 이런 체험을 하게 된 것이 참 다행이라고 생각한다. 현실이 아니고 꿈이라 다행스러운 느낌도 있고, 그러나 현실에서라면 도저히 엄두도 못 내었을 일을 꿈에서나마 체험하게 되어 차라리 잘되었다는 다행감과 안도감이 들고 편안해진다. 아등바등 지키려던 것을 그냥 무너뜨렸을 때, 무너져 버렸을 때 느껴지는 편안한 느낌과 안도감이다. 내가 도저히 못하던 것들인 내려가는 것과 피부병 환자에게 입을 맞추는 것을 어쩔 수 없이 하게 되니 이상하게도 마음이 편안해지고 피부병이 치유되더라. 그리고 보니 나병도 아니고 피부병 자체도 그렇게 심각하거나 대단한 것이 아닌데 지나치게 걱정했던 것임을 깨달았다! 삶과 현실에 깊이 뿌리내리고 충실한 열매를 거둔 강인하고 소박한 사람들을 닮고 싶다."

"식모는 더러운 것과 지저분한 것을 늘 접하며, 묵묵히 헌신적으로 몸으로 허드렛일을 하고 더러운 것과 어질러진 것들을 깨끗하게 씻고 빨고 닦고 치우고 청소하고 정돈한다. 식모가 남자아이의 피부병 상처를 더럽게 생각하지 않고 묵묵히 헌신적으로 정성껏 씻어 주었더니 남자아이의 피부병이 치유되었다."

"남자의 사십 대는 한창 무언가를 이루는 나이이며 남자의 황금기이고 전성기다. 나의 사십 대는 내 인생의 전성기였으며 유토피아였고 천상에 있었다. 그때 나는 남자 못지않은 역할을 했으며, 남자 부럽지 않게 살았다. 더러운 것이 몸에 닿을까 봐 피부병나병에 감염될까 봐 두려워하며 깨끗함에 집착하는 노이로제와 강박증은 있었으나 극복해 가며 열심히 일해서 성취감을 느끼고 인정받았다. 사십 대 나이에 나는 두 번의 사랑을 하였다."

치료자는 O와 더불어 대화하며 꿈에 대한 다음과 같은 치료자의 소견과 해석을 표현하고 전달하였다.

사십 대의 남성과 5~6세의 남자아이는 O 안의 아니무스 속성이다. 진솔한 마음으로 애정을 가지고 자신의 병든 아니무스를 내향화하고 치유해야 할 것이다. 피부병으로 병든 남성아니무스은 본래 내향화하여야 할 아니무스를 외향화하고 투사하였으므로 경계 상실로 생긴 상처를 대변하는 것이기도 하다.

아직도 O는 내면의 아니무스의 개인적 속성의 많은 부분을 외향화하고 있다. O 자신의 내면의 아니무스 속성으로, 뛰어난 지성과 말言語의 힘을 소유한 가르치고 치료하는 속성의 아니무스상과 창작하고 시를 짓는 아니무스상을 여전히 외부의 대상으로 투사하여 체험하는 경향이 있다. 명문대 출신의 남자 의사, 남자 교수, 외교관에게 끌리고 과대평가하고 실망하곤 하며, 그러한 남성과 결혼하여 고상한 사모님으로 존경받으며 살고 있는 주변의 지인 여성들을 부러워하기도 한다. 중학교 시절 흠모하던 은사이신 국어 선생님에 대한 존경의 마음과 아련한 그리움을 여전히 지닌 채 가끔 소식을 전하기도 하고 찾아뵙기도 한다. 그러나 그것은 O가 외부 대상을 통해 찾아 헤매고 구해야 할 어떤 것이 아닌, 자신의 삶 속에서 살리고 자신의 의식적 인격으로 통합할 필요가 있는, 미래의 자기 자신의 한 부분이 될 어떤 속성이다.

5~6세 남자아이는 아니무스 속성의 정수essence인 '신적神的인 소년'으로 앞으로 성장할 미래의 아니무스상을 나타내는 것일 수 있다. 그러나 피부병이 심각하다. O가 남자아이의 피부병을 치유한 20세 식모처럼 그렇게 살 수 있도록 이 여성 안의 식모를 의식화해야 할 것이며, O 안에 있는 그림자 식모를 받아들이도록 노력해야 할 것이다. 물이 닿아서 피부병이 나았으며, 물은 그녀의 내면 무의식에서 샘솟는 생명수이며 치유의 물이다. 어린 처녀인 식모가 여성의 본성이며 생명의 근원에서 올라오는 물로 남자아이의 피부병을 치유하였다.

O는 과거 청소, 빨래, 설거지 등의 집안일은 시시한 것이며, 이 같은 궂은일은 식모가 하는 일이라고 생각하고 평가절하해 왔다. 〈꿈 16〉을 자신의 내면 상황인 주관 단계로 이해해 본다면 식모가 하게 되는 물과 접촉하며 몸으로 하는 궂은일, 허드렛일, 집안일은 내향화를 통한 자기성찰, 자기인식을 위한 노력으로 볼 수 있을 것이다. O 내면의 식모를 살리고 의식화한다는 것은, 객관 단계[47]로 볼 때는 O가 요리, 설거지, 청소, 빨래 같은 집안일에 좀 더 관심을 가지고 시간을 할애할 필요가 있는 것으로 이해할 수 있으며, 주관 단계[48]로 볼 때는 무의식꿈을 지속적으로 성찰하고 꿈의 상을 통해 무의식으로부터 샘솟는 치유의 물과 지속적으로 접촉함으로써 페르조나와의 동일시, 투사, 무의식적 동일성으로 인한 자기소외를 인식하고 투사를 거두어들이고 내향화함으로써 자기 자신이 누구인지 알아 가야 할 필요가 있는 것으로 이해할 수 있을 것이다. 본래의 자기 자신에 속하지 않는, 본래의 자신이 아닌 속성들이 집안을 차지하고 있어 더러워지고 어질러져 있는 자신의 내면을 깨끗이 정돈하고 정화해 나갈 필요가 있다는 의미일 것이다.

'콩쥐팥쥐' '백설공주' '신데렐라' 등 많은 민담에서 공통적으로 여주인공은 자신의 결혼 상대가 될 왕자님인 남성 배우자가 그녀

---

47) 꿈을 외부 상황인 현실 상황과의 관련성에서 파악하고 이해하고자 하는 것.
48) 꿈의 상들이 자신의 내면의 상황을 상징적으로 묘사하고 있으며, 꿈속에 등장하는 인물들을 자신의 무의식적 인격이며 무의식적 콤플렉스로 파악하고 이해하고자 하는 것.

를 찾아내고 사랑하고 결혼하기 전에, 공통적으로 착한 친어머니가 죽고 나쁜 계모의 박해를 받으면서 식모와 같은 모습으로 묵묵히 궂은 집안일허드렛일을 하게 된다.

O는 사십 대 나이에 내면의 아니무스상을 외부로 투사하고 외향화하여 일에 매진하여 성공하고 외부 대상과 사랑에 빠졌다. 지금까지도 계속되고 있는 그녀의 이런 상태를 무의식은 피부병에 걸린 사십 대 남성과 5~6세 남자아이로 상징적으로 드러내고 있다. 한편으론 O에게 사십 대 시절의 그런 체험은 소중하였다. 시행착오를 통해 눈뜨게 된 인식을 통해 이제 투사를 거두어들이고 내향화함으로써 치유할 것이다.

〈꿈 16〉을 접한 후 84번째 분석 시간을 통해 꿈을 이해하고 통찰한 후, O의 현실과 의식 상황에 다음과 같은 변화가 생겼다.

"마트에 갔는데 얼굴이 붉고 거칠어 피부병이 있는 것 같은 여성이 내 쪽으로 다가오더니 내가 산 바지가 좋아 보인다면서 자꾸 만졌다. 예전 같으면 착한 사람은 상대를 배려하고 참아야 하니 기분 나빠도 만지지 말라는 말도 못하고 참고 있다가 집에 가서 바지를 빨고 또 빨거나 바지를 버렸을 거다. 열 살 때 구둣방 사건 때도 그랬다. 옆에 엄마가 있었으니 구둣방 아저씨가 내 다리를 만질 때 "만지지 마세요."라고 크고 분명하게 말했더라면 구둣방 아저씨를 퇴치할 수 있었을 텐데, 내가 소리를 지르면 그 아저씨가 무안할까 봐 그냥 참고 있었다. 그것이 착한 것이라고 생각했었다. 그런데 이번에는 용기를 내어 그 아줌마에게 만지지 말라고 말하고 같은 바지 파는 곳을 알려 주었다. 내가 용기를 내어 못되게 굴었다. 옛날 같으면 만지지 말라고 말하면 그 여자가 기분 상하고 상처 받을까 봐 착하게 참고 있었을 것이다. 그런데 말하고 나니까 참 후련하더라. 바지는 빨아서 입으려고 비닐봉지에 넣었다. 그러고 나서 신기하게도 햄버거와 음식을 사 먹었다. 예전 같으면 그런 상태에서는 더러운 것이 묻었다는 느낌 때문에 절대로 못 먹었을 것이다. 그러나 먹었다. 기분이 좋았다. 내가 물론 더러움에 대한 강박 증상이 있다는 것은 알지만 이제는 그것을 부끄러워하며 숨기거나 주눅 들지 않고 내 주장을 하고 당당하고 못되게 말을 하니 살 것 같더라."

그동안 어떻게든 숨기고자 했던 자신의 증상과 결함더러움과 피부병에 대한 공포증 등을 더 이상 숨기지 않고 자연스럽고 당당하게 표현함으로써 그동안 강박적으로 피해 오던 것들더러운 것, 추하고 흉해 보이는 사람들을 자신의 삶의 한 부분으로 받아들이고 수용하게 되었다. 이로써 O는 증상에서 자유로워지고 삶 속에서 활기와 안정감과 해방감을 느낄 수 있게 되었다.

85번째 분석 시간

O의 일상의 삶과 의식의 상황에서 크고 작은 변화가 지속되고 있었다. 〈꿈 17〉, 〈꿈 18〉, 〈꿈 19〉를 보고하였다.

"새 칼을 휴지로 닦다가 왼손 검지를 베고 새 옷을 햇볕에 널어 균을 소독하고 털려다가 옷걸이에 이마를 다쳤다. 그것은 그냥 더럽게 대충 살라는 경고의 메시지다. 깔끔을 떠니 사고가 나고 몸을 다친다. 그래서 이번에는 새 옷을 털지 않고 그냥 입어 보았다. 더러운 대로 그냥 참고 견뎠다."

"사는 것이 재미있다. 잘 먹고 잠도 잘 자고 강아지 코코, 티피와 함께 논다." "레포트를 제출하였다. 힘들고 뻐근하였다." "어릴 때부터 바늘을 무서워하였다. 과거에는 바늘이 무서워 그동안 바느질을 못했었다. 용기를 내어 새로 산 옷을 내 치수에 맞게 소매와 바지 단도 줄이고 여섯 시간 동안 꼬박 바느질하였다. 신기하게도 재작년 바늘 꿈을 꾸면서부터 바느질을 하게 되었다. 내가 답답해서 실용적으로 고치면 나중에 그것이 유행이 되더라. 바느질에 취미가 생겼다. 이제는 좀 더 배우고 싶다."

"내가 공포스러워하던 것과 함께 있을 수 있게 되었다. 딸과의 문제도 이제 의연히 대처할 수 있게 되었고 공포가 사라졌다. 그렇게 괴롭지 않다. 집이 좀 지저분해도 괜찮다. 치우면 되니까. 옷을 널고 털고 하는 것도 반 이하로 줄어들었다. 지저분한 것과 타협하며 어느 정도 공존하면서 산다. 깨끗함에 대한 강박적인 집착이 줄어들었다. 바늘로 바느질하며 있어 보니 바늘에 대한 걱정과 공포도 부질없음을 깨달았다. 오히려 바늘을 통해 취미가 생기고 내가 바느질에 소질이 있고, 패션 감각이 있음을 알게 되었다. 세입자들과 부딪치고 돈 문제로 아웅다웅하는 것도 우울하거나 초라하게 생각하지 않고 당면 과제로 부딪쳐 기꺼이 헤쳐 나가니 재미있고 씩씩해지고 활기가 생긴다."

"내가 느끼는 이 편안함이 주관적일 수도 있고 착각일 수도 있지 않을까? 신이 도우신 것일까? 또다시 과거로 돌아갈 수도 있지 않을까?"

〈꿈 17〉

호랑이와 개셰퍼드, 호랑이와 말, 호랑이와 늑대, 호랑이와 ○○, 호랑이와 □□……. 아무튼 호랑이와 다른 동물 일곱 쌍이 서로를 잡아먹거나 해치지 않고 사랑하고 교미하여 낳은 새끼들이 있다. 새끼들은 호랑이처럼 무섭지 않고 귀엽고 멋있었다. 신기했다. / 큰 코끼리가 보인다. 내가 코끼리 앞에 있으니까 코끼리가 똥을 누지 않고 참고 있다. 똥을 누면 내가 치워야 하니까 힘들까 봐 나를 생각해서 착하게 똥을 참고 있다. 나는 그런 코끼리가 안쓰러워

'코끼리가 똥을 누었으면 좋겠다.'고 생각한다. / 내가 땅바닥에 내려와 있다. 참 신기하다. 심한 고초를 치르고 땅바닥에 내려와 있다. 그런데 어떻게 내려왔는지 기억나지 않는다. 내가 어떻게 땅바닥에 내려오게 되었는지 알고 싶다.

이제 O는 심한 고초를 치른 후 높은 곳으로부터 아래로, 땅바닥으로 내려왔다. 그러나 어떻게 내려오게 되었는지 기억을 하지 못하며 알지 못한다. O는 자신이 어떻게 지상으로 내려올 수 있었는지 알고 싶다.

O는 〈꿈 17〉에 대한 개인 연상과 이해하고 느낀 바를 표현하였다.

"내가 옛날에는 극단적이고독선적이고 고지식하였는데, 융통성 있고 수용적으로 변하고 있는 것 같다. 호랑이는 짙은 골드 칼라에 밤색 얼룩이 있는 호랑이, 모든 것을 장악하는 절대자이며 무섭다. 인간과 공존하기 힘들고 접근이 불가능하다. 포악하다. 피하고 싶고 일단 도망가고 볼 일이다. 치료 시작 전 무조건 쫓기고 도망가던 그 느낌이다."

"요즘은 동물이 너무 좋다. 요즘은 호랑이에게도 친근감이 간다. 꿈에서 호랑이와 다른 동물이 사랑을 하여 아기 동물들이 태어났다. 태어난 동물들은 그다지 무섭지 않고 멋있고 친근하고 귀엽고 인간과 공존할 수 있다."

"개는 불쌍하다. 말을 못해 너무 불쌍하고 슬프다. '티피'를 안고 있으면 죽어도 여한이 없다. 부드럽고 따스하고 포근하고 평온하다. 내가 추구하는 상태다. 말도 불쌍하다. 전쟁터에서 상처 입고 죽는다. 나는 말띠다. 초등학교 때 TV에서 '말하는 말'이라는 프로를 즐겨 보았는데, 사람주인과 대화하는 말에 관한 이야기다. 늑대는 무서웠지만 지금은 별로 무섭지 않다. 야생개, 늑대가 친숙하다. 동물에 대한 사랑과 공감이 느껴진다. 동물을 돕고 싶다. 나는 전생에 개나 말이었던 것 같다. 코끼리도 불쌍하다. 구의동 코끼리 탈출 사건을 접하며 야생에서 살아야 할 코끼리가 동물원에 갇혀 온갖 고초를 치르는 것이 너무 불쌍했다. 꿈에 나온 코끼리는 회색 빛깔로 상서롭고 과묵하고 묵묵하고 인내심 강하고 듬직하고 꿋꿋이 버틴다."

"코끼리가 똥을 누어야 하는데 내가 앞에 있으니 자신이 똥을 누면 내가 그것을 다 치워야 하는 것이 안쓰러워 나를 위해 똥을 참고 있다. 나는 그런 코끼리가 안쓰러워 코끼리가 그냥 똥을 누었으면 하는 마음이 들었다."

O가 감당하기에 버거울 수도 있는 만만치 않은 '창조적 과제'가

다가올지도 모르겠다.

<꿈 18>

나병 환자가 태극기를 팔려고 왔다. 나는 어쩌다가 우연히 그 손을 만지게 된다. 막상 만져 보니 생각했던 것처럼 큰일은 아니다. 왜 그럴까?

O의 개인 연상은 다음과 같았다.

"내가 사십 대 한창 열심히 일할 때 실제로 나병 환자가 태극기를 팔기 위해 사무실로 들어왔었다. 그때 나는 나병 환자가 나를 해코지할까 봐, 내 손을 잡거나 내 몸을 만질까 봐, 나병이 옮을까 봐, 혼비백산하여 나병 환자를 피해 버렸다."

O의 개인 연상을 토대로 충분히 대화를 나눈 후 치료자는 다음과 같은 소견과 해석을 O에게 전달하였다.

O가 그토록 두려워하며 피해 다녔던 그녀 안의 나병 환자는, 그로 인한 O의 나병 공포는 O를 망가뜨리고 파괴하고자 그녀를 쫓아왔던 것이 아니다. 사실은 가부장적 남성 중심의 유교적 가치관 및 집단의 이상적인 가치관과 자신을 동일시하며, 훌륭하고 고고한 인격을 유지하고자 전전긍긍하며 자기 자신으로 살고 있지 못한 O에게, 그녀 안의 나병 환자는 태극기를 팔러 온 것이다. 태

극기는 대극을 하나 속에 품은 전체성의 상징으로 볼 수 있을 것이다. 그러나 전체성은 노력 없이 공짜로 그녀에게 주어지는 것이 아니며, 그녀는 기꺼이 그것에 대한 노력과 대가를 지불해야만 나병환자가 가져온 태극기를 그녀의 것으로 할 수 있을 것이다.

O가 과거에 외부 현실에서 혹은 자기 자신에게서 낮은 것, 더러운 것, 이상하고 추한 것, 열등한 것, 병적인 것으로 평가절하하고 피하고자 했던 대상이나 측면에 대해 이제는 피하지 말고 새로운 관점과 새로운 시각으로 대면해 보는 것이 필요할 것이다. 앞의 꿈은 민담 '미녀와 야수' 모티프로 설명이 가능[49]할 듯하다.

〈꿈 19〉

돗바늘, 중간 바늘, 작은 바늘 바늘 세 개가 있다. 각기 따로따로 없어져서 찾고 또 찾았다. 발견하니 바늘이 차분히 바닥에 누워 있었다. 내 몸을 찌르지 않고.

〈꿈 19〉에 대해 O는 "바늘이 나를 찌르지 않고 방바닥에 가만히 누워 있다. 이 꿈을 꾸기 전날 특정 단편소설을 한 편의 시나리오로 각색하는 과제물을 제출하였으며, 그렇게도 무서워하던 바늘을 6시간 동안 잡고 바느질을 하였다."라고 연상하였다.

---

[49] 이 책의 '부성 원형: 민담을 통한 고찰' 중 민담 '미녀와 야수' 혹은 '동물 신랑' 부분 참고.

바늘의 문제는 창조적 생산과 관련되어 있다. O가 두려워하던 증상을 삶에서 기꺼이 대면하고 용기 있게 수용하고 O 앞에 닥친 삶의 과제를 피하지 않고 대면하여 작업하고 구체적으로 실현함으로써 바늘은 더 이상 O를 찌르지 않고 바늘 본래의 용도인 창조적 도구가 되어 조각나 흩어져 있던 O의 인격의 부분을 이어 꿰매고 하나의 전체가 되게 한다. O 내면에 잠재해 있던 새로운 가능성을 현재와 미래의 삶에서 실현하고 발휘하며 살 수 있게 하는 창조적 도구가 된다.

87번째 분석 시간

O의 자신의 근황과 함께 〈꿈 20〉을 보고하였다.

"잘 지내고 있다. 딸과의 문제도 침착하게 대처하였다. 딸아이가 늘 고민이기는 하나 요즘은 대처하는 나의 태도가 변하여 겁이 나지 않고 의연해지고 편안하다. 딸아이 문제가 나와 조금씩 분리되고 덜 불편하다. 나 아닌 어떤 흐름, 내 의지가 아닌 어떤 흐름과 기운을 느끼게 되고, 약간 거리를 두고 보게 되고, 내 탓이라는 두려움에서 벗어나 편안해졌다. 내가 고민한다고 내가 다 좌우할 수 있는 것이 아니며, 내가 개입할 수 없는 어떤 흐름이 느껴져 내가 할 수 있는 부분을 하고 어느 정도 거리를 두고 초연해지게 되었다. 뭔가 내 앞에 좋은 일이 기다리고 있는 것같이 설렌다."

"딸아이의 고양이를 맡아 기르게 되었다. 고양이가 오기 전에 매우 걱정하고 긴장했었는데, 새로 온 고양이가 내가 기르던 개코코, 티피들과 싸우지 않고 잘 논다. 적응을 잘한다. 이 고양이도 내가 기르게 될 것 같다. 개와 고양이의 똥오줌 치우는 일은 예전 같으면 더러워 상상도 못할 일인데, 동물을 사랑하게 되니 더러운 것도 별 문제가 안 된다. 동물들을 키우면서 지저분한 것에 대한 혐오증이 차츰 줄어든다. 어떤 시험을 통과한 느낌이다."

"엄마에게 싫은 소리를 많이 들었다. 엄마는 '동물이란 동물은 다 가져다 모아 놓아라. 흥, 잘들 노네. 한 열 마리 가져다 놓지, 왜?' 하며 찌르고 빈정거렸다. 엄마에게 또 상처를 받았다. 예전보다는 덜 휘둘리고 쉽게 떨쳐 버리기는 하지만 엄마는 참 야비하고 나쁜 사람이다."

"내년 2월에 졸업 예정이다. 요즘은 학위, 논문, 성적에 별 관심이 없다. 이 사람 저 사람 논문을 짜깁기만 하지 말고 내 속에서 나오는 창작을 해야겠다는 생각이 든다. 겁이 나지만 용기를 내어 내 작품을 창작하고 싶다는 생각이 3일 전에 갑자기 들었다."

〈꿈 20〉
나는 아래로 내려지고 있는 나를 본다. 누군가에 의해 크고 하얀 주머니옥양목, 무명, 삼베 같은 누르스름한 자연색의 큰 자루 주머니 속에 넣어져 아래로 내려지고 있다. 누군가에 의해 구조되는 것 같기도 하고, 어떤 의식儀式이 치러지는 것 같기도 하다. 편안한 마음으로 나는 땅으로 내려갔다.

〈꿈 20〉과 관련하여 O는 자신의 느낌과 통찰을 표현하였다.

"현실에서 힘들고 고된 상황은 늘 있으나 그 상황에 대처하는 마음과 자세가 편해졌다. 요즘 나와 내 의지를 넘어서는 은총과도 같은 나를 주머니에 담아 하늘에서 땅으로 내려가게 하는 것 같은 어떤 큰 힘이 내게 작용하고 있는 것 같다. 바늘 꿈과 아래로 내려가는 꿈이 처음에는 무섭고 끔찍하여 내가 망가지고 끝장날 것 같았는데 결국 바늘 꿈과 아래로 내려가는 꿈이 너무 고맙게 느껴졌고, 귀한 꿈임을 알게 되었다."

94번째 분석 시간

〈꿈 21〉을 보고하였으며, 반복되는 '내려가는' 주제와 함께 '기도예배' '장례식' '여자들과 함께 참석하는 요리 강습 수업' 'O의 타고난 운명에 대한 고지' 등의 상징을 담고 있었다.

〈꿈 21〉
나는 작은 방 같은 곳에서 엄숙한 분위기에서 기도예배를 드리고 있다. / 저 위 높은 곳에서는 장례식이 진행되고 있다. / 나는 좁고 검은 통로를 통과해 아래로 내려가고 있다. 무섭지 않았으며 '내려갈 수 있겠다.'는 편안한 마음이다. / 나는 여자들과 함께 요리 수업에 참석하고 있다. / 엄마가 사랑에 빠진 상태로 나를 데리고 무속인 집에 간다. 나를 위해서다. 여자 무속인 네 명과 남자 무속인흰머리에 흰옷을 입은 신선 같은 느낌의 노인 한 명으로 이루어진 그들은 사람도 아니고 귀신도 아니며 사람이기도 하고 귀신이기도 한, 영혼 같은 중간 형태를 하고 있다. 그들은 배우자를 골라 주는 테스트를 맡고 있으며, 내가 그들의 시험을 통과하면 배우자를 점지해 준다고 한다. 그들은 나에게 큰 관심을 보이고 많은 시간을 할애하여 감정과 지능과 지성을 시험하는 매우 까다로운 여러 질문을 하고, 말도 안 되는 소리와 얼토당토않은 궤변으로 나를 혼돈스럽게 하고 트집을 잡고 몰아붙이기도 하며 시험하려 든다. 테스트 결과 나는 시험을 통과하였다. 합격이라고 한다. 그리고 신선 같은 모습의 남자 무속인이 나에게 "너는 수리數理에 능하며 머리가 뛰어난 기생妓生의 운명을 지녔다."라고 두세 번 반복하여 말한다.

'수리에 능하며 머리가 뛰어난 기생'에 대해 O는 "자연의 섭리를 읽고 이해하고자 노력하며 과학적이고 합리적인…… '수동적인운명의 희생양인 기생'은 일부종사하지 못하고 남자의 노리갯감이 되고 남자들에게 짓밟히고 문란하고 비관한다. 나혜석 같은 기구한 운명을 맞는다. 그러나 이 꿈에서 말하는 무속인의 테스트에 합격한 기생은 기구하지만 종속되지 않고 자유분방하고 낙천적이며 가무에 능하고 예술적이고 창조적이다. 정신이 자유롭고 어디에도 예속되지 않으며 독립적이다. 남편타인에게 의지하며 연연하지 않는다. 통이 크고 폭이 넓고 즐길 줄 알고 의연하며, '이거 아니면 저거'가 아니라 '이럴 수도 있고 저럴 수도 있다.' …… 나 자신에게 너그러워지고 나 자신이 용서가 된다."라고 연상하였다.

O 안에 기존의 낡은 것이 죽고 새로운 것이 태어나는 변화의 움직임이 진행되고 있다. 87번째 분석 시간의 〈꿈 20〉에 이어서 〈꿈 21〉에서도 의식의 자아를 초월하는 존재의 현존을 느끼고 있으며,[50] [51] 기도하고 예배하는 종교적 자세를 회복하고 있다. 외부로

---

50) 자기실현과 치유를 주재하고 있으며 의식의 자아를 포괄하며 의식의 자아보다 훨씬 큰 전체 정신(전체 정신의 중심, 자기)이 존재하고 있음을 느끼게 되었다고 볼 수 있을 것이다.

51) 1929년 쿠르트 플라하테 박사에게 보낸 편지 가운데 상징에 관한 설명을 하면서 융은 '자기(Self)'라는 심적 요소가 집단적 무의식에 이미 존재하고 있지만 자아가 그것을 의식적으로 체험하기 전까지는 무력하다는 말을 한 뒤, 자아가 그것을 인단 의식하여 체험하면 그다음에는 '자기'가 주도권을 차지한다고 했다. "이제 내가 사는 것이 아니라 그리스도가 내 안에 살고 있다."는 말에 표현되는 구원의 느낌을 갖게 된다는 것이다. 무의식을 의식화하고자 하는 자아의 적극적인 자세로 인해 무의식의 조절자인 '자기원형'이 활성화된다. 이리하여 인간은 의식을 넓히면서 자아에서 '자기'로 다가간다. '자기'를 실현하게 되는 것이다. '자기'는 진정한 의미의 그 사람의 개성이다. 자기의 상징과 '신(神)'의 상(像)'은 경험적으로 구별할 수 없다. 개성화(자기실현)는 궁극적으로 하나의 종교적 과정으로 종교적 자세를 요구한다. 즉, 자아의 의지는 신의 의지에 순종한다. 이부영(2002) :《자기와 자기실현》, 분석심리학의 탐구 3, 한길사, 서울, p57, pp80-92.

투사하고 외향화해 오던 그녀에게 자신의 내면에서 일어나고 있는 상황과 움직임을 고요한 마음으로 성찰하고 그 의미를 이해하고 자 하는 내향화로의 변화가 지속되고 있다. 기꺼이 아래로 내려가고 있다. 여자들과 함께 요리 강습에 참석하고 있다. 과거에 O는 여자들과 함께 어울려 무언가를 하는 것에 대해 한가한 여자들이나 하는 것으로 평가절하했었으며 요리하는 것에도 별 의미를 두지 않았다. 그러나 꿈에서 변화가 있다. 요리는 자연에서 얻은 날것인 재료를 불 등을 사용하여 인간이 먹을 수 있는 소화하기 편하고 맛있는 형태로 변화시키는 작업이기도 하다. 삶 속에서 O가 체험하는 상황들과 무의식에서 떠오르는 상像들의 의미를 보다 더 잘 이해하고 소화해 낼 수 있을 것이라는 가능성을 기대할 수 있는 꿈이다. 여성적 토대를 회복하고 여성성을 회복하여 이제 비로소 O는 내면의 배우자를 맞이할 자격을 갖추게 된다.

100번째 분석 시간

이어지는 100번째 분석 시간에서 O가 오랜 세월 앓아 왔던 증상인 나병에 대한 공포의 참 의미를 알게 해 주는 다음과 같은 무의식의 상징이 출현한다.

〈꿈 22〉
나는 감염되었다는 것을 온몸으로 받아들였다. 그들주최 측에게 가서 내가 감염되었다고 말했다. 그러자 그들은 놀랐다. 반전 왜 놀라느냐? 아무도 나처럼 자진해서 말하는 사람도 없고, 감염되는 사람도 없기 때문이다. 나는 여자이기도 하고, 여자이면서 남장을 한 여자이기도 하다. 누구나 두려워할 것을 솔직하게 인정하고 고백하였으므로, 그들은 나를 존중하고 융숭하게 대접한다. 그들은 나를 그들의 지도자로 모신다.

꿈에 대한 O의 연상은 다음과 같았으며, 꿈을 통해 O는 스스로 다음과 같은 인식과 의식의 변화에 이르렀다.

"나병에 걸렸음을 담담히 받아들이고 인정하니 사실은 나병이 아니라고 한다. 나병이 걱정했던 것처럼 치명적이지도 않고, 사실은 나병도 아니고, 내가 마음속에서 상상으로 만들어 낸 병임을 깨달았다. 이 꿈을 꾼 후 아마도 어린 시절 이후로는 처음으로 공중목욕탕에 갔다. 앞에 앉아 있는 아줌마 등에 붉은 반점이 있는데도 아무렇지도 않게 편안하게 목욕을 하였다."

꿈의 상징이 O의 마음을 움직여 스스로 통찰하게 하였으며, 그로 인해 O의 의식의 상황과 현실에 치유적 변화가 일어났다. O의 꿈과 의식 상황의 변화에 대한 치료자의 느낌과 해석은 다음과 같았으며, O에게 표현하고 대화하였다.

이 꿈은 자신 안의 가장 낮은 것, 작고 보잘것없는 것, 더러운 것, 추한 것을 받아들일 수 있게 된 그림자 통합의 아름다운 결과를 보여 준다. O가 자신 안의 그러한 측면을 받아들일 수 있게 됨으로써 O는 주최 측무의식, 전체 정신의 중심, 자기Self에 의해 존중받고 드높여졌다. 이제는 의식의 자아가 자유의지로 무의식과의 만남과 의식화를 수용하고 실천하게 됨으로써 기꺼이 개성화 과정을 주도하게 될 것을 기대할 수도 있는 장면이다. 향후 의식의 자아가 자기의 의도를 현실의 삶과 의식적 인격으로 실현할 수 있도록, 의식의 자아가 무의식의 내용과 의식적이며 인간적인 관계를 맺고 의식과 무의식을 합성해 나갈 수 있도록, 주도적이고 자발적인 역할과 책임을 기꺼이 떠맡을 것을 기대해 볼 수 있게 되었다.

이제 자신을 더 이상 특별한 사람으로 느끼지 않고 타인들과 뒤섞일 수 있는 보통 사람으로 공중목욕탕에 갈 수 있게 되었다. 작은 개인적 무의식의 통합으로 작은 치유가 이루어지고 있으며 비로소 세상과 소통할 수 있는 작은 세계를 발견하게 되었다. O는 여자이기도 하고, 남장을 한 여자52)이기도 하다.

꿈의 마지막 부분은 O가 팽창될 수 있는 가능성을 보여 주고 있기도 하다. 개인적 무의식을 어렵게 통합했을 때 팽창되면 어렵게

---

52) 여성의 자기실현을 표현하는 이야기에 곧잘 등장하는 것이 남장(男裝) 여성이다……. 여성이 남장을 하고 나서는 것은 여성의 아니무스와의 의도적인 동일시다. 그로써 여성은 스스로의 남성성을 발전시킬 수 있다. 그러나 이와 같은 의도적인 동일시는 성숙의 한 과정일 뿐 여성 주인공은 다시 여성으로 돌아와 결혼을 함으로써 이야기를 끝맺는다. 이부영(2001) : 《아니마와 아니무스》, 분석심리학의 탐구 2, 한길사, pp278-279.

이룬 작은 치유의 결과가 다시 수포로 돌아갈 수 있으며 위험이 따를 수도 있다. 한 개인으로서의 소박함에서 벗어나면 안 될 것이다.

연금술 문헌에 의하면 금속에 슨 녹은 금속의 '나병leprosy, 나병'으로, 금속은 이 병에 걸림으로써 후일 '현자의 금philosophical gold'이 될 준비를 갖춘 기초 물질로서의 진정한 원물질vera prima material이 된다.[53] 금속의 나병은 평범한 금속을 황금으로 변화시킨다.

〈꿈 22〉에 이어서 며칠 후 O는 〈꿈 23〉을 꾸었다.

〈꿈 23〉

엄마도 외할머니도 딸아이도 나를 버리고 모두 다 가 버렸다.[54]
무서웠다.

---

53) Jung CG(1968) : *Psychlogy and Alchemy*, C. W. 12, Routledge & Kegan Paul Ltd., London, para207.
54) 〈……어린 시절에 대한 개인적 유대를 버림으로써 '우파니샤드'의 가르침에 따르면 불멸의 상태라고 부를 수 있는 인간의 새로운 상태가 생긴다. 인간의 현존 이후 이러한 새로운 상태는 다시 또 하나의 희생, 즉 우주적 의미가 부여된 준마(駿馬)를 제물로 바침으로써 도달된다. 준마가 희생될 때 세계는 희생되며 준마의 희생을 통해서 세계 창조 이전의 내향화와 같은 그런 내향화 단계에 접어들게 된다. 문헌 〈브리하다란카-우파니샤드〉에 의하면 말을 제물로 바치는 봉헌자들은 세계 알의 껍질 사이에 있는 아주 좁은 균열로, 즉 합쳐지는 동시에 갈라지는 곳으로 간다. 매의 모습으로 소마(Soma, 쉽게 얻을 수 없는 보배)를 붙잡아 온 인드라는 영혼의 인도자(psychopompos)로서 영혼을 바람에게, 즉 생산하는 프네우마(pneuma)에게, 또한 개별적이고 우주적인 프라나(생명의 입김)에게 데려다 주어 마침내 '반복되는 죽음'에서 벗어나게 한다…….〉 Jung CG(2006) :《영웅과 어머니 원형》, C.G. 융 기본저작집 8, 한국융연구원 역, 솔, 서울, pp414~418.

〈꿈 23〉을 꿀 무렵 현실에서 O는 어머니와 딸아이의 간섭과 통제에서 자유로워지고 많이 편안해졌다. 이제는 O의 어머니도 O에게 예전처럼 함부로 하지 않고 O의 심기를 살피기도 하며 O의 마음이 어떤지 이해하고 배려하는 노력을 보이는 것 같다고 한다.

어떻게 이런 변화가 이루어지게 되었을까? 이는 '신비적 참여 participation mystique'의 해소에 기인한다. 신비적 참여란 원시적 정신 원시인의 심성의 특성으로, 주체와 객체의 비분리성, 무의식적 동일성, 무의식적 동일시 상태를 의미한다. 현대인 역시 이러한 원시적 심성 원시적인 의식성의 잔재를 가지고 있으며, 그로 인하여 사람, 사물, 환경으로부터 마술적인 영향, 즉 절대적인 영향을 받게 된다. 그러면 신비적 참여는 어떻게 해소될 수 있는가? 꿈의 주관 단계 해석에 의하여 꿈을 주관 단계로 받아들이고 이해할 수 있게 됨으로써 가능해진다. 자기Self가 있음이 인식되고 인격의 무게 중심이 의식의 자아가 아닌 자기를 향해 이동하게 됨으로써 가능해진다.[55]

103번째 분석 시간

O의 근황은 다음과 같았으며, 〈꿈 24〉를 보고하였다.

---

55) Jung CG(1967) : "Commentary on the 'Secret of Golden Flower'", *Alchemical studies*, C. W. 13, Routledge & Kegan Paul Ltd., London, pp44-54.

"딸의 결혼식을 잘 치렀다. 그렇게도 속을 썩이던 딸아이가 좋은 남편과 시부모를 만나 잘 사는 것이 기적과도 같이 느껴진다. 딸아이 결혼식 후 내가 엄마로서 더 잘해 주지 못해 마음이 아프더라. 참으로 든든한 사위가 내 딸에게 나타나 감사하다. 나는 좋은 남자를 만나 같이 살아 보지 못해 슬프다."

"딸아이를 떠나보내고 허전하다. 공중목욕탕, 발 마사지숍에 다니고, 시장도 간다. 그동안 내가 무시했던 하찮고 시시했던 보통 사람들, 공중탕에서 목욕하는 사람들, 시장에서 활기 있게 살아가는 보통 사람이 참 존경스럽고 소중하다. 대중목욕탕에서 자신의 몸의 때를 열심히 밀고 목욕하는 여자들을 보면서 '자신을 사랑하는구나!' '자신의 몸을 사랑하는구나!'라고 느꼈다. 나는 그동안 목욕탕을 안 가고 게을렀다. 대단한 것을 추구하느라 시시한 현실의 일상을 피하고 미루곤 했다. '사소하고 시시한 것들을 매일같이 해서 뭘 하나……'라고 생각했었다. 밥 세끼도 대충 먹고 목욕도 대충 하고 운동도 하지 않고, 이도 잘 닦지 않고 세수도 잘 하지 않았다. 시시했던 그 사람들이 참 존경스럽다. 나만이 전부인 듯 나르시시스틱하게 살아왔다. 시시한 일상을 살면서도 저 사람들처럼 행복하고 당당할 수 있다면……. 사람들과의 관계에서 그때그때 잔잔한 성의를 보이고 잔잔한 반응을 보이는 것도 하지 않았었다."

이 무렵 O는 자신이 이제껏 '아버지의 연인戀人'이었으나 이제 아버지와 결별하게 되었음을 알리는 주제의 〈꿈 24〉를 꾸었다.

〈꿈 24〉

그동안 내가 '아버지의 연인'이었다 한다. 여행을 출발할 때 나는 아버지의 연인으로 마지못해 끌려갔다 한다. 아버지와 내 관계는 즐겁고 행복한 것이 아니고, 마지못해 끌려가는 벗어나고 싶은 부녀 관계이며 연인 관계였다고 한다. 여행지에서 나는 그동안 아버지와 한방을 쓰고 있었다고 한다. 나는 거기 아버지 옆에 남겨 두었던 내 짐을 정리하기 위해, 아버지와의 연인 관계를 청산하기 위해 마지막으로 아버지가 기운 없이 잠자고 있는 듯이 누워 있는 그 방에 들어간다.

O는 꿈에 대한 연상 등을 치료자와 대화하였으며 다음과 같은 이해와 해석에 이르렀다.

"꿈에서 사람들과 함께 여행을 갔다. 나는 양아버지와 연인 관계이므로 같은 방을 썼기에 내 짐이 아버지 계신 곳에 있었다. 마치 어릴 때 마지못해 받아들였던 '부모-나'의 관계와 같은 느낌이고 우울하였다. 엄마도 양아버지에게 떳떳하지 못한 느낌이었고 나도 양아버지가 계셔서 떳떳하지 못하고 기가 죽은 느낌이었다. 양아버지가 안 계시면 내가 자유롭고 편할 것 같았다. 어릴 적 내 소원은 '나이 들어 어른이 되면 아버지양아버지가 사라질 때가 있지 않을까? 아버지가 존재하지 않을 때가 있을까? 그럴 날이 있겠지.' 죄책감을 느끼면서도 아버지가 없기를 바랐다."

"내 안의 아버지는 내게 '모름지기 여자는 이러저러해야 한다.'라는 전통적이고 보수적이며 이상적인 여인상을 강요한다. 짐아버지, 의무감에 얽매여 마지못해 끌려다니지 말고 짐을 정리하고 집착과 연연해하는 것을 끊어야 한다는 생각이 든다."

"이제 내 글을 쓰고 싶다. 대학원 졸업 논문을 거창하게 계획하다 보니 시작할 엄두를 못 내고 있었다. 논문을 너무 잘 쓰려고 하다 보면 거창해지고 내 글을 쓰지 못한다. 기존의 이론들과 자료를 다 읽고 정리하려다 보니 부피만 많아지고……. 이대로 나가면 어느 세월에 논문을 쓸지 모르겠다."

O가 아버지내면의 부성상와 분리되지 못해 겪었던 또 하나의 고통은 하나의 논문을 완성해 낼 수 없다는 것이었다. 아버지와 분리되지 못함으로써 O는 논문을 너무 잘 쓰려 하게 되고 관련된 주제에 관한 기존의 모든 이론을 다 참고하려다 보니 논문이 너무 거창해지며 O 자신의 내면에서 우러나오는 잔잔하고 진솔하며 수줍은 노래는 거대한 기존의 자료에 파묻혀 목소리를 낼 수 없었기 때문이다.

113번째 분석 시간

O의 부모 콤플렉스가 상당 부분 극복되고 내면의 부모상으로부터 분리할 수 있게 됨으로써 부모의 어린 딸이었던 O는 비로소 성인 여성이 되는 통과의례를 거치게 되었으며 몸을 지닌 인간소박한 한 개인이 되어 대지의 현실로 내려와 착지하게 된다. 이어지는 현실에서 O는 한 남성과 조우하는데, 첫 만남에서 그 남성에게 끌린다. 같은 시기에 꾼 〈꿈 25〉에서 '결혼식' 모티프가 등장한다.

〈꿈 25〉

내 이름으로 다른 누군가가 나를 대신해 결혼식을 한다. 엄마가 주도해서 시킨 것이다. 너무 기가 막히고 화가 나서 숨이 다 차오른다. 그러다가 결혼식장에 강도強盜가 침입한다. 강도는 내 나이 또래의 남자로 민첩하고 단단한 몸에 검정색 옷을 입고 있다. 쇼킹하고 긴장된 순간. 강도의 침입이 매우 중요한 역할을 한다. 결혼식장에 강도가 들어 칼로 사람들을 위협하고, 사람들이 벌벌 떠는 그 장소에 나도 들어가 볼모로 잡혔다. 강도가 들어왔기 때문에 깨달았다. 강도의 침입으로 결혼식을 주도한 엄마가 빠지고 나의 가짜 대역이 빠지고, 내가 내 결혼식을 결정하고 주도하게 된다. 강도 사건을 통해 내가 나의 대역을 세운 가짜 결혼식이 아닌 내 결혼식이라는 것을 자발적으로 받아들이고 깨우친다. 강도가 들어오지 않았다면 깨달음도 없었을 것이고 가짜의 내가 아닌 진짜의 내가 결혼식 자리에 서야 한다는 깨우침도 없었을 것이다. 강도의 침입으로 진짜의 내가 내 이름으로 결혼식의 내 자리에 들어가 나의 결혼식을 올리게 된다.

〈꿈 25〉에 대해 O는 다음과 같이 연상하였으며, 꿈을 통해 깨달은 바를 말하였다.

"내 이름으로 다른 누군가가 나를 대신해 결혼식을 한다. 엄마의 강요로 마치 무언가에 홀린 듯 내가 원치 않은 남자와의 결혼을 받아들였던 26세 때의 내 상태와 같다. 내가 아닌 다른 여자가 내 자리에 서 있다. 강도의 습격을 받은 순간의 충격을 현실에서도 겪었다. 지난주에 괴상한 일이 있었다. 선을 보아 만난 명문대 출신의 의사 A와 데이트를 하였다. 그가 내게 '사랑한다.'라고 말하는 순간 강도가 들어온 것만큼 놀랐다. 강도가 들어와 놀라는 것처럼 왈칵 뒤집히고 죽음 같은 큰 놀람과 큰 변화를 겪었다. 〈꿈 25〉로 돌아가서 죽음만큼 뒤집히니 그때서야 깨달았다. 결혼식은 나의 결혼식이며, 내가 신부로 서야 할 자리에 다른 여자가 대신 서 있음을 인식했다. 강도의 침입으로 죽음 같은 충격을 겪은 후 나는 비로소 내 결혼식에서 신부가 되어 내 이름으로 내 결혼식을 치를 수 있게 되었다."

치료자는 이 꿈에 대해 다음과 같이 해석하고 O와 대화하였다.

여성의 개성화 과정을 이야기하고 있는 많은 민담에서 여성이 길고 험한 고행의 길 끝에 마침내 자신의 진짜 신랑을 만나게 되었을 때 신랑에게는 이미 다른 신붓감이 있곤 하다. 여성은 자신의 자리를 차지하고 있는 가짜 신부와 대결하여 자신이 진짜 신부임을 증명해야 한다. 〈꿈 25〉에서 결혼식의 그녀 자리를 차지하고 있던 가짜 신부는 이제껏 무언가에 홀린 듯 자신의 삶이 아닌 삶을 살아왔던 O이기도 한 어떤 여자이며, O를 사로잡고 마법에 걸리게 한 가부장적이고 유교적인 남성 중심의 가치관에 의해 홀린 듯 살아온 O의 또 다른 모습이기도 하다. 이제 O는 그녀 자신진짜 신부과 이제껏 그녀로 살아왔으나 그녀가 아닌 가짜 신부를 구분하여 그녀의 인격과 삶에서 분리해야 할 것이다. 여성이 진정한 자기 자신이 됨으로써 비로소 그녀의 내면의 진짜 신랑이 그녀에게 다가올 수 있게 되며 결혼식을 올릴 수 있다. 의식과 무의식의 합성이 가능해진다.

꿈속에서 그녀에게 죽음 같은 큰 충격을 줌으로써 잘못된 상황임을 깨닫게 하고 상황을 바로잡도록 한 강도는 자기Self의 메시지를 자아에게 전달하고자 파견된 자기Self의 사자使者인 듯하다. 자아의식의 무의식성으로 인해 개체 스스로의 생명과 안녕이 위험에 처한 위급한 상황에서 무의식전체 정신, 자기은 마치 강도와도 같이 강제적이고 강압적인 방식으로라도 의식으로 침입하여 자아가 무의식성을 극복하고 개체 스스로의 생명과 안녕을 위해 올바른 태도를 취할 수 있도록 개입하고 변화시키고자 한다.

119번째 분석 시간

O는 친구의 초청으로 3주일간 해외여행을 다녀오게 되었다. 그곳에서 A가 많이 떠올라 의외이고 속상했다. '그 사람이 정말 좋아지면 어떻게 하나? 이 나이에 너무 주책인 것 같다. 내가 그를 더 좋아하면 내가 상처받고 손해 볼 것 같다. 그 사람은 너무 바쁘다. 내가 그를 더 많이 생각하고 기다리고 그리워하는 것 같아 속상하다.' 하는 생각이 들었다. 행복하게 살게 해 달라고 대자연 앞에서 기도하였다. O는 〈꿈 26〉을 꾸었다.

〈꿈 26〉

북한이다. 김일성 다음가는 사람이 내게 "너는 혼자이고 남자가 없는 자유로운 사람이니 내 수청을 들고 기생이 되어라."라고 말한다. 나는 저항했다. 그러니 더 높은 사람이 와서 유혹을 한다. 나는 거절했다. 나는 감옥에 갇히고, 고초를 차분하게 겪었다.

O는 그녀 내면의 독재적이고 권위적인 부성적父性的 색채를 띤 남성상의 강요와 유혹에 사로잡히거나 굴하지 않고, 자신의 진짜 배우자신랑와의 만남을 기다리며 기꺼이 고행의 길을 선택한다. O는 이제 더 이상 권위적이고 독재적인 부성상에 휘둘리거나 복종하는 딸, 노예, 노리개 같은 존재가 아니며, 그녀 내면의 신랑아니무스, 무의식과 대등한 동반자 관계를 이루며 의식적인 관계를 맺으며

의식과 무의식을 합성할 수 있는 합일융합을 준비하고 있다. O는 고행에도 의연하고 당당하며 자유롭다. 권력의 노예시녀가 될 유혹에 빠지는 것을 물리칠 만큼 자아가 성숙해졌음을 나타내는 꿈이기도 하다.

123번째 분석 시간

〈꿈 27〉

레이스 뜨기를 배우기로 했다. 나중에 알고 보니 A의 조끼를 뜨려고 한 것 같다.

〈꿈 27〉에 대한 O의 연상과 〈꿈 27〉을 꿀 무렵의 O의 현실 상황은 다음과 같았다.

"학창 시절에는 가정 과목과 레이스 뜨기 같은 것을 무시하고 혐오했다. 신기하게도 꿈과 현실이 동시에 일어나 요즘 레이스를 뜨고 싶다. A와의 관계는 불투명하고 종잡을 수 없어 예측 불가능하며, 마음이 편치 않다. 마음고생을 많이 하고 있다."

〈꿈 27〉에 의하면 A와의 만남과 사랑이 그녀로 하여금 과거에는 무시하고 소홀히 했던 레이스 뜨기를 기꺼이 수용하고 좋아하도록 O를 변화시키고 있다. 사랑이 O를 변화시키고 있다. 보통 여인네들의 소박하고 평범한 과제, 사랑하는 사람을 생각하는 관심과 배려와 따스한 사랑이 담겨 있는 레이스로 조끼 뜨기, 여성적이며 모성적이기도 한 과제를 O가 기꺼이 받아들이고 있다. O의 새로운 변화이기도 한 레이스 뜨기에는 본성으로서의 여성성과 모성성과 에로스가 녹아 있다. 치료 시작 전 부성 콤플렉스에 사로잡혀 있던 O에게 소외되어 있던 측면이며 미분화된 상태이던 속성이기도 하다.

126번째 분석 시간

O는 근황과 마음의 상태에 대해 다음과 같이 표현하였다.

"중학교 운동장이 개방되어 하루에 열 바퀴씩40~50분 돈다. 운동을 하니 기운이 나고 자신감이 생긴다. 걷기가 참 좋다. 새로운 길을 발견하여 걸어 다닌다."

"딸이 잘 지낸다. 딸이 많이 변했다. 감사할 줄도 알고 자격증 시험공부도 하고 있다. 너무 잘 살아 신기하다. 딸아이가 임신 중이다. 딸아이의 남편이 좋아서 어쩔 줄 모른다. 내가 임신했을 때에는 남편이 해외 근무 중이어서 나 혼자 작은 병원에서 쓸쓸하게 딸아이를 낳았다. 여자로서, 임산부로서 대우받지 못했다. 내 딸은 좋은 시부모, 좋은 남편 만나 복 받고 잘 살고 있다."

"내가 그의 아기를 낳고 싶은 마음이 들었던 남자는 살아오면서 이 제껏 한 명도 없었는데…… A의 아기를 낳고 싶다는 마음이 든다."

"지금 나는 자신감이 없고 가진 것도 없고…… 괴롭다. 젊은 시 절에 내가 진작 변화를 추구하지 않고 현실에 안주해 버린 것이 후 회된다. 지금 나는 동물들 수발하느라 바쁘다. 지나가고 나면 별 거 아닌 일에 너무 열심히 열정을 가지고 매달려 에너지를 쏟고 너 무 열심히 살아 진이 빠지고 에너지를 다 소모했다. 그 당시에는 그거 아니면 안 될 것 같아 절실하게 매달리는데, 돌아보면 그럴 필요 없더라. 그럴 필요가 없는데 지나치게 잘하려고 열심히 열정 적으로 집착하여 에너지가 소모되고 자빠졌다. 일을 안 하고 있 으니 내가 무가치하게 느껴진다. 특별히 하고 싶은 일도 없으면 서……. 허전하다."

"과거의 내가 부질없었음이 뼈저리게 느껴진다. 이제는 예전 같 은 나로는 살아갈 수 없는 상태, 예전의 나의 죽음이다. 허전하고 허무하고 쓸쓸하다."

132번째 분석 시간

시시한 일은 자존심 상하여 하지 못하던 O가 마침내 시시한 일 을 해 보기로 용기를 냈다.

"○○ 고등학교에 한 달 간 임시 영어 교사로 채용되었다. 사는 보람이 있고 행복하다. 일은 식은 죽 먹기다. 논문 쓰는 것보다 일하는 것이 더 쉽고 즐겁다. 교직이 적성에 맞는다. 애들과도 잘 통하고, 애들 성적도 오르고, 야단을 쳐도 애들이 잘 따른다. 너무 주목받을까 봐 걱정이다. 선생님들도 나를 좋아하고 공감이 잘된다. 나를 젊게 본다. 출근이 너무 즐겁고 살맛 난다. 갈 길을 찾은 것 같다. 엄마는 나에게 '너 안쓰럽다. 돈이 얼마나 궁하기에 한 달에 200만 원 받고 일하러 가니?' 하시더라."

O는 마침내 논문을 쓰기 시작하기로 결심하였으며 논문 지도교수를 만났다.

136번째 분석 시간

O의 모습이 생기 있어 보이며 처녀 같은 풋풋함과 순수함이 느껴졌다. 몸이 활력 있고 야성이 살아나는 것 같은 느낌이 들어 신기했다. O는 근황에 대해 다음과 같이 표현하였다.

"일고등학교 영어 교사을 시작한 후 우울과 무가치감이 사라졌다. 보람을 느끼고 활기가 느껴진다. 처음에는 나이도 많고 눈치가 보여 참는 편이었으나 이제는 할 말도 하고, 어제는 부당한 건에 대해 교장에게 가서 배짱 있게 행동하였다. 이제는 자신감도 생기고 상황을 헤쳐 나가는 돌파력도 생기는 것 같다. 다가오는 삶이 두렵지 않고 내일이 기다려지기도 한다. 몸을 사리지 않고 상처를 두려워 않고 담담하게 살아가는 것이 가능해지고 있다."

137번째 분석 시간

"A에게 오랜만에 전화가 왔다. 원망스러워야 하는데 반갑더라. 만난 것이 후회가 안 되는 남자다. 나에게 사랑한다고 말하더라. 나도 사실은 A가 그립고 끌린다. 정신적으로도 끌리고 남자로서 성적性的으로도…… 이제껏 만난 남성 중 가장 끌린다. 내가 남성과 같이 살 수도 있겠다는 생각이 들게 한, 남성에 대한 마음을 열게 한 유일한 남성이다. 이제는 그의 빨래를 빨아 줄 수도 있을 것 같다."

"딸아이가 딸을 낳았다. 아이를 낳을 때 그렇게 아픈데도 잘 참고 참 고상하고 우아하게 아이를 낳더라. 결혼하기 전에는 작은 것에도 참지 못하고 그렇게 성질을 부리더니만…… 딸아이가 참으로 신기하고 대견하기만 하다. 딸아이가 아기에게 젖을 먹이는데, 실감이 안 나더라. 신랑이 참 극진하더라. 아기를 낳고 시댁에 들어가 산다. 내가 외할머니가 되었다."

142번째 분석 시간

〈꿈 28〉을 보고하였다.

〈꿈 28〉
딸아이가 높은 데서 아래로 내 신발을 떨어뜨린다. 이해해 주어야
한다는 것을 알면서도 심통이 나서, 내 신발을 아래로 떨어뜨리는
딸아이가 미워서, 딸아이의 볼을 손으로 눌렀다. / 어떤 남자 옆에
여자가 있다. 이름이 ○○봄Spring이라고 한다.

〈꿈 28〉을 꿀 무렵 O의 의식과 현실 상황은 다음과 같았다.

"마침내 논문을 쓰기 시작했다. 막상 시작하니 재미있고, 빠른
속도로 진척되고 있다."

"A를 만나 남자에 대한 편견이 치유되고 있다. 그와 사랑을 하
면서 나 자신이 소중한 존재이고 예쁜 사람임이 느껴지고 그가 나
를 사랑함이 느껴지고 나 자신을 아끼는 마음이 들더라. 그가 나
를, 내 몸을 사랑하는 것을 경험하면서 내가 이렇게도 소중한 존재
임을 깨닫게 되었다. 그와의 사랑이 내게 그렇게도 치유적이었다.
그의 사랑이 어린 시절 엄마의 마법에 걸린 나를 깨어나게 하고 치
유하고 있다."

O는 〈꿈 28〉에 대해 "꿈속의 딸아이는 11~12세 소녀로 실제 내 딸과는 전혀 다른 모습이다. 꿈에 나타난 딸아이는 미련스럽고 통통하고 둔하고 모자라고 한심하게 생겼다. 내가 엄마라면 다 포용해야 함에도 저 아래로 내 신발을 떨어뜨리는 딸아이에 대한 미움이 마음에 가득해진다. 내가 못된 사람이 되어 삐딱하게 딸아이의 볼을 누른다. 그러나 꿈속에서 사람들은 나의 엄마답지 않은 그런 행동을 비난하거나 나무라지 않고 자연스럽고 당연하게 생각한다." "내 이름은 ○○○인데, 꿈에서는 ○○ 봄Spring이라 한다. 나랑 연관된 이름 같다."라고 연상하였다.

O와의 대화를 통해 치료자와 O는 다음과 같이 꿈을 이해하고 해석하기에 이르렀다.

딸아이는 O가 그동안 감추고 소외시켜 왔던 자신의 인격의 어리고 유치한 측면일 수도 있으며, 자기Self의 속성과 전체성을 담고 있는 O의 새로워질 미래 인격의 측면일 수도 있다. 딸아이는 아름답고 근사하고 훌륭한 모습이 아닌, 미련하고 모자라고 못생긴 모습으로 나타나 O의 신발을 낮은 곳으로 떨어뜨린다. O의 자아는 여전히 높은 곳을 추구하는 마음이 남아 있어 딸로 표현된 자기는 자아의 높은 관점을 낮추도록 하며, 자아는 그 점이 불만이다. 그러나 그 후 자아는 새로워진 창조적 여성이름이 ○○봄Spring으로 변환되고 아니무스와의 조화로운 관계가 형성된다.

아래로 내려감으로써, 대지적인 현실에 충실하고 육체적인 인간으로서의 자신을 인식하고 받아들임으로써, 한 남성A을 만나 사랑을 하게 됨으로써, 자신의 잔잔한 목소리를 낼 수 있는 작고 소박한 논문을 쓰기 시작함으로써, 자신의 추하고 모자라고 미련하고 한심한 부분까지도 인정하고 받아들임으로써, 비로소 O는 추운 겨울을 지나 새 봄Spring을 맞이하게 되는 것 같다.

144번째 분석 시간

활기 있고 싱그러운 모습으로 O는 근황을 이야기하였다.

"서양 요리를 배우고 있다."

"논문이 시간에 쫓기면서 바쁘다. 서론과 본론을 다 썼다."

"요즘 현금 압박을 받고 있어 힘들다. 지출을 기록하고 아껴 쓰고 돈을 벌어 적극적으로 대처해야겠다. 논문이 문제가 아니라 경제적 문제가 더 시급하게 다가온다."

"나는 이제는 즐길 연애 상대를 원하는 것이 아니고, 후일 안정된 삶을 이루고 나이 들어 휠체어도 밀어 줄 동반자를 원한다. 나없이는 못 사는 사람 아니면 결혼하고 싶지 않다. 꿈은 생각이 나지 않으나 꿈속에서 아늑하고 편안한 기분이었다."

151번째 분석 시간

O는 생기 있고 예뻐진 모습으로, 근황과 〈꿈 29〉를 보고하였다.

"우선 논문을 10쪽 정도로 간단하게 요약하여 발표하였다. 지도교수가 논문을 통과시켰다. 논문을 쓰고 나니 홀가분하다. 논문 심사에서 잘 통과될 것 같다. 좋은 결과가 있을 것 같다. 논문 쓰는 과정은 참 힘든 일이었다."

"동물개, 고양이들과 함께 보내는 밤이 행복하다. 동물과의 교감이 너무나 행복하다. 티피개를 안고 있으면 애인 같다. 남자가 없어도, 결혼을 하지 못해도 이 동물들을 안고 있는 것만으로도 족하고 행복하다."

"꿋꿋해지고 중심이 잡혀 가고 단단해져 간다. 결혼정보 회사의 소개로 선은 간간이 보고 있다. 혼자 사는 것도 두렵지 않다. 그다지 허전하지도 외롭지도 않다. 남자 없이도 살 수 있을 것 같다."

"오피스텔을 팔았다. 1억 4천에 산 것을 2억에 판 것이다. 이 돈으로 은행 빚을 갚고 빚을 정리한다고 생각하니 자신감이 생긴다. 새 집으로 이사 갈 예정이다."

〈꿈 29〉

결혼정보회사 여자 이사가 보인다. 그 여자가 중매를 해서 어떤
'이상한 남자'를 만났다. 남자의 얼굴은 주름투성이고 볼품없다.
볼품없는 얼굴이었으나 착하다. 나는 영문도 모르게 호감을 느낀
다. 그 주름진 얼굴의 사람에게 빨간색과 초록색 버선코가 있는
예쁜 버선 여러 켤레가 둥둥 떠다닌다.

꿈속의 '이상한 남자'에 대해 O는 "외계인 이티ET의 얼굴처럼 꾸
불꾸불한 창자를 덮어씌워 놓은 듯이 엄청나게 쭈글쭈글한 주름투
성이 얼굴이다. 추한 가면을 덮어씌워 놓은 듯이 무시무시하고 징
그러운 얼굴이며 피하고 싶은 외양이다. 그러나 그 추한 모습에 비
해 인간성은 너무도 착해서 그를 좋아하게 된다. 참으로 새삼스러
운 경험이다! '얼굴이 저래도 사람은 괜찮네!' 착한 인간적 매력에
점점 호감을 느끼고 좋아하게 된다."라고 연상하였다.

마치 민담 '미녀와 야수'의 한 장면 같다.[56] O에게 변화가 일어
나고 있다. 이제 그녀 안팎의 추하고 징그럽고 무시무시하게 보여
피하고 싶고 꺼려지는 측면대상에 대해 경멸하고 모욕하거나 피하
거나 도망치지 않고 기꺼이 대면하고 따스하게 수용할 수 있는 변

---

56) 이 책의 '부성 원형: 민담을 통한 고찰' 중 민담 '미녀와 야수' 혹은 '동물 신랑'
부분 참고.

화가 일어나고 있는 듯하다. 이상하고 추한 겉모습 속에 자리하고 있는 본질을 인식할 수 있는 감수성과 통찰력이 생기고 있는 듯하다. 무의식과의 대면에서, 첫 만남에서, 부정적으로 느껴지는 존재들을 무조건 경멸하거나 피하거나 도망가지 않고, 직시하고 대면하고 따스한 마음으로 수용함으로써, 존재는 긍정적인 모습으로 변환되고 인간이 된다.

152번째 분석 시간

〈꿈 30〉과 근황을 보고하였다.

〈꿈 30〉

변을 보고 싶은 느낌이 견딜 수 없을 정도로 매우 강하게 느껴졌다. 개인 화장실에 가서 혼자 조용히 변을 보았다. 옅은 황토색의 변이 매우 굵고 길고 힘차게 나왔다. 정말 인상 깊었다. 뭔가를 얻은 듯한 느낌이었으며 어떤 '결실'을 맺은 느낌이었다.

꿈에서 깨어나 O는 '이게 논문이구나!'하고 느껴졌다. '아! 하면 되겠구나!'라는 뿌듯한 느낌이 들었다. O는 이 꿈을 꾼 후 온 마음을 집중하고 전력투구하여 논문을 다듬고 마무리하여 마침내 완성하였다. 논문을 제출하였다.

같은 행위를 하더라도, 같은 논문을 쓰더라도 그것이 그 사람에게 어떤 의미를 가지느냐에 따라, 어떤 마음으로 어떻게 행하느냐에 따라, 올라가는 길이 될 수도 있고 내려가는 길이 될 수도 있음을 치료자는 O와 대화하였다.

153번째 분석 시간

아래로 내려가야만 하는 주제의 꿈이 또다시 출현하고 있다. 이제 내려가는 것이 더는 두렵지 않다. O는 엄마를 설득하여 아래로 내려가게 하고, O 자신도 자유의지에 의해 수월하게 아래로 내려간다.

〈꿈 31〉

엄마가 뭔가를 잘못한다. 엄마가 한 말이 부당하며 엄마가 옳지 않다. 엄마가 내 마음을 아프게 한다. 나는 강한 줏대와 소신을 가지고 엄마에게 그게 아니라고 말하면서 엄마를 아래로 내려가도록 한다. 나도 엄마와 아래로 내려가야 한다. 이상하게도 예전과 다르게 아래로 내려가는 것이 두렵지 않았다. 나는 두렵지 않게 쉽게 아래로 내려갔다.

〈꿈 31〉에 대해 O는 다음과 같이 연상하였다.

"엄마가 뭔가를 잘못한다. 엄마는 자신의 이루지 못한 한恨을 딸인 나에게 강요하였다. 엄마 자신은 그렇게 살지 못하였으면서 '일부종사하지 않으면 그 여자는 가치 없고 더럽다.'라고 말한다. 그러면서 딸인 나에게 철갑옷을 입혀 가두고 내 머리에 큰 화산火山을 이게 하였다."

꿈과 연상에 대해 O와 충분히 대화를 한 후, 다음과 같은 치료자의 소견과 해석을 전달하였다.

내면으로부터 O에게 다가오는 무의식의 상들에 대면하여, 그리고 외부로부터 그녀에게 다가오는 대상이나 상황에 대면하여, 이제 O는 소신껏 자기주장을 할 수 있게 되었으며, 휘둘리고 사로잡히고 빠져드는 것에서 차츰 자유로워지고 해방되고 있다. O 스스로의 선택과 결정에 의해 자유의지로 기꺼이 쉽게 아래로 내려갈 수 있게 되었다. 기쁜 변화다.

과거의 O 내면의 어머니모성상, 모성성, 여성적 기초는 잘못되고 병들어 있었다. O는 부성 콤플렉스와 함께 '부정적 모성 콤플렉스'에 사로잡혀 있기도 하였음을 〈꿈 31〉을 통해 볼 수 있다. 이제 O는 자신 내면의 잘못되고 병든 어머니모성상, 여성적 기초를 인식하고 회복시킬 수 있는 힘을 갖게 되었다. 그것은 어머니를 아래로 내려가게 하고 스스로도 아래로 내려가는 것과 연관된다. O의 어머니 역시 O와 같은 문제를 가지고 있었다고 볼 수도 있을 것이다.

O에게서 그러하였듯이 부성 콤플렉스에 사로잡힌 많은 여성이 마치 유배된 상태와도 같이 높은 곳에 갇혀 있었으며, 아래로, 낮

은 곳으로, 땅으로 내려가야 하는 것이 치료 과제가 된다. O의 구체적인 치유 과정을 통해 드러난 '내려간다'는 것의 의미는 다음과 같은 측면을 포함하고 있었다.

내려간다는 것은 피할 수 없는 현실이라면 기꺼이 받아들이는 것이며, 가장 하기 싫은 그런 역할과 과제일지라도 피할 수 없는 자신의 몫이라면 기꺼이 받아들이고 행하고 책임지는 것이다.

창조의 문제creative problem와 관련하여 내려간다는 것은 영원을 향해 신神의 숨결과 맞닿아 열려 있는 가슴 설레는 가능성과 현실적으로 할 수 있으며 하지 않으면 안 되는 피할 수 없는 불가피함 사이에서 실현 가능한 한계를 인식하고 그것을 구체적인 현실로 행하고 실현하는 것이기도 하다.

내려간다는 것은 꿈속에서 대면하고 체험한 무의식의 상像들의 상징적인 의미가 현실의 삶 속에서 실현되고, 의식적 인격으로 통합되는 것을 의미한다.

내려간다는 것은 부모의 품에서 어린 시절의 낙원과도 같은 상태에 머물러 있기를 포기하고, 내면의 부모상과 분리하여 어린 딸인 상태에서 성인 여성으로 성인식의 통과의례를 치르는 것을 의미한다.

내려간다는 것은 이상적인 허구로 이루어진 비개인적인 집단인으로서의 영웅이 아닌 소박한 한 개인인 인간 여인으로 살아갈 수 있게 됨을 의미하기도 한다. 동물적 본능까지도 포함하는 그녀의 본성을 억압하지 않고 그녀 안의 자연이기도 한 본성과 불화하지 않으며 그것에 귀 기울이고 그것을 수용하며 그것과 조화를 이루며 살아가는 것을 의미한다. 여성 자신 안의 개인적 무의식그림자을 의식화하고 자신의 인격 속으로 통합하는 것을 의미하며, 그것이 자신의 전체에 속하는 것이라면 결함이나 단점으로 생각되는 것이라 할지라도 배척하지 않고 기꺼이 아우르고자 함을 의미한다.

내려간다는 것은 아름답고 훌륭하고 특별하고 고고해야 한다는 부성 콤플렉스의 마법에서 풀려나 소박하고 단순하고 자연스럽고 평범해질 수 있음을 의미한다. 잃어버린 자기 자신본성을 되찾아 자기 자신인 여성이 되는 것을 의미한다.

내려간다는 것은 첫 만남에서 그녀를 매혹시키던 남성과의 관계에서 차츰 투사를 인식하고 그녀와 그 남성의 있는 그대로의 모습을 보게 되며 의식적이고 인간적인 관계를 맺어 나가는 것을 의미하기도 한다.

내려가서 땅에 닿게 됨으로써 안도와 실망이 함께 따르며, 마법이 풀리고, 환멸을 느끼고, 작아지고deflation, 미몽에서 깨어나는 disillusionment 과정이 따르기도 한다.

내려간다는 것은 상징적인 죽음을 의미하며, 죽어 다시 태어나는 재탄생을 의미한다. 내려간다는 것은 사실은 추락이 아니며, 오히려 신경증 상태에 사로잡혀 있던 예전의 그녀가 죽고, 더 높고 더 깊은 의식성을 가진 새로운 존재로 다시 태어나는 것을 의미한다.

내려간다는 것은 변환의 가능성이 실현되는 것을 의미하며, 자기 인식Self-knowledge이라는 얻기 힘든 값진 보물을 얻는 것을 의미하기도 한다.

O는 153번째 분석 시간에서 〈꿈 32〉를 함께 보고하였다.

〈꿈 32〉

L이 내 앞에 있다. 나는 말했다. 내가 참 쓸쓸하게 살아왔노라고.

지금도 그렇다고. 그랬다. 정말 쓸쓸했다. 말할 수 없을 정도로.

O는 L에 대해 "다른 목적이나 동기 없이 나를 여자로 진실로 좋아하고 사랑했던 사람이다. 자신을 버리고 나를 좋아한 사람이다."라고 연상하였으며, 꿈속에서 느낀 쓸쓸함에 대해 "외롭다기보다는 쓸쓸하다. 모든 것을 다 초연한 다음에 오는 스님 같은 쓸쓸함. 잔잔한 물결 같은 그런 처연함. 텅 빈 마음. 제3자에게 말하듯이 나를 탁 비우고 초연한 마음으로 마치 하느님에게 고백하듯이 참으로 솔직한 심정으로 말한다. 너나 참 불쌍하고 안됐다. 너 참 고생했다. 참으로 쓸쓸한 쓸쓸함의 밑바닥."이라고 연상하였다.

163번째 분석 시간

O의 졸업 논문이 마침내 통과되고 대학원문예창작과을 졸업했다. O의 근황은 다음과 같았다.

"당분간 기간제 교사로 고등학교 영어 교사 일을 계속할 예정이다. 일을 하니 우울증 증상이 다 없어진다. 살맛 난다. 일이 없어 우울했던 것 같다. 이제 즐겁고 행복하다."

"개들과 노는 재미에 푹 빠져 있다. 교회 목장 모임에 가끔 나간다. 접착 시트를 사다가 벽을 예쁘게 단장하였다. 내가 벽지를 너무 잘 붙이더라. 시시하게 여기던 매사가 요즘은 너무 재미있다. 목표 지향적으로 살아온 삶은 피곤했다. 삶의 순간순간에 충실하고 즐기며 편안하게 살고 있다. 작은 것 하나하나가 모두 감사하다."

"결벽증이 여전히 있지만 크게 괴롭거나 문제가 되지 않고 그냥 내 삶의 한 부분이 되었다."

"엄마가 나를 보는 시각이나 타인들의 시선이나 평가에 휘둘리는 것이 덜해지고 곧 중심을 찾게 된다. 엄마가 나에 대해 뭐라고 하시든 이제는 내가 꿋꿋해지고 소신이 생기고 흔들리지 않게 되었으며 오히려 내가 엄마를 설득하기도 한다. 삶 속에 부대끼는 내용에 대해 덜 피하고 용기 있게 대면할 수 있게 되었다. 나쁜 일을 많이 겪었으나 겪고 나니 이제는 그것들이 양분된 것 같으며 휘둘리는 것에서 많이 자유로워지고 해방되었다."

"불꽃은 꺼지지 않았으며 여자임을 포기하지 않으나 이제는 남자에 대한 선택 기준이 분명하고 까다로워졌다. 아무 남자와 사귈 바에는 차라리 혼자 살겠다. 요즘은 남자의 영향을 별로 받지 않고 강건해졌다. 남자가 배제된 상태에서도 잘 지내고 있다. 이제는 혼자 살 수도 있을 것 같다. 혼자 살고 싶기도 하다. 밖에서 찾아다니며 구하는 게 줄어들고 혼자 있는 것도 좋고 편안하다. 혼자 있어도 평온하고 평화롭고 자족한 느낌이다. 안정감이 든다."

"딸아이는 잘 있다. 아기를 낳더니 아기 사랑이 극진하다. 철부지 같고 말썽 피우던 모습은 어디론가 사라져 버리고 이제는 좋은 엄마가 되어 있더라. 아기를 신주단지, 보물단지처럼 대하더라."

"나를 초월하는 어떤 기운이 있는 것 같다. 내가 전부가 아닌 것 같다. 아등바등하지 않고 현실의 상황에 순응하니 좋은 기운이 다가오는 것 같다."

172번째 분석 시간

O는 '여성을 죽이는 아니무스killing animus'라고 부를 수 있는 자신 안의 부정적인 남성상과 대면하고 그것을 극복할 수 있는 내면의 힘을 차츰 키워 나가게 되었다. 172번째 분석 시간의 내용은 다음과 같았다.

O는 연인 A와 전화 연락이 되지 않자 온갖 부정적인 생각이 다 들며 기분이 나빠져 정신적으로 강타 당하고 몰살 당하는 기분이었다. 그리고 다음 날 새벽에 다음과 같은 꿈을 꾸었다.

〈꿈 33〉

외부의 침입자남자가 방문을 열고 습격해 들어온다. 나는 힘겹게 애쓰다가 죽을힘을 다해 방문을 간신히 열고 밖으로 나간다. 나는 큰 용기를 내어 문 바깥쪽에서 긴 칼을 방문 안쪽으로 들이밀어 그 남자를 찌른다. 나는 침입자를 퇴치하고 구사일생으로 내 생명을 지킨다. 그런데 나는 고양이암컷 손을 잡고 있다.

외부의 침입자는 그녀와 체격이 비슷한 시커먼 남자이며 악마 같은 존재로 그녀를 해치려고 온 것임을 O는 본능적으로 직감한다. 꿈속의 침입자는 O가 느끼기에 대면할 수 있는 존재가 아니며 어느 누구도 그렇게 무섭고 두려운 존재를 대면하기는 버겁다. 고양이는 건강한 암컷 고양이다. 이 꿈을 꾼 다음 날 A에게 연락이 와 두 사람은 만났으며, 상황을 알고 보니 오해가 생긴 것이었다.

결국 O를 몰살시킬 만큼 그녀에게 정신적 타격을 가하고 기분을 몹시 나쁘게 만든 것은 실재의 외부 남성이 아니라 모호한 상황을 틈타 O에게 스며든 '그녀 내면의 검은 남자'였다. 그녀 안의 검은 남자는 그녀의 방을 침입하여 그녀를 죽이려고 하는 그녀 안의 무시무시한 원형적 남성상killing animus이다. O는 죽을힘을 다해 그것과 대결하고 큰 용기를 내어 긴 칼로 그것을 찌르고 꿰뚫음으로써, 그것의 실상을 인식하고 분별하게 됨으로써, 자신의 생명을 구하고 외부의 연인 A에게로 덮어씌울 뻔했던 무의식적인 투사를 인식하고 거두어들일 수 있게 되었다. 그녀를 죽이고 그녀의 존재 가치를 몰살할 정도로 거대한 위력을 가진 그녀 안의 부정적인 아니무스상을 외부의 남성과 동일시할 뻔한 위험한 착각에서도 풀려날 수 있게 되었다. 실제 상황을 있는 그대로 인식할 수 있게 되었다.

또한 O는 내면의 부정적 아니무스killing animus와 대결하는 내내 자신이 '건강한 암컷 고양이'와 손잡고 있었음을 발견한다. O 안의 암컷 고양이 속성[57]을 의식화하고 더 나아가 인간화함으로써 O는 그녀 안의 무의식의 파괴적인 힘이라고 볼 수 있는 부정적 아니무스의 가혹한 비난과 위력에 저항하고 그것들과 맞서 싸울 수 있는 본능적 토대를 갖출 수 있을 것이다.

고양이는 부정적 아니무스negative animus에 대항할 수 있다. 융학파 여성분석가 바바라 한나Barbara Hannah는 에밀리 브론테Emily Bronte의 《폭풍의 언덕》을 심리학적으로 해석하면서 "첫 번째 캐서

---

57) O의 66번째 분석 시간 〈꿈 10〉에 대한 해석 중 고양이 상징의 확충 부분 참고.

린Catherine은 너무 높이 있어서고고하고 이상적이어서 못돼 보이는 고양이의 속성을 받아들일 수 없었다. 그러나 두 번째 캐서린은 훨씬 더 고양이 같은 태도를 취하게 되었으며 그리하여 마침내 히스클리프Heathcliff로 표현된 부정적 아니무스에 대항하여 이기고 극복하게 되었다."라고 하였다. [58]

O 안의 무의식의 어둡고 파괴적인 기운을 그녀가 인식하게 됨으로써 O는 이제 그것에 사로잡히는 것에서 풀려나고 새로운 눈을 뜨게 되었다. O가 그녀 내면에 자리하는 무의식의 파괴적인 기운을 대면하고 칼로 꿰뚫어 죽임으로써, 즉 인식하고 분별하고 통찰하여 의식적으로 대결하게 됨으로써, 그동안 O에게 부정적이고 파괴적으로 작용해 오던 그녀 안의 무의식의 측면은 긍정적이고 창조적인 형태로 변환될 수 있는 기회를 가지게 된 것으로 보인다.

181번째 분석 시간

O 내면의 병든 모성이 치유되고, O 자신 안에 스스로 치유할 수 있는 치유의 힘이 생겨나고 있음을 알리는 무의식의 상징이 출현한다.

---

58) Hannah B(1992) : 앞의 책, p73.

〈꿈 34〉

엄마가 아파서 엄마를 모시고 병원에 갔다. 그런데 그곳에서 엄마는 별로 좋은 대우를 받지 못했으며 나는 그것을 부당하다고 느낀다. 그런데 나는 어느새 '여자 의사'가 되어 있다. 그 병원의 높은 의사남자 의사 혹은 원장에게 엄마를 부당하게 대우했던 병원의 처우에 대해 알릴 기회를 자연스럽게 갖게 된다. 그 남자 의사는 전화로 나에게 상황을 묻는다. 나는 영어로 또렷하게 발음하고 대응하여 상황을 있는 그대로 알리고 엄마에 대한 병원의 부당한 처우에 항의하고 내 주장을 소신 있고 분명하게 하여 두 가지의 기쁜 결과를 얻게 된다. 첫째, 엄마가 치료를 제대로 받을 수 있게 되어 엄마가 치유된다. 둘째, 나와 통화한 그 남자 의사가 나를 여자로서 무척 좋아하게 되며, 나와 좀 더 많은 시간을 함께 보내며 대화하기를 청한다.

아픈 엄마가 병원에서 부당한 대우를 받은 것을 걱정하다가 O가 의사로 변하고, 엄마에 대한 병원의 부당한 처우에 대해 명료하게 항의하고 자기주장을 할 자연스러운 기회를 가져 엄마가 제대로 치료를 받을 수 있게 된다. 엄마는 치유된다. 전화를 통해 O로부터 상황에 대한 분명한 설명과 정당한 요구와 소신 있는 의사 표현을 들은 남자 의사는 그녀를 여자로서 무척 좋아하게 되며, 좀 더 함께 많은 시간을 보내며 대화하기를 소망한다.

O 내면의 여성적인 기초엄마가 정당한 대우를 받지 못하는 것에

대해 O는 부당하게 느끼고 솔직하고 공공연하게 자신의 느낌을 드러내면서 소신껏 자기주장을 함으로써 O 자신이 스스로 치유할 수 있는 자질을 가지게 되며 무의식으로부터 대등한 파트너 자격으로 존중받게 된다. O가 모성성을 진지하게 다루지 않으려고 하는 자신의 무의식적 경향에 분명히 항거하며, 모성성을 적극적으로 보살피게 됨으로써 마음의 조화균형와 평화를 얻게 된다.

부성 콤플렉스에 사로잡혀 그동안 병들어 있던 O 안의 모성적여성적 측면이 치유되고 있으며, O 자신 안에 스스로를 치유할 수 있는 치유의 힘이 생겨나고 있다. O의 의식 측면에서의 기꺼운 노력과 변화로 무의식과 의식이 하나로 합성될 수 있는 준비가 점차 갖춰지고 있다. O의 부성 콤플렉스가 극복되면서 여성 내면의 아니무스상의 긍정적인 변환이 있다. 스스로 안에서 태도를 기꺼이 바꾸고 스스로가 변환되어 치유하는 자가 됨으로써 이제 O는 자신의 전체전체성를 회복시킬 수 있는 기꺼운 주체가 되었다.

181번째 분석 시간, 그 후

'분석'이라는 장場을 통한 O와 저자의 만남은 이 논문에서 기술한 마지막 분석 시간인 181번째 분석 시간 이후로도 계속되고 있다. 자신의 잘못이 아닌 아픔에서 시작된 고통을 품고 힘든 시간을 견뎌 내며 꿋꿋하고 의연하게 살아 봄Spring의 시간 속으로 다가가고 있는 총명하고 순수하며 열정적이고 경건하며 강인하고 아름

다운 O에게 존경의 마음을 전하고 싶다. O가 자기실현의 이 길을
걸어가며 잃어버린 자신을 만나고 하나된 자신이 되어 삶을 활짝
꽃피울 수 있기를 진심으로 소망하며 축복하고자 한다.

03
종합적 고찰–'어머니'
그리고 '몸'과의 관계를
중심으로

종합적 고찰—'어머니' 그리고
'몸'과의 관계를 중심으로

　어머니의 역할은 딸의 부성 콤플렉스 형성에 또 하나의 중요한
요소가 된다. 부성 콤플렉스에 사로잡힌 여성의 어머니들은 많은
사례에서 자신의 남편과의 관계가 좋지 못하거나 소원하였다. 어
머니 또한 남성 본위의 가부장적 가치관을 답습하고 있는 어머니
이기도 하여, 어머니 자신이 여성임에도 여성으로서의 자신과 여성
적 가치를 평가절하하며 여성으로서의 자신의 존재와 삶에 대해 부
정적인 느낌을 가지고 있기도 하였다. 아버지가 가족들에 대해 무
책임하고 감정적으로 소원하거나 부재하는 아버지인 경우, 어머니
는 생계를 꾸려 나가고 자식들을 뒷바라지하기 위해 흔히 남성적인
역할을 취하게 되기도 하였으며, 때로는 어머니 자신이 아니무스에
사로잡혀 있는 여성이기도 하였다. 따라서 부성 콤플렉스에 사로
잡힌 여성의 어머니 중 많은 수에서 어머니 스스로가 여성성과 모
성성의 문제를 안고 있었으며, 어머니 자신이 부성상에 지배당하고
있으며 부성 콤플렉스에서 벗어나지 못한 구원되지 못한 여성으로
서의 문제를 안고 있었다.
　부성 콤플렉스에 사로잡힌 여성 다수가 어린 시절 어머니와의

관계가 소원하였거나 좋지 못하였다고 회상하였다. 어린 시절 어머니와 충분한 시간을 함께 보내지 못하였으며, 어머니와 마음이 통하지 않는다는 느낌을 가지고 있었으며, 어머니로부터 진정으로 이해받고 사랑받고 있다는 느낌을 가질 수 없었다고 회상하였다. 딸과 아버지의 관계가 특별하기 때문에 2차적으로 딸과 어머니의 관계가 나빠질 수도 있을 것이며, 아버지와 어머니 사이가 좋지 않기 때문에 딸과 아버지의 관계가 특별해질 수도 있을 것이다. 그러나 아버지가 없거나 아버지와의 관계가 소원하였던 여성의 경우에서도 어린 시절 자신의 어머니와의 관계를 앞과 같이 부정적으로 회상하곤 하였다.

딸은 태중에서 어머니와 한 몸으로 있었으며, 태어난 후에도 긴 시간 동안을 어머니 품에서 보내며, 경험하는 세상의 전부가 어머니인 것과도 같은 최초의 어린 시절을 보내게 된다. 딸에게 아버지라는 존재가 인식되는 것은 훨씬 후의 일이다. 그럼에도 부성상과 부성 원리가 딸의 삶을 이끌어 가고 심지어 사로잡기까지 하는 지배 원리가 된다는 것은 무엇을 의미하는 것일까? 이 책의 "01 '아버지'와 '아버지-이마고父性像'"에서도 예로 제시하였듯이 부성 원형을 이야기하고 있는 많은 민담에서 민담 시작 부분에 어머니가 등장하지 않거나 어머니가 병들어 일찍 죽는다. 병들고 쇠약한 모성 원리가 있고 모성 원리의 결핍이 있으며 그리고 아버지와 특별한 관계 속에 있는 딸의 이야기가 전개된다. 따라서 딸에게 부성 콤플렉스가 형성될 수 있는 선행 조건에 대한 가설로서, 딸에게 어머니가 없는 것으로 경험되거나 소원한 관계로 경험됨으로써 어머니가 자신에게 중요한 감정적 가치를 부여하는 존재임을 경험할 수 없었던 상황 또는 딸이 어머니와의 관계를 힘들고 부정적인 것으로서 경험하는 상황 등을 제시해 볼 수 있다.

저자가 치료를 담당한 부성 콤플렉스에 사로잡힌 여성 사례들에서 공통적으로 볼 수 있었던 것은 아주 어린 시절 어머니가 자신의 곁에 자주 없고, 자주 자신을 떠나 딸은 어머니의 부재로 인한 자신의 존재의 불안을 경험하거나 혹은 함께 있더라도 정서적으로 차갑고 소원하게 느껴지는 어머니를 경험한 점이다. 딸은 자신이 어머니의 마음에 들게 행동했을 때만 어머니가 자신을 받아들이고 그렇지 않은 경우 자신을 버릴 것같이 느껴지는 조건부 사랑을 경험하기도 하였으며, 때로는 어머니가 자신을 부담스러워하고 원치 않으며 싫어하는 것으로 경험하기도 하였다. 딸은 어머니가 자신을 사랑하고 이해하고 있다는 느낌을 가질 수 없었으며, 그로 인해 자신의 존재에 대한 당연함과 당당함의 느낌을 가질 수 없었다. 그러므로 딸은 부모를 더욱 의식하게 되고, 부모의 마음에 들고자 노력하여 부모의 사랑과 인정과 칭찬을 끌어냄으로써 자신의 존재 가치를 확인하고자 하였다. 여성이 속한 가정과 사회가 여성혹은 모성과 여성적혹은 모성적 가치를 평가절하하고 남성혹은 부성과 남성적혹은 부성적 가치를 존중하는 남성 본위의 가부장적 분위기일 경우, 어린 딸은 의식적 · 무의식적으로 아버지를 더욱 의식하게 되어 자신이 아버지와 특별한 관계 속에 놓여 있는 것으로 경험하기도 하였다.

이 책의 "01 '아버지'와 '아버지-이마고父性像'"에서 강조하였듯이 어린 시절 딸이 경험하는 '어머니상'과 '아버지상' 속에는 딸에게 본래부터 내재하고 있다가 개인 어머니, 그리고 개인 아버지와의 관계를 통해 활성화된 모성 원형상과 부성 원형상을 함께 담고 있다. 따라서 딸이 경험하는 어린 시절의 부모는 실재의 개인 부모와는 차이가 있으며, 때로는 많이 다를 수도 있다.

결론적으로, 딸에게 부성 콤플렉스가 형성되고 진행되는 과정에는 딸의 내면에 자리하고 있으며 자리하게 되는 모성상이 중요한 의미를 가지게 될 것임을 추측할 수 있다. 실제로 부성 콤플렉스에 사로잡힌 여성의 많은 경우에서 부정적인 모성 콤플렉스 여성에게 보이는 특징을 공유하고 있기도 하였다.

부성 콤플렉스에 사로잡힌 여성의 치료 초기의 꿈들을 살펴보면 여성의 어머니 모습을 한 여인이 몸이 병들거나 쇠약한 모습으로, 근심에 가득 찬 울적하고 기운 없는 모습으로 자주 등장하곤 한다. 때로는 꿈속에서 어머니 모습을 한 여인은 몸을 다쳤음에도 쉬지 않고 바쁘게 움직이며 계속 일을 하려 해 몸이 더욱 망가지고 상처 입기도 한다.

부성 콤플렉스에 사로잡힌 많은 여성이 '어머니-모성적 가치-여성-여성적 가치'가 '아버지-부성적 가치-남성-남성적 가치'에 비해 열등한 것이라고 생각하고 있었다. 자신이 여자임을 인식하게 되면서 여자로서의 자신을 받아들일 수 없었으며 여자로서 살고 싶지 않았다는 여성도 있었다. 평범한 여자로 살아가는 것은 실패한 삶이라는 생각이 있었다. 그래서 이상적이고자, 완벽하고자, 특별하고자, 최선을 다해 노력하기도 하였다. 그로 인해 먹는 것과 자는 것과 일상적인 삶의 과제들을 소홀히 하게 되고 자주 몸을 혹사하곤 하였다. '몸'이 고통받게 되었으며 '몸'으로 인해 고통받게 되었다. '본능'과의 관계가 흔히 좋지 않았으며, 심각한 몸의 부대낌이나 몸의 통증을 겪기도 하였다. '몸肉'과 '정신의지' 사이에서 '구체적인 삶'과 '이상적 가치' 사이에서 극심한 갈등과 고통을 겪기도 하였으며, 살아간다는 것이 쉽지 않았다.

부성 콤플렉스에 사로잡힌 많은 여성이 책을 보느라 일을 하느라 잠잘 시간이 부족하고, 잠을 소홀히 하고, 먹는 것을 소홀히 하고, 불규칙적으로 식사하였으며, 오랜 시간 굶다가 폭식하기도 하였다. 자신의 성적性的 본능에 대해서도 무심하였으며 때로는 정서적으로, 육체적으로 발달이 사춘기를 겪기 전의 어린 소녀와도 같았다. 있는 그대로의 자신의 몸을 아끼거나 사랑하거나 향유하지 못하고 있었다. 많은 경우 몸에 대해서조차 '이상적인 몸'이라고 생각하는 어떤 가치를 적용하곤 하였다. 집단적 가치에 따른 이상적이고 아름다운 신체상ideal body image에 자신의 몸을 맞추기 위해 음식의 양을 줄이고 운동량을 늘리며 '피곤하다.' '배고프다.' '쉬고 싶다.' 등의 몸의 본능적인 호소를 무시하며 인내하고 노력하며 애쓰기도 하였다.

그녀들이 보통 소망하는 아름답고 이상적인 '몸'의 상像은 팔랑거리는 나비와도 같이 살肉의 부피와 무게가 거의 느껴지지 않는 마치 영혼과도 같은 몸인 경우가 많은데, 이러한 몸은 사춘기를 겪기 전의 어린 소녀의 몸을 닮았다. 이러한 측면은 성장하지 않고 어른이 되지 않고 어린 소녀, 즉 아버지의 딸로 영원히 남아 있고 싶은 '아버지의 딸'들의 마음을 잘 반영하고 있는 신체상이라 느껴지며, 살과 무거운 육체를 거부하는 것이기도 하다. 이것은 본래의 그녀의 본성으로서의 여성성과 모성성을 받아들이기를 거부하는 것을 의미하는 것이기도 하며, 있는 그대로의 일상적이고 평범한 대지적 현실을 받아들이기를 거부하는 마음의 표현이기도 하다. 이렇게 '아버지의 딸'로서의 부성 콤플렉스에 사로잡힌 여성은 영원한 소녀이기도 하다.

몸과 정신의지 사이의 점점 심각해져 가는 갈등 속에서 그녀들의 자아는 정신의지과 동일시하거나 정신의지의 편에 서 있는 경우가 많으며, 인간으로서의 한 개인의 한계를 자주 넘어가 버리곤 하는 원대한 포부를 품은 정신의지을 따라와 주지 못하는 무겁고 부대끼는 불쌍한 몸을 애꿎게 비난하고 원망하며, 심지어는 몸이 없이 정신만 있었으면 좋겠다는 소망조차 품을 때가 있기도 하였다. 그녀들이 고통받고 있는 이유는 사실은 지나치게 이상적이고 높은 가치를 추구하는 정신의지 때문임에도 불구하고 그녀들은 몸이 정신과 의지를 따라와 주지 못하고 마치 미련한 짐승과도 같이 고삐 풀린 성난 야수와도 같이 그녀들의 정신과 의지에 반항하여 그녀들이 고통을 받고 있다고 잘못 생각하곤 하였다. 그녀들이 겪고 있는 몸과 정신 사이의, 자신의 본성과 페르조나 사이의 심각한 불화와 분열로 인한 고통을 살펴보건대, 부성 콤플렉스에 사로잡힌 여성 일부에서 아버지에게 강간당하는 어린 딸에 대한 환상이 생겨나기 시작하는 것은 깊은 상징적 의미를 지니고 있다고 볼 수 있겠다.

부성 콤플렉스에 사로잡힌 여성은 개인분석 과정을 통해 무의식을 대면하고 무의식을 의식화함으로써 자신 안의 동물적 본능을 수용하고 동물적 본능과 조화를 이루며 살아가는 것이 꼭 필요한 치료 과제임을 인식하게 되었다. 자신의 몸을 소중히 여기고 아끼고 돌보게 되었으며, 잘 자고 잘 먹고 적절한 휴식을 취할 수 있게 되었다. 특히 고양이로 상징되는 여성 안의 동물적 본능을 살림으로써 부성 콤플렉스의 가혹하고 파괴적인 측면에 저항하여 여성을 지킬 수 있게 되었으며 부정적인 아니무스의 비판에 휘둘리거나 훼손되지 않는 본능적 기반여성적 기초을 다질 수 있게 되었다.

평범한 여자로 살면 큰일 나는 줄 알았던 여성들이 평범한 여인네의 삶이 좋아 보이고 그렇게 살고 싶은 마음이 들게 되었으며, 그렇게 살아 봄으로써 현실에서 생생하게 살아 있음을 느낄 수 있게 되었다. 일상적이고 평범한 보통 사람의 삶이 그렇게도 소중하고 의미 있게 느껴지는 충격과도 같은 깨달음을 얻었으며, 이 세상의 삶을 살기를 진심으로 소망하게 되었다. 드러나지도 돋보이지도 않는 평범한 삶을 살면서도 행복하고 당당할 수 있다는 것이 참으로 소중함을 깨달았다. 자신의 존재에 대한 당연함과 당당함을 느낄 수 없었던 여성들이 치료 과정을 통하여 자신의 삶의 주인공주인이 된 느낌을 가지게 되기도 하였다.

치료 과정에서 부성 콤플렉스에 사로잡혀 있던 여성 내면의 모성상의 치유와 변환이 일어나게 되었으며, 이와 동시에 딸인 상태로 남아 있던 여성은 아버지로부터 분리할 수 있게 되었으며, 여성 내면의 남성상아니무스은 긍정적인 모습으로 변환하였다.

부성 콤플렉스에 사로잡혀 있던 여성에게 치료가 진행됨에 따라 꿈속에서의 어머니는 다음과 같이 변화된 모습으로 등장하였다.

> 어머니와 아버지가 화해하시고 편안하고 다정한 모습으로 함께 계시다. / 어머니의 오랜 지병이 발견되고 진단되고 치료된다. / 어머니의 병이 치료되고, 여성 자신이 의사가 된다. / 어머니가 방 안으로 들어오며 당신의 몸을 보여 주는데, 삶의 무게로 힘겨워 늙고 쇠약하고 흉하던 어머니의 몸은 어느새 젊어지고 예뻐져 건강한 아름다운 여인의 몸으로 변해 있다.

여성 안의 모성여성적 기초이 남성적 속성에 의해 소중히 대접받게 되었으며, 여성 안의 병든 모성이 치유되고 건강한 여성적 토대를 회복할 수 있게 되었다. 여성 안의 부성적인 속성과 모성적인 속성이 화해하여 평화롭게 공존할 수 있게 되었다.

치료 시작 전 여성의 꿈속에 아버지 세대의 나이 많은 남성의 모습으로 등장하여 권위적이고 독단적이며 침입적인 강한 영향력으로 여성을 사로잡고 휘두르곤 하던 부정적인 남성상은 치유와 더불어 긍정적인 모습으로 변화되었다. 긍정적인 형태로 변환된 여성 내면의 남성상 혹은 아니무스상은 여성과 같은 세대 비슷한 나이 또래의 젊어진 모습을 취하고 있었다. 변환된 아니무스상은 다음과 같은 속성을 공통적으로 지니고 있었다.

1. 동물을 사랑하며 자신 안의 동물적 본능과 조화를 이루고 있는 남성으로, 따스하고 섬세하고 부드러운 성품이면서도 열정이 있다. 몸이 건강하고 활기 있다.

2. 꿈 자아인 여성에 대해 독선적이거나 권위적이지 않으며, 꿈 자아인 여성을 존중한다. 그가 그녀에게 다가오는 방식은 비밀스럽게 스며들거나 완력으로 침입해 들어오는 방식이 아니며, 그녀의 입장과 의사와 선택을 존중하고 배려한다. 그녀는 그에게 자신을 충분히 표현할 수 있으며 요구와 거절을 포함한 자기주장을 할 수 있게 된다. 따라서 그와 그녀 간에 대화와 협상이 가능해지며 서로의 의사를 존중하는 평화적인 공존이 가능해진다.

3. 꿈 자아를 여자로 좋아하며 남자로서 다가온다. 그는 그녀와 좀 더 많은 시간을 함께 지내기를 소망하며, 애인으로서 신부로서 그녀를 아끼고 사랑한다. 그는 그녀가 그녀 자신의 자유의지와 자발적인 선택으로 그를 받아들일 수 있을 때까지 그녀 곁에 머물며 기다린다. 그녀는 자유의지로 그를 거절할 수도, 받아들일 수도 있으며, 그러나 그녀 안에서 자연스럽게 그를 사랑하는 마음이 생겨나 정신적이며 동시에 육체적

인 사랑을 나누며, 둘은 하나로 결합하고 둘 사이에서 아기가 태어난다.

4. 그는 여성적인 속성과 모성적인 속성을 함께 갖추고 있기도 하다. 그의 뒤로 자기Self의 느낌을 주는 여인女人이 등장하거나 오버랩되기도 하며 혹은 그가 자기의 느낌을 주는 여인으로 변하기도 한다. 자기Self 느낌을 주는 여성은 몸이 건강하며 몸에서 은은하게 빛이 느껴지는 지혜로운 여인의 모습으로 나타나거나 동물을 거느리고 동물과 함께 나타나기도 하며 때로는 동물이 자기Self 느낌을 주는 여성으로 변하기도 한다.

꿈속에 등장하는 긍정적인 아니무스상은 꿈 자아인 여성을 자신의 여성적 근원으로, 동시에 자기Self에게로 인도해 주는 존재임을 알 수 있었다.

결과적으로 부성 콤플렉스의 해소와 치유는 여성 내면의 자연, 동물적 본성과 그림자Shadow로 남아 있던 여성성, 여성 원리를 인식하고 통합함으로써 이루어지게 되었다. 여성 자신 안의 어머니모성적 측면를 대하는 여성의 의식의 태도가 긍정적으로 변하게 됨으로써 여성 안의 어머니모성적인 측면의 치유와 변환이 시작되었다. 여성 내면의 어머니모성적 측면와의 건강한 관계 회복은 부성 콤플렉스에 사로잡혀 있던 여성에게 매우 중요한 치유적 사건이다. 여성 안의 모성적인 측면과의 관계가 회복됨으로써 여성 안에서 의식과 무의식의 합성이 시작되고, 치유되고 새로워진 여성 원리여성성와 남성 원리남성성가 여성의 인격 안에서 사랑과 평화 속에서 하나로 결합됨으로써 여성은 전체성에 이를 수 있다.

여성을 전체성으로 이끌어 주는 여성 안의 치유되고 변환된 모성은 '어머니'이면서 동시에 '처녀'의 속성을 함께 지니고 있기도 하다.

다음은 부성 콤플렉스에서 치유되고 있는 한 여성의 꿈이다.

> 그녀는 저편 나라의 존재들로부터 '어머니'이면서 동시에 '처녀'라고 불린다. 저편 나라의 대표 사절인 젊은 남성이 이편 나라의 그녀이편 나라와 우방의 약조를 맺기 위해 청혼의 예를 갖추고자 다가온다.

여성이 '어머니'이면서 동시에 '처녀'가 된다는 것은 무엇을 의미하는 것일까?

엑카르트Meister Eckhart는[1] [2] "예수께서 한 작은 성城에 들어가셔서 부인이었던 한 처녀에게 영접을 받았다."는 성서 구절에 대한 설교에서, 모든 집착을 떠난 순수한 영혼을 '처녀'와 '작은 성城'에 비유하였다. 예수는 아들이 된 하느님 아버지다. 부성 콤플렉스에 사

---

1) Meister Eckhart(translated by Blakney RB)(1941) : *Meister Eckhart: A Modern Translation*, Harper Torchbooks, New York, pp207-211.
2) 길희성(2003) : 《마이스터 엑카르트의 영성 사상》, 분도출판사, 서울.

로잡힌 여성의 치료 과정에서 여성 내면의 부성상이 변환되면서 아버지가 아들이 되고 아버지에게서 아들이 태어나며 여성에게 아들이 온다. 엑카르트는 이어서 "예수를 영접한 사람은 처녀이며, 처녀는 모든 외적 상像들을 비운 사람, 자기가 존재하기 전의 모습일 정도로 비운 사람을 말한다."라고 하였다. 그는 이러한 상태를 '초탈detachment'이라는 개념으로 설명한다. 초탈은 하느님과 자신 사이를 갈라놓거나 방해가 되는 모든 것에 대한 집착과 소유를 끊는 것이며, 자신의 본질과 하느님을 직접 대하지 못하게 가로막는 모든 상像을 비운 '텅 비고 자유로운ledig und frei' 마음의 상태라고 표현하였다.

엑카르트가 말하는 '하느님'은 자아를 넘어선 초월적 존재이며, 전체 정신이자 중심인 자기Self의 개념과 일맥상통한다고 볼 수 있을 것이다. 또한 엑카르트는 하느님을 부성적인 존재이면서 동시에 그 안에서 자아가 죽고 해체되고 잉태되고 다시 태어나게 되는 모성적인 존재이며 근원이라고 보았다. 엑카르트의 사상 전반에는 모성 원리와 모성적 가치가 존중되고 있었다.

엑카르트는 인간을 하느님에게로 가장 가까이 연결시키는 덕목이 무엇인가 하는 질문으로 〈초탈에 대하여〉라는 글을 시작한다. 엑카르트에 의하면 그것은 사랑도 겸손도 자비도 아니고 순수한 초탈이다. "사랑은 나로 하여금 하느님을 사랑하도록 강요하지만 초탈은 하느님을 강요하여 나를 사랑하게 만들기 때문에 사랑보다 더 높은 덕목이다. 사랑은 나를 강요하여 하느님을 위해 모든 것을 인내하도록 만들지만, 초탈은 나로 하여금 하느님 외에는 어떤 것도 수용하지 않도록 만들기 때문에 훨씬 더 고귀하다. 초탈은 일체의 피조물들을 완전히 여의기 때문이다. 하느님은 자신을 자기 자신 이외의 누구에게도 주지 않는다. 그러나 일체의 피조물을 벗어난 자유로운 정신, 즉 초탈한 영혼은 하느님으로 하여금 자연적인 필연성에 따라 자신에게 오도록 만든다. 부동의 초탈은 인간을 하느님과 가장 닮게 만드는 것이다. 초탈을 하면 할수록 인간은 하느님과 동형이 되며, 하느님의 유입Divine influx과 지고의 행복을 경험한다. 초탈은 티 없이 맑고 순수한 보편적인 인간성 그 자체로 바로 하느님이 인간이 되었을 때 그리스도가 취한 인간성이다. 초탈은 결국 자아와 세계에 대한 죽음을 의미하며 어떤 상像에도 나를 묶거나 장애받지 않고 '내가 존재하지 않았던 때의 나'가 되는 것이다. 이 죽음이야말로 하느님의 아들이라는 새로운 생명으로 태어나기 위한 필수 조건이다. "[3]

융 또한 그의 저서 《전이의 심리학》에서[4] [5] 엑카르트의 '초탈'과 '하느님의 유입' 개념과 의미가 같은 어떤 개념을 저술하고 있다.

앞서 진행된 죽음과 승화를 통해서 신체가 핵심적인quintessential, 즉 영적인 형태를 취하게 되었고, 그 결과 '순수한 신체corpus

3) Meister Eckhart(translated by Blakney RB)(1941) : 앞의 책, pp82-91.
4) Jung CG(2004) : 《인격과 전이》, C.G. 융 기본저작집 3, 한국융연구원 역, 솔, 서울, p314.
5) Jung CG(1968) : 'The Psychology of Transference', C. W. 16, para499.

mundum'로서 더 이상 영Geist, Spirit과 크게 다르지 않으며, 그래
서 영을 자기 안에 머물게 할 수 있고, 심지어 영을 다시금 자
기에게로 끌어내릴 수 있다는 가정이다.

부성 콤플렉스에 사로잡힌 여성은 이와 같이 치료자에 대한 전
이 현상을 포함하는 치유의 과정을 통해 '어머니'이면서 동시에 '처
녀'가 된다. 그리하여 엑카르트가 '하느님'이라고 표현하고 융이
영Geist, 아니무스 또는 자기Self라고 표현한 초월적 정신이 여성에게
다가오게 함으로써 의식과 무의식의 합성이 이루어질 수 있는 준비
를 갖추게 된다. 만일 신의 은총이 계시다면 이는 여성을 전체성으
로 이르게 하며, 동시에 여성 안에서 전체 정신이 새롭게 태어나는
결과로 이르기도 한다. 따라서 결과적으로 여성의 부성 콤플렉스
의 극복과 치유는 여성을 개성화자기실현 과정으로 인도한다.

부성 콤플렉스의 치유와 변환에 의해 여성은 아버지혹은 부성상로
부터 분리되고 아버지의 딸인 상태에서 성인 여성이 된다. 부성 콤
플렉스에 사로잡혔으나 치유되어 자기 자신으로 거듭나 새로워진
여성은 보수적이고 관습적인 기존의 집단 의식[6]에 의해 새롭게 받
아들여져 수용되고 존중되며, 기존의 집단 의식에 영향을 미쳐 집
단 의식을 갱신하기도 한다. 과거에 여성의 내면에 자리하며 여성

---

6) 집단적 가치 체계, collective consciousness 혹은 집단의식을 대표하는 권위상.
7) 권위적이고 완고한 부성상, 경직되고 보수적이며 관습적인 집단적 가치 체계.
8) 여성을 존중하며 여성과 동등한 파트너십을 이루는 긍정적 아니무스상.

을 지배하고 있던 늙고 경직되고 독단적인 왕[7]은 새로운 여성성에 의해 변환된 여성성과 더불어 수용적이고 융통성 있는 젊은 왕[8]으로 변환된다. 그리하여 여성의 인격 안에서 변환된 여성과 젊어진 왕 사이의 융합결혼이 일어나 여성의 인격과 삶 속으로 새 봄Spring이 찾아든다.

부성 콤플렉스의 목적 의미에 대해 이유경은 "부성 콤플렉스 여성은 어떤 의미에서 모두 부성상의 문제를 해결하도록 부름받은 것으로 간주할 수 있다. 그래서 이런 유형의 여성은 저절로 집단의 삶에 관여하게 된다. 한 여성의 부성 콤플렉스의 극복은 개별적인 사건이지만 결국 집단을 치유할 수 있는 내용을 가져온다."[9]라고 저술하기도 하였다.

부성 콤플렉스의 목적 의미를 알게 해 준 한 여성의 꿈을 소개하는 것으로 이 책을 끝내고자 한다.

> 나는 길을 가고 있다. 이정표처럼 생긴 곳에 흰 종이가 드리워져 있다. 흰 종이에 적혀 있는 내용을 읽고 이해한 후 내가 사람들에게 그 내용을 알리고 전하라고 한다. 흰 종이에 적혀 있는 내용은 다음과 같다.
> ① 내 모습을 한 십 대 후반에서 이십 대 초반의 한 여인이 있다.

---

9) 이유경(2010) : 앞의 책, p65.

그녀는 좌측 저편을 향해 몸을 돌린 채 걸어가고 있다. 그녀가 향하고 있는 곳은 저편-어둠-죽음-바다-고향-근원-태고의 영역이다. 그녀의 얼굴은 어둡다. 다음 순간, 그녀가 향하고 있던 바로 그곳으로부터 기적과도 같은 어떤 기운, 생기, 빛이 그녀의 몸속으로 들어온다. 불어넣어진다. 그러자 그리움으로 가득 차 있던 어둡던 그녀의 몸은 기적과도 같은 밝음, 빛, 반짝임, 생기로 가득 차오르며, 이제 그녀는 몸을 돌려 우측을 향해 세상과 삶을 향해, 현재와 미래를 향해, 기쁘고 의연하고 생기 있게 걸어 들어가기 시작한다. 그녀의 몸에 빛과 생기를 가득 담은 채로……

② 그녀가 ①과 같은 고난과 과정을 겪게 되는 이유, 목적, 사연은 다음과 같다. 존재*[10]가 자신의 오래고 오랜, 늙고 매우 늙은, 과거의 역사를 그녀에게 알리고, 알게 하고, 보여 주고, 보게 함이다. 그녀가 어두운 얼굴로 왼쪽 저편, 어둠과 죽음을 마주하고 있던 그 시간이 바로 존재*가 자신의 길고 오랜 역사를 그녀에게 알리고 보여 주는 그 시간이며, 그러고는 늙고 늙고 오래고 오랜 존재*가 그녀를 통해, 그녀의 몸을 통해, 그녀 속으로, 그녀의 삶 속

---

10) * 표시는 때로는 꿈속에서 조우하기도 하는 '신(神)'과도 같이 체험되는 초월적인 존재의 현존을 나타내는 것이다. 융은 1955년에 어떤 프랑스인에게 보낸 편지에서 "우리는 자기(Self)의 상징들을 경험한다. 그것은 신의 상징들과 구별할 수 없다."라고 말하고 있다. Jung CG, Briefe, III, p503. 〈자아와 무의식과의 관계〉에서 융은 자기(Self)를 우리 속의 신이라고 할 수 있다고 했다. Jung CG, Die Beziehungen zwischen dem Ich und dem Unbewusten, p134. / 초월적 존재, 그녀 안의 신(神), 그녀 안의 창조주, 전체 정신, 전체 정신의 중심, 자기(Self) 등으로 부를 수 있을 것이다.

으로 들어가 그녀의 자식으로 다시 새로워져 어리고 젊은 존재*로 거듭나게 된다. 바로 이 순간이 어둡던 그녀의 얼굴에서 기적과도 같은 신적神的인 치유의 빛과 생기가 가득 차오르는 순간이다. 이제 그녀는 그녀를 통해서 그녀의 자식으로 새롭게 태어난 존재*와 함께 신적인 치유의 빛과 생기를 그녀 안에 담고, 우측을 향해, 현재와 미래를 향해, 세상과 삶 속으로 씩씩하게 걸어 들어가 그녀가 보고 듣고 겪은 것들을 그녀가 서 있는 길목을 지나가는 세상 사람에게 알리고 전한다. 가르치고 치유한다.

나는 ①과 ②의 내용을 놀람과 충격 속에서 읽고 또 읽는다.

이 여성의 꿈에서 말하고 있는 존재*는 '여성적모성적 속성'과 '남성적부성적 속성'을 함께 공유하고 있는 존재다. 이 여성의 꿈은 다음의 문구로 재해석될 수 있을 것이다. 인용구의 '어머니'는 무의식 전체를 지칭하는 것으로 이해된다.

"어머니는 나를 낳으시고, 그리고 어머니는 다시 나에 의하여 태어나신다."[11]

---

11) Jung CG(1968) : "The Spirit of Mercurius", *Psychology and Alchemy*, C. W. 12, Routledge & Kegan Paul Ltd, London, para272.

참고문헌

길희성(2003) :《마이스터 엑카르트의 영성사상》, 분도출판사, 서울.

김계희, 김기원(2013) : "창조적 글쓰기가 개인 및 시대에 미치는 치유적 작용 – 어둠의 남자(Vampire) 상징을 중심으로",《심성연구》제28권 제1호 통권 제46호, 한국분석심리학회, 서울.

송영규 편저(1992) :《프랑스 민담》, 중앙대학교 출판부, 서울.

이부영(1981) : "傳統的 鬼神論의 分析心理學的 考察",《精神醫學報》第6卷 第1號,《이부영 교수 논문집》

_____(1995) :《한국 민담의 심층 분석》, 집문당, 서울.

_____(2001) :《아니마와 아니무스》, 분석심리학의 탐구 2, 한길사, 서울.

_____(2009) : "전체가 되는 것",《길》4월호.

_____(2011) :《분석심리학 – C. G. Jung의 인간심성론》(3판), 일조각, 서울.

이유경(1998) : "서양 중세 연금술에서의 안트로포스",《심성연구》제13권 제1호 통권 제18호, 한국분석심리학회, 서울.

_____(2001) : "아버지의 딸과 통과의례",《길》제2권 1호, 한국융연구원, 서울.

_____(2010) : "한국 민담에서 살펴본 여성의 부성 콤플렉스 – 심청전과 바리공주 중심으로",《심성연구》제25권 제1호 통권 제41호.

_____(2012) : "한국 민담에 나타난 대극의 합일 – 구렁덩덩 신선비 중심으로",《심성연구》제27권 제1, 2호 통권 제45호.

임은경 역(1994) :《세계의 옛날 이야기: 중국편》, 글동산, 서울.

Ami Ronnberg(editor—in—Chief)(2014) : *The Book of Symbols*, The Archive for Research in Archetypal Symbolism, Taschen.

Boa F(1988) : *The Way of the Dream: Conversations on Jungian Dream Interpretations with Marie-Louise von Franz*, Shambhala, Boston & London.

Chevalier J & Gheerbrant A(translated by Buchanan—Brown)(1996) : *The Penguin Dictionary of Symbols*, Penguin Books, London.

Hannah B(1992) : *The Cat, Dog and Horse Lectures*, Chiron Publication.

Harding ME(1990) : *The Way of All Woman*, Shambhala, Boston.

Jacob G, & Wilhelm G(1999) : 《어른을 위한 그림형제 동화전집》, 김열규 역, 현대지성사, 서울.

Jung CG(1953) : "The Relation between the Ego and the Unconsciousness", *Two Essays on Analytic Psychology*, C. W. 7, Routledge & Kegan Paul Ltd., London.

_____(1955) : *Mysterium coniuctionis*, C. W. 14, Routledge & Kegan Paul Ltd., London.

_____(1956) : *Symbols of Transformation*, C. W. 5, Routledge & Kegan Paul Ltd., London.

_____(1959) : "The Phenomenology of the Spirit in Fairytales", *The Archetypes and the Collective Unconscious*, C. W. 9(1), Routledge & Kegan Paul Ltd. London.

_____(1959) : *Aion*, C. W. 9(2), Routledge & Kegan Paul Ltd., London.

_____(1960) : "A Review of the Complex Theory", *The Structure and Dynamics of the Psyche*, C. W. 8, Routledge & Kegan Paul Ltd., London.

_____(1967) : "Commentary on the 'Secret of Golden Flower'", *Alchemical studies*, C. W. 13, Routledge & Kegan Paul Ltd.,

London.

_____(1968) : "The Spirit of Mercurius", *Psychology and Alchemy*, C. W. 12, Routledge & Kegan Paul Ltd., London.

_____(1968) : *Psychology and Alchemy*, C. W. 12, Routledge & Kegan Paul Ltd., London.

_____(1968) : "The Psychology of Transference", *The Practice of Psychotherapy*, C. W. 16, Routledge & Kegan Paul Ltd., London.

_____(1970) : "The Significance of the Father in the Destiny of the Individual", *Freud and Psychoanalysis*, C. W. 4, Routledge & Kegan Paul Ltd., London.

_____(2002) :《인격과 전이》, C.G. 융 기본저작집 3, 한국융연구원 역, 솔, 서울.

_____(2004) :《연금술에서 본 구원의 관념》, C.G. 융 기본저작집 6, 한국융연구원 역, 솔, 서울.

_____(2004) :《인간과 문화》, C.G. 융 기본저작집 9, 한국융연구원 역, 솔, 서울.

_____(2006) :《영웅과 어머니 원형》, C.G. 융 기본저작집 8, 한국융연구원 역, 솔, 서울.

Leonard LS(1985) : *The Wounded Woman 'Healing the Father-Daughter Relationship'*, Shambhala, Boston & London.

Meister Eckhart(translated by Blakney RB)(1941) : *Meister Eckhart: A Modern Translation*, Harper Torchbooks, New York.

Murdock M(2005) : *Father's Daughters; Breaking the Ties That Bind*, Spring Journal Books.

Shalit E(2002) : *The Complex: Path of Transformation from Archetype to Ego*, Inner City Books, Toronto.

Von Franz ML(1970) : *Interpretation of Fairytales*, Spring Publication.

_____(1980) : *The Psychological Meaning of Redemption Motifs in*

Fairytales, Inner City Books, Toronto Canada.

_____(1993) : "The Religious Dimension of Analysis", *Psychotherapy,* Shambhala, Boston.

_____(1996) : *The Interpretation of Fairy Tales,* revised edtion, Shambhala, Boston.

_____(1999) :《융 심리학과 고양이: 여성적인 것의 구원에 관한 이야기(The Cat; A Tale of Feminine Redemption)》, 심상영 역, 한국심층심리연구소, 서울.

찾아보기

저자 소개

박 신(Park Sin)은 서울대학교 의과대학을 졸업하였으며, 서울대학교병원에서 신경정신과 레지던트 과정을 수련하였다. 정신과 전문의이며 백산 정신건강의학과 의원 원장이다. 한국융연구원 융학파 분석가 수련과정을 수료하였고, 국제분석심리학회(IAAP) 정회원이며, 한국융연구원 이사(교육담당), 교육 및 지도 분석가다.

김계희(Kim Kyehee)는 서울대학교 의과대학을 졸업하였으며 서울대학교병원에서 인턴 및 신경정신과 레지던트 과정을 수련하였다. 의사이며 정신건강의학과 전문의다. 서울대학교 의과대학 신경정신과 동문회보 편집인 및 한국분석심리학회 학술이사를 역임하였다. 융학파 정신분석가이며 한국 융 분석가협회(KAJA)와 국제분석심리학회(IAAP) 정회원으로, 한국융연구원 상임교수이며, 교육 및 지도 분석가다. 용인정신병원 정신과 진료과장으로 재직 중이다.

한국융연구원 연구총서 3

부성 콤플렉스 – 분석심리학적 이해
Jungian Understanding of Father Complex

2015년 5월 15일 1판 1쇄 인쇄
2015년 5월 20일 1판 1쇄 발행

지은이 • 박 신 · 김계희
펴낸이 • 김진환
펴낸곳 • ㈜ 학지사

        121-838 서울특별시 마포구 양화로 15길 20 마인드월드빌딩
대표전화 • 02)330-5114   팩스 • 02)324-2345
등록번호 • 제313-2006-000265호

홈페이지 • http://www.hakjisa.co.kr
커뮤니티 • http://cafe.naver.com/hakjisa

ISBN 978-89-997-0655-4 93180

정가 17,000원

인터넷 학술논문 원문 서비스 **뉴논문** www.newnonmun.com

이 도서의 국립중앙도서관 출판시도서목록(CIP)은 서지정보유통지
원시스템 홈페이지(http://seoji.nl.go.kr)와 국가자료공동목록시스템
(http://www.nl.go.kr/kolisnet)에서 이용하실 수 있습니다.
(CIP제어번호: CIP2015012470)